U0451203

本书为国家社会科学基金西部项目"环境风险规制的法律限度与秩序重构研究"（14XFX018）成果

重大法学文库

环境风险规制的
法律限度与秩序重构

董正爱 ◎ 著

中国社会科学出版社

图书在版编目（CIP）数据

环境风险规制的法律限度与秩序重构/董正爱著 . —北京：中国社会科学出版社，2021.6

（重大法学文库）

ISBN 978-7-5203-8148-2

Ⅰ.①环… Ⅱ.①董… Ⅲ.①环境保护法—研究—中国 Ⅳ.① D922.680.4

中国版本图书馆 CIP 数据核字（2021）第 050212 号

出 版 人	赵剑英
责任编辑	梁剑琴
责任校对	李 剑
责任印制	郝美娜

出　　版	中国社会科学出版社
社　　址	北京鼓楼西大街甲 158 号
邮　　编	100720
网　　址	http://www.csspw.cn
发 行 部	010-84083685
门 市 部	010-84029450
经　　销	新华书店及其他书店
印刷装订	北京市十月印刷有限公司
版　　次	2021 年 6 月第 1 版
印　　次	2021 年 6 月第 1 次印刷
开　　本	710×1000　1/16
印　　张	16.75
插　　页	2
字　　数	284 千字
定　　价	98.00 元

凡购买中国社会科学出版社图书，如有质量问题请与本社营销中心联系调换
电话：010-84083683
版权所有　侵权必究

《重大法学文库》编委会

顾　问：陈德敏　陈忠林
主　任：黄锡生
副主任：靳文辉
成　员：陈伯礼　陈　锐　胡光志　黄锡生
　　　　靳文辉　刘西蓉　李晓秋　秦　鹏
　　　　王本存　吴如巧　宋宗宇　曾文革
　　　　张　舫　张晓蓓

出版寄语

《重大法学文库》是在重庆大学法学院恢复成立十周年之际隆重面世的，首批于2012年6月推出了10部著作，约请重庆大学出版社编辑发行。2015年6月在追思纪念重庆大学法学院创建七十年时推出了第二批12部著作，约请法律出版社编辑发行。本次为第三批，推出了20本著作，约请中国社会科学出版社编辑发行。作为改革开放以来重庆大学法学教学及学科建设的亲历者，我应邀结合本丛书一、二批的作序感言，在此寄语表达对第三批丛书出版的祝贺和期许之意。

随着本套丛书的逐本翻开，蕴于文字中的法学研究思想花蕾徐徐展现在我们面前。它是近年来重庆大学法学学者治学的心血与奉献的累累成果之一。或许学界的评价会智者见智，但对我们而言，仍是辛勤劳作、潜心探求的学术结晶，依然值得珍视。

掩卷回眸，再次审视重大法学学科发展与水平提升的历程，油然而生的依然是"映日荷花别样红"的浓浓感怀。

1945年抗日战争刚胜利之际，当时的国立重庆大学即成立了法学院。新中国成立之后的1952年院系调整期间，重庆大学法学院教师服从调配，成为创建西南政法学院的骨干师资力量。其后的40余年时间内，重庆大学法学专业和师资几乎为空白。

在1976年结束"文化大革命"并经过拨乱反正，国家进入了以经济建设为中心的改革开放新时期，我校于1983年在经济管理学科中首先开设了"经济法"课程，这成为我校法学学科的新发端。

1995年，经学校筹备申请并获得教育部批准，重庆大学正式开设了经济法学本科专业并开始招生；1998年教育部新颁布的专业目录将多个部门法学专业统一为"法学"本科专业名称至今。

1999年我校即申报"环境与资源保护法学"硕士点，并于2001年获准设立并招生；这是我校历史上第一个可以培养硕士的法学学科。

值得特别强调的是，在校领导班子正确决策和法学界同仁大力支持下，经过校内法学专业教师们近3年的筹备，重庆大学于2002年6月16日恢复成立了法学院，并提出了立足校情求实开拓的近中期办院目标和发展规划。这为重庆大学法学学科奠定了坚实根基和发展土壤，具有我校法学学科建设的里程碑意义。

2005年，我校适应国家经济社会发展与生态文明建设的需求，积极申报"环境与资源保护法学"博士学位授权点，成功获得国务院学位委员会批准。为此成就了如下第一：西部十二个省区市中当批次唯一申报成功的法学博士点；西部十二个省区市中第一个环境资源法博士学科；重庆大学博士学科中首次有了法学门类。

正是有以上的学术积淀和基础，随着重庆大学"985工程"建设的推进，2010年我校获准设立法学一级学科博士点，除已设立的环境与资源保护法学二级学科外，随即逐步开始在法学理论、宪法与行政法学、刑法学、民商法学、经济法学、国际法学、刑事诉讼法学、知识产权法学、法律史学等二级学科领域持续培养博士研究生。

抚今追昔，近20年来，重庆大学法学学者心无旁骛地潜心教书育人，脚踏实地地钻研探索、团结互助、艰辛创业的桩桩场景和教学科研的累累硕果，仍然历历在目。它正孕育形成重大法学人的治学精神与求学风气，鼓舞和感召着一代又一代莘莘学子坚定地向前跋涉，去创造更多的闪光业绩。

眺望未来，重庆大学法学学者正在中国全面推进依法治国的时代使命召唤下，投身其中，锐意改革，持续创新，用智慧和汗水谱写努力创建一流法学学科、一流法学院的辉煌乐章，为培养高素质法律法学人才，建设社会主义法治国家继续踏实奋斗和奉献。

随着岁月流逝，本套丛书的幽幽书香会逐渐淡去，但是它承载的重庆大学法学学者的思想结晶会持续发光、完善和拓展开去，化作中国法学前进路上又一轮坚固的铺路石。

陈德敏
2017年4月

引　言

　　自工业革命以降，自然科学的发展使人类目睹了自然世界日新月异的变迁，也形成了新的工具性或制度性的对象世界。风险社会是一个复杂、多元的社会形态。现代风险具有内生性，正是由于"人化"的不断增强，才使得风险在生产与科技的飞速发展中膨胀。当人类能够控制自然，按照自己的意愿改造自然时，原始的自然风险就逐渐过渡至人为的现代风险。而由于它们往往与高新技术相结合，直接导致此类风险大多具有潜伏性、不可预知性、影响范围广等特征，极易引致不可逆的、不可见的、巨大的伤害。但是，这种结果根本无法预测，我们无法预知风险将会于何时、何地爆发，正是这种不确定性增加了它的不可知性和乌托邦色彩。因此，在很长一段时间内，人们往往会借助于不可知论和乌托邦来反驳环境风险，直至一连串影响恶劣的环境灾难事故的发生为其提供有力佐证后，才使人们开始认可这一现代性诊断的新范式。

　　改革开放以来，我国经济飞速发展，但与之相应的却是经济增长在现实层面上陷入一种耐人寻味的悖论之中，即使经济实现了较为快速的增长，社会中的大部分人却并不能从中受益。在中国从乡土社会进入现代社会的急速变迁过程中，两种截然不同的社会结构的碰撞形成了断裂的社会：首先意味着一部分人被甩到社会结构之外，社会贫富结构的两极分化加重；其次表现在城乡之间，城乡二元结构的两极差异格局由市场造成，甚至是一种更为深刻的断裂。[①]社会的断裂改变了人们的传统行为方式，也使传统社会价值观念形成了大分裂，犯罪、家庭、信任、贫困、人口、

---

① 孙立平：《失衡：断裂社会的运作逻辑》，社会科学文献出版社2004年版，第5—6页。

生态等社会生活开始陷入难以理解的混乱状态。在整个世界范围内，虽然"庞大而又呆板的科层制组织力求通过规章制度和高压统治将一切东西控制在自己的范围之内"[①]，但显然这种组织的基础和控制能力已经削弱甚或土崩瓦解。在这种混乱的转型中，人们的行为缺乏固定规则的指引，制度的正当化过程被打乱，风险和失序也随之而来。对于生态环境而言，我国传统的乡土社会囿于其局限性无法意识到环境风险的危害性，以至于到了工业时代乃至后工业转型时期，我国环境风险规制和组织制度仍参差不齐。可以说，社会结构的变迁与演变，导致了环境风险规制的支离破碎与秩序的饥荒。现代性的环境风险主要表现为追求物质生产而致的技术异化与生态环境破坏风险，即经济高速增长引发社会结构的变迁带来严重的环境风险；社会分配体制的不公导致生态差异性破坏的环境风险；消费制度的变迁所必然引致的环境风险等。

随着环境污染、生态危机、能源安全等与现代技术相伴的环境风险不断发展并在全球范围内引起广泛关注，环境风险规制逐渐上升为现代政府的一项重要任务。环境风险的独特性决定了建构在传统权利义务体系之上的危险应对法律规范模式无法有效解决因环境风险不可预知和灾难性所产生的恐慌。我国当下的环境风险规制模式主要是沿用传统的威权管制型模式和"命令—控制"式运作方式，通过对环境行为的管控和市场机制的调整在常规层面对环境风险进行规制。但环境风险的未知性和不确定性决定了环境风险规制只能是"决策于未知之中"，而传统法律通过明确权利及义务为基础来规范环境行为的消极危险应对模式显然不能有效回应增长的环境风险。因此，这必然要求我们更加重视和反思环境风险规制的可接受性和法律限度，确立可接受性的、符合合理性限度的环境风险规制法律限度体系，重构环境风险规制秩序，减少政府行政规制及社会性规制中的危险，摆脱环境风险规制的预判困境和权力滥用危机，更好地解决日渐复杂的环境风险。

---

① ［美］弗朗西斯·福山：《大分裂：人类本性与社会秩序的重建》，刘榜离等译，中国社会科学出版社2008年版，第4页。

目 录

第一章 环境风险规制的基本范畴解构 …………………… （1）

第一节 风险与风险社会 …………………………………… （1）
  一 风险的概念审视 …………………………………… （2）
  二 风险社会的回应与反思 …………………………… （7）

第二节 环境风险的认知理路与基本阐释 ……………… （11）
  一 环境风险的基本界定 ……………………………… （12）
  二 环境风险的类型界分 ……………………………… （14）
  三 环境风险的特征解构 ……………………………… （16）

第三节 环境风险结构与社会分化 ……………………… （17）
  一 环境风险的现代性与反身性 ……………………… （18）
  二 环境风险的个人化 ………………………………… （22）

第四节 环境风险规制的内涵剖析 ……………………… （25）
  一 环境风险规制的概念 ……………………………… （25）
  二 环境风险规制的特征 ……………………………… （30）

第五节 环境风险规制的理论基础阐释 ………………… （33）
  一 环境权利义务理论 ………………………………… （34）
  二 法律控制理论 ……………………………………… （35）
  三 风险社会理论 ……………………………………… （37）

第二章 我国环境风险规制的实证分析……………………（41）

第一节 我国环境风险的实践审视：基于城乡的全面剖析 ……（41）
  一 我国环境风险的总体样态 ……………………………（42）
  二 我国农村地区的环境风险审视 ………………………（44）
  三 我国城市地区的环境风险审视 ………………………（48）

第二节 我国环境风险规制的规范实践与失衡反思 …………（53）
  一 环境标准的衍更与规制不足剖析 ……………………（53）
  二 环境污染的专项治理与规制效能剖析 ………………（59）
  三 环境风险规制的区域差异因素与反思 ………………（62）

第三节 我国环境风险规制的司法运行与失衡检视 …………（66）
  一 适格主体限定下环境公益诉讼的发展及困局 ………（67）
  二 法院司法能动性的能力制衡与难题 …………………（68）
  三 行政权与司法权的交错运行及冲突 …………………（69）

第四节 我国环境风险规制的核心规范要素审思 ……………（72）
  一 重点污染区域的风险规范方向 ………………………（72）
  二 环境风险规制成本与健康风险的衡平方向 …………（75）
  三 环境风险认知与社会回应的规制方向 ………………（78）

第三章 环境风险规制失范的因由分析……………………（81）

第一节 环境风险制度规范的失灵 ……………………………（81）
  一 传统法律的"生态"色彩黯淡 ………………………（82）
  二 环境保护法律自身规范的制约 ………………………（83）
  三 环境风险规制制度体系亟待完善 ……………………（85）

第二节 环境风险政府管制的失灵 ……………………………（88）
  一 政府环境风险决策失灵 ………………………………（89）
  二 政府环境风险执行失灵 ………………………………（94）
  三 政府环境风险监管失灵 ………………………………（95）

第三节 环境风险市场运行的失灵 ……………………………（96）
  一 环境风险与市场失灵 …………………………………（97）
  二 环境风险市场失灵的基础分析 ………………………（98）

第四节 技术的不确定性与规制失灵 …………………………（100）

一　技术的不确定性与环境风险……………………（100）
　　二　技术不确定性的环境风险规制困局……………（102）

第四章　环境风险规制的法律限度趋向……………………（108）

第一节　环境风险规制核心法律范畴的衡平……………（109）
　　一　权力与权利的衡平………………………………（110）
　　二　权利与义务的衡平………………………………（112）
　　三　环境利益的衡平…………………………………（115）

第二节　环境风险规制程度的权衡要素…………………（118）
　　一　环境风险规制的安全程度………………………（119）
　　二　环境风险规制的成本程度………………………（120）
　　三　环境风险规制的效率程度………………………（123）

第三节　环境风险规制的基础与趋向选择………………（124）
　　一　规制权……………………………………………（125）
　　二　环境风险规制的主体……………………………（126）
　　三　环境风险规制行为………………………………（127）
　　四　环境风险规制的利害关系人……………………（128）
　　五　环境风险规制的动态考察………………………（129）

第四节　环境风险规制的可接受性法律限度趋向………（130）
　　一　行政机关的可接受性……………………………（132）
　　二　社会组织的可接受性……………………………（132）
　　三　受规制企业的可接受性…………………………（133）
　　四　公众的可接受性…………………………………（134）

第五章　环境风险规制的法律限度定位……………………（138）

第一节　基于硬法与软法考量的环境风险规制限度设定……（138）
　　一　环境风险规制的硬法制约与制度规范…………（140）
　　二　回应型环境风险规制软法制约的重构…………（149）

第二节　环境风险规制的体系维度建构与限度规范……（155）
　　一　环境风险识别规范维度…………………………（156）
　　二　环境风险评估规范维度…………………………（158）

三　环境风险管控规范维度 …………………………………（161）
　　四　环境风险沟通规范维度 …………………………………（163）
　　五　环境风险补偿规范维度 …………………………………（166）
第三节　基于环境公益诉讼的环境风险规制司法衡平限定 …（168）
　　一　行政权与司法权衡平基础 ………………………………（168）
　　二　行政优先：环境公益诉讼的回应与衡平变革 …………（172）
　　三　环境公益诉讼适格主体扩张与限定的衡平 ……………（175）
　　四　环境民事公益诉讼"可选择性提起"的限制 …………（177）
第四节　基于协同共治的城乡环境风险规制衡平路径 ………（178）
　　一　基于协同共治与均等化的农村环境风险规制理念衍更 …（179）
　　二　回应协同共治的农村环境风险多元治理结构规范与
　　　　形塑……………………………………………………（180）
　　三　农村环境风险"分析—选择"差序治理规范与完善 …（181）
　　四　基于救济路径的扩张与完善倒逼农村环境风险规制 …（182）
第五节　环境风险规制法律限度评价指标体系的建构 ………（183）
　　一　法制结构：环境法制的评估 ……………………………（183）
　　二　限度趋向：进路的本体考察 ……………………………（185）
　　三　限度定位：社会效果的综合考量 ………………………（188）
　　四　指标设定：评价指标体系的建构 ………………………（191）

第六章　环境风险规制秩序的法治构造与运行逻辑………（196）
第一节　环境风险规制秩序的法治构成 ………………………（198）
　　一　环境风险规制秩序的法治立场 …………………………（199）
　　二　环境风险规制秩序的法治原则 …………………………（201）
　　三　环境风险规制秩序的构成基础 …………………………（203）
　　四　环境风险规制秩序的法治模式 …………………………（205）
第二节　环境风险规制秩序的主体结构建构与转型运行 ……（207）
　　一　政府主导：管制者向共治者的转型 ……………………（207）
　　二　企业主体：被动守法向主动践行的转型 ………………（211）
　　三　公众与环保组织：形式参与向实质参与的转型 ………（214）
第三节　环境风险规制秩序的结构要素与运行逻辑 …………（216）

一　环境风险规制秩序的立法要素与运行 …………………（216）
　二　环境风险规制秩序的执法要素与运行 …………………（219）
　三　环境风险规制秩序的司法要素与运行 …………………（227）
　四　环境风险规制秩序的守法要素与运行 …………………（232）

结　　语 ………………………………………………………（236）

参考文献 ………………………………………………………（238）

后　　记 ………………………………………………………（254）

第一章

环境风险规制的基本范畴解构

后工业时代的全球性生态环境危机大规模侵袭人类的正常生活,并日益凸显为人的身体健康遭受污染的侵害、良好环境的丧失、资源短缺的影响,使我们切切实实地感受到人类越来越陷入这一后工业时代的风险社会之中。肇始于发达国家的风险社会理论,为我们审视现代性环境风险的演进理路提供了理论支撑,也为环境风险规制的系统性建构及回应确立了基本理念与指导方法。

第一节 风险与风险社会

现代社会危机常态化并日益成为众所周知的客观现实,这也强化了政府、学界和公众对风险规制的关注。综观现代社会的诸多领域,人类难免会遭遇各种各样人为的或自然的灾害甚至侵害,不仅会引发财产的损失,导致正常秩序受到冲击,甚至会危害到我们的生命安全。从20世纪80年代起,社会风险相关问题开始成为社会学领域的热点问题。乌尔里希·贝克[1]提出风险社会概念之后,包括英国社会学家安东尼·吉登斯[2]在内的诸多

---

[1] 风险社会概念是由德国社会学家乌尔里希·贝克在其代表性著作《风险社会》一书中提出的。后来,吉登斯等社会学者对该理论进行了发展和完善,使其成为20世纪末以来,受到社会科学界广泛认同并热烈讨论的概念之一。

[2] 安东尼·吉登斯在《失控的世界:全球化如何重塑我们的生活》《现代性的后果》等著作中对社会风险理论进行了系统论述和发展。参见[英]安东尼·吉登斯《失控的世界:全球化如何重塑我们的生活》,周红云译,江西人民出版社2000年版;[英]安东尼·吉登斯《现代性的后果》,田禾译,译林出版社2000年版。

学者对贝克的理论进行了补充和完善，基于现代性进行反思，对风险社会理论进行了较为系统的论述。随着风险社会概念体系不断丰富并完善，风险社会理念在经济、法律、社会管理中的关注与日俱增。不可忽视的是，风险的产生、界定和分配总是和技术相伴而生，在环境风险规制中尤为如此。正如贝克所言："在发达的现代性中，财富的社会生产系统地伴随着风险的社会生产。相应地，与短缺社会的分配相关的问题和冲突，同科技发展所产生的风险的产生、界定和分配所引起的问题和冲突相重叠。"①

一　风险的概念审视

风险（risk）是一个源于意大利语的词汇，最初用来描述航海及保险行业因自然灾害而遭受的损失。风险是对应传统认知的危险而言的，一般来说危险应对是消极的、被动的，而风险回应则是积极的、主动的。有学者将风险定义为确定时间范围内因某一现象的出现导致特定不利后果的盖然性；也有部分学者认为风险指遭遇损害或破坏的危险或机会，由此将风险定义为是一种关于未来事件的不确定性，会对未来事件的发生与否及其后果形成一定的影响。苏联学者阿尔金认为，"风险"一词通常用来表示可能出现的危险、失败以及对活动结果没有把握。②从上述关于风险的定义可以看出，它们致力于通过盖然性、机会、不确定性以及可能性等来对风险问题进行衡量。显然，这种风险认知方式具有极大的不稳定性，它依赖于人的主观判断和经验主义的彰显，在风险的认知和评价体系上既不客观也不可能精确。质言之，风险是人们基于认知的可能变量，通过并不确定的经验判断来预估未来的可能性；这种可能性建构在现代社会结构变迁的基础之上，建构在科学技术僭越及异化的基础之上，建构在传统危险应对面临越来越多问题的基础之上。艾尔伯特·鲍尔格曼认为，现代科学技术造就了新的社会秩序，其具有侵略性的现实主义、有条理的普遍主义和意义含混不清的个人主义等表征，并日益异化着人类，使人类变得冷漠、消极、不负责任和自私自利。③风险社会所论及的诸多风险，很大程度上

---

①　[德]乌尔里希·贝克：《风险社会》，何博闻译，译林出版社2008年版，第15页。

②　[苏]阿尔金：《风险及其在社会生活中的作用》，鲁军译，《现代外国哲学社会科学文摘》1986年第10期。

③　[美]艾尔伯特·鲍尔格曼：《跨越后现代的分界线》，孟庆时译，商务印书馆2003年版，第32—57页。

是由人类不当的活动造成的。专有名词"风险"具有泛学科概念的形态，它突破了这一那一特殊科学或其专门类群的范围。①发达国家对于风险理论的研究相对于我国较为成熟，不论在社会学领域还是政治学、行政学领域等都已经形成了较为完整的体系化理论。

第一，社会学视角风险理论的肇兴。贝克在《风险社会》中将社会变革细分为三个阶段：前现代（pre-modernity）、简单性现代（simple-modernity）和反思性现代（simple-modernity）。②他对现代性的反思都是基于反思性现代展开的，以西方现代社会的微妙变化的内在核心因素——风险——为基础展开。其对风险概念做出了著名的八点总结："（1）风险不等同于绝对的安全或完全的毁灭，只是一种对现实问题的虚拟；（2）风险是存在一定危险和变数的未来（参数），是一种和现实并列存在的概念，而且两者共同对当前行为产生作用和影响；（3）风险是某种事实的存在，也是某种价值的表现，事实和价值通过数字（概率）得到融合；（4）风险是人们对具有不确定性人为因素的竭力控制，但自身管控能力匮乏的矛盾问题的体现；（5）风险反映了人类社会认识及再认识的客观体验：在不断学习知识的过程中，始终会存在无知的一面；（6）风险具有全球性，不局限于本土，其变化和规制在全球范围和局部区域内具有一致性；（7）风险是人们的知识、可能遭遇的冲击以及冲击后的症状间的差别与不同；（8）一个人为的混合世界，失去自然与文化之间的两重性。"③④除了风险社会理论，风险的社会学分析还涵盖了组织理论、社会建构理论等，其"将人们的视野从单纯的物质性后果扩展到更为广泛的社会后果之上，进一步深化和丰富了人们对风险后果的理解。"⑤洪大用先生认为，社会学在研究社会系统的运行和发展时，将不得不转

---

① ［苏］阿尔金：《风险及其在社会生活中的作用》，鲁军译，《现代外国哲学社会科学文摘》1986年第10期。

② Ulrich Beck, *Rick Society*: *Towards a New Modernity*, trans. by Mark Ritter, London: SAGE Publications, 1990, p. 209, 转引自刘铁光《风险社会中技术规制基础的范式转换》，《现代法学》2011年第4期。

③ 杨雪冬等：《风险社会与秩序重建》，社会科学文献出版社2006年版，第10—30页。

④ Barbara Adam, Ulrich Beck and Joost Van Loon, *The Risk Society and Beyond*: *Critical Issue for Social Theory*, London: Sage Publication, 2000, p. 35.

⑤ 赵延东、肖为群：《风险的多学科研究视角》，《中国科技论坛》2010年第6期。

换其思维和研究范式,反思对环境风险的集体失语,在社会研究中重视环境—社会—人的关系,回应环境危机建构"新环境范式"。①

第二,政治学视角风险理论的演进。贝克、吉登斯、鲍曼提出和论证的风险社会不仅关涉着技术风险,也论及了后工业时代生活及制度的风险,"提出了生活政治的构想,寻求以风险社会为背景、以生活政治为主题、以社会性管制为主线,以对生产主义的反思和替代经济增长的模式解决社会问题"②。贝克认为,在现代风险和人为不确定性的影响下,确认和感知风险、总结因果联系和分配补偿的模式都不可避免地瓦解了,对现代官僚政治,国家、经济和科学的功能和合法性提出了质疑。③在现代性的意义日益生成之际,风险与政治也不断融合与相互编织,政治的风险化与风险的政治化构成了现代社会政治领域的高度复杂性,政治向度已成为风险社会的焦点议题。④总体而言,政治学相关的风险研究主要分为两类:一类是政治风险的研究,主要体现为政治生活中个体政治风险研究、国家政权的政治稳定研究及企业对外投资中国际政治风险研究三个方面;另一类是风险的政治学化研究,包括绿色政治学和风险社会学研究两种。⑤基于风险政治学对于社会失灵、政府失灵、风险治理悖论的认知,有学者提出风险治理的转型选择方式。⑥风险规制过程中政治问题的研究主要关注于两大重点:其一是专家政治;其二是生态政治。专家政治指的是,在正式向公众颁布某项具有一定风险因素的政治决策前,企业聘请或政府任命的专家共同协商形成政策议案,对此议会仅仅行使其表决权。通

---

① 洪大用、罗桥:《迈向社会学研究的新领域》,《中国地质大学学报》(社会科学版)2011年第4期。

② 郭剑鸣:《风险社会境遇下西方国家的社会性管制与社会管理:政治学意义》,《社会科学战线》2013年第10期。

③ [德]乌尔里希·贝克:《风险社会政治学》,刘宁宁、沈天霄译,《马克思主义与现实》2005年第3期。

④ 潘斌:《风险的政治化与政治的风险化:对风险政治学的批判性尝试》,《山东社会科学》2014年第3期。

⑤ 马光选、项继权:《政治学视野中的风险研究传统及新范式探索》,《云南财经大学学报》(社会科学版)2012年第4期。

⑥ 马光选:《风险治理悖论与风险治理转型:基于风险政治学的考察》,《云南行政学院学报》2015年第2期。

过对政治规则和边界的变通或者改变来建立起政治自由，以使其变得更为开放。而"生态政治"则是在生态危机、环境风险逐渐威胁人与自然的和谐，严重制约人类政治、经济发展的前提下，为了解决这种危机和风险，尝试基于政治层面的研究角度，对生态以及政治间的彼此作用进行再一次的认识和解读。生态政治倡导从过度消费转变为可持续消费的生态化生活方式，寻求公众对公共事务的关注，为生态危机、环境风险的回应注入更多的要素，从而营造一种符合时代发展的新政治局面。

第三，行政学视角的风险理论的发展。随着风险的整体性爆发，给国家乃至全球范围内的风险治理提出了新的挑战，风险、风险社会、风险规制、风险治理等概念被迅速引入公共行政的核心话语结构。风险社会所诱发的行政国家的适应性激变，对传统行政国家的三大基础提出了不同程度的冲击和挑战，推动了风险国家的形成。[1]国家的基本功能之一，便是保护人民之生命、财产安全，即国家有危险防御、规避风险的义务。换言之，国家或者政府代表人民行使职权，就有义务为人民谋取利益、保障人民的安全、排除可能造成的不安全因素、维持社会公共安全秩序。在风险认知和规制中，国家或者政府也应充当和扮演重要的角色。对于可能产生风险的经济、社会领域，国家或者政府为了防止风险的发生，应当在宪法法律的授权下采取一定的管制行为。而这种行政管制多表现为采取一般性的禁止、许可或命令等管制手段，也被称作行政干预。面对风险所带来的越来越多的不确定性和未知性，行政学领域也越来越意识到仅仅依靠公权力的行政行为规制风险是远远不够的，适度扩大公众参与为代表的公私协力协同共治与公共治理成为行政学领域风险规制理论发展的新方向。

由此可见，风险在不同学科领域内具有一定的区别，且在相对较长的历史视域内，该概念也呈现出一定的变化。从语言学的角度来看，"风险"一词已经突破了单纯的"遇见危险"的狭隘意义，而日益向"遇到破坏或损失的概率和可能性"的含义上发展。风险结构也越来越从自然引起的传统风险占据主导地位向人为、不确定性的现代型技术风险占据主导地位转变。在当代社会复杂的结构中，风险的认知凸显为现代型技术风险并具有主观性和不确定性两大特征，风险的典型定义也大多依托此基础阐发而来。"在统计学范围内，风险是某个事件造成破坏或者损害的可能性或

---

[1] 刘鹏：《风险社会与行政国家再造：一个行政学的阐释框架》，《学海》2017年第3期。

者概率;而在人类学等学科中,风险则是对群体和危害的认知,其功能为辨别环境之风险。"[1]在法学的概念界定中,因侧重于行为、后果之客观现实规制的重要性,兼而考虑与公众对风险的一般认知相互契合,风险宜认定为特定损害与一定时间内发生的可能性。[2]由此,基于统计学上宏观的因果关系便可以更好地认识风险所导致的损失,并进一步通过制度设计对风险加以治理。质言之,风险是指在某种环境或条件下,发生某种危害或造成某类损害的可能性,是一种不确定的危险状态,涵盖了风险所生"损害的大小"及"损害是否发生"的不确定性。风险是一个极其复杂的概念,国内外对风险的研究体现了其共通点,主要表现为一系列的双重属性。

第一,客观性和主观性。首先,风险不受人的意志控制,属于客观存在的事物。部分风险从产生之后人类就没有能力将其彻底消除,甚至没有能力做出有效规避,这体现了风险的内生性特征。无论是否存在人类社会的各种制度及人类本身的行为和决策的共同影响,风险都有可能产生、存在并发生作用,突破时间和地域的限制,对一代又一代的人产生深远的影响。其次,风险的存在也具备一定的主观特性。风险的产生和存在与人类活动息息相关,正是因为人类掌控和改造自然、开发利用资源等活动,才推动了风险的形成。而且,伴随着人类本身及周边环境的变化,对于特定的风险事件,人类的认识、态度及方式也在不断发生变化。人类往往通过科技知识和经验的运用来确定人类对风险的可接受性,从而做出符合现实需求的风险决策或者说风险预防决策。

第二,潜在性和现实性。风险往往表现为可能会发生的某种状态,而这种可能还依赖于其他各种条件的量变积累达成质变。因此,风险的爆发往往需要一定的时间积累为基础,这就凸显了风险的潜在性。由于风险所存在的潜在特性,如果要规避风险就必然依赖人类基于自身智慧和经验而对风险展开的分析、预测、评估、辨别及认识,进而采取各种方式对风险要素和环境进行相应的改变,以削减乃至控制风险。当然,在风险累积到一定程度或者突然爆发时,风险的现实性特征也会显现,但这与风险的潜在性并不对立。现实性风险的回应依赖于即时性政策或应急性工具的综合

---

[1] 杨雪冬:《全球化、风险社会与复合治理》,《马克思主义与现实》2004年第4期。

[2] Robert Baldwin, *Law and Uncertainty: Risks and Legal Process*, Baden-Baden: Kluwer Law international, 1997, pp. 1-2.

运用。总体而言,潜在性风险和现实性风险共同构成了风险体系,其不同特征的显现也为风险规制提出了更为复杂的要求。

第三,可预测与不确定性。风险的产生需要一定的时间和空间条件,是特定的现实和不确定因素形成的未来可能性事件。传统的风险研究论者认为,风险应可以被"客观"地测算,并应该交由工程师、科学家和其他专家进行评估,大众不得对此有任何怀疑,否则就被认为是不理性的。风险的可预测性表现为通过对当前条件的分析与现实环境的考察,对可能的不确定性因素加以探究和预测。可见,风险的发生本身就具有不确定性,当影响风险的主客观条件或环境发生变化时,风险可能引发的结果通常也会出现一定的变数,由此指向了不可知性或未知性。但风险的发生又有其规律可循,在特定空间场域下,我们可以依托既有知识结构并结合现实要素进行全面分析和评估,通过对复杂多变的风险预测实现对风险的规制和控制。

第四,消极性与积极性。首先,风险具有消极性特征。在许多人的潜意识里大都认为风险只会带来危害、危险、损失等不利后果或者负面效果。在风险与技术的交织和综合作用下,技术的进步一定程度上能够预防和解决风险,但同时又会带来新的风险与新的问题的产生。依托于技术基础,我们的生活质量越来越高,但诸如气候变暖、雾霾、土壤污染等环境问题也随之日益彰显。其次,风险具有积极性特征。与风险相伴生的有消极性的、负面的结果,但风险也可能带来积极的收益、机会和进步。因此,基于现代科技积极回应风险,可以预测和感知风险,并尽可能地减少风险的消极后果,从而使社会整体受益。亦即,风险并不意味着消极和不利后果的衍生。

二 风险社会的回应与反思

风险社会是乌尔里希·贝克在系统思考现代社会风险问题的基础上所形成的关于当代社会的定义。在风险社会理论中,贝克以风险一词来概括性地描述现代社会的本质。贝克指出,风险社会是工业社会的产物,但同时又表现出当代社会的独特性。在贝克看来,"正如现代性消解了19世纪封建社会的结构并产生了工业一样,今天的现代化正在消解工业社会,而另一种现代性则正在形成之中……现代性正从古典工业社会的轮廓中脱颖而出,正在形成一种崭新的形式——(工业的)风险社会"①。显然,风险社会论者开始关注到人类社会已然迈入这种崭新的后现代性社会形态之中,并将其设定为一种理论上的社会状况。亦即,风险社会"是这样一个社会,它断言,工业化所造成的副作用具有可控性。也就是说,风险社会是一个设计巧妙的控制社会,它把针对现代化所造成的不安全因素而提出的控制要求扩展到未来社会"②。由此可见,风险社会与工业社会息息相关,它是建立在现代工业社会的基础之上的,并且对工业社会进行检视与反思,成为"现代社会的一个发展阶段,在这一阶段里,社会、政治、经济和个人的风险往往会越来越多地避开工业社会中的监督制度和保护制度"③。

  风险社会理论业已渗入诸如政治、经济等社会生活的诸多领域,随着社会的发展,风险也成为当今时代的重要表征,给人类的进步和持续发展带来很大的挑战抑或是阻碍:大到核泄漏、汶川大地震,小到毒奶粉事件,社会风险频发且产生着或大或小的影响。卢曼认为,人类社会所在的社会,是"除了冒险别无选择的社会",要经历数不清的、无法估量的丛林风险。在《风险社会》中贝克亦提出了两个紧密相连的核心主题——自反性现代化与风险主题,表明了其认为的系统化的社会生产同时在系统化地生产风险的基本观点。风险一旦显化,必然会对社会的进步与发展表现出重要的作用和影响,且逐步在社会结构中得以内化,就意味着风险社会的诞生,这是人类文明推动形成的一种崭新的社会形态。在风险社会中,我们已经发展出更多有关我们行动的未预料后果的知识和敏感性,通过制度化的沉默或否认人们可以将风险置于公共话语之中。④自从风险社会理论构建之后,人们在贝克的提问中不断反思风险和社会的关系、新的社会结构变革以及人类社会的未来发展方向。

---

① [德]乌尔里希·贝克:《风险社会》,何博闻译,译林出版社2008年版,第2—3页。
② [德]乌尔里希·贝克、约翰内斯·威尔姆斯:《自由与资本主义:与著名社会学家乌尔里希·贝克对话》,路国林译,浙江人民出版社2001年版,第124页。
③ [德]乌尔里希·贝克、[英]安东尼·吉登斯等:《自反性现代化:现代社会秩序中的政治、传统与美学》,赵文书译,商务印书馆2001年版,第9页。
④ [英]芭芭拉·亚当等:《风险社会及其超越:社会理论的关键议题》,赵延东、马缨等译,北京出版社2005年版,第19—20页。

贝克及其支持者基于对风险社会的宏观把握，从相对客观的角度对人类社会的发展进行了反思，尤其对工业革命后的国家现代化产生了质疑，对可能引发全人类灾难的全球性社会风险做出了深刻的、全面的探讨与分析。贝克主张，风险这一概念是伴随着现代社会而产生和发展的，无论何种风险都和人的决策分不开，和人类的现代化进程有着深厚的内在关联，现代风险具有极强的内生性。吉登斯作为风险理论的重要支持者，他在贝克的基础上对社会风险做出了进一步的划分，即曾经居于主导地位的"外部风险"和当前主要的"被人为制造的风险"两类，其认为正是人类肆无忌惮的行为对环境造成了巨大的影响乃至破坏，从而引发了各种风险的产生甚至集中爆发。无论是贝克还是吉登斯，都强调基于宏观制度建构的方式进行治理和回应风险社会，不过前者主张利用技术理性来控制风险，后者认为通过制度理性来规制风险效果更佳。

当然，风险社会理论提出以后也有学者对该理论持批评态度，他们站在主观主义的视角看待并分析风险，《风险文化》等著作集中阐释了他们的主张：现代社会的风险本身并没有数量和程度上的变化，但由于人类对风险辨别和认识的能力提高了，导致我们可识别的风险数量增加。英国学者拉什认为，风险社会的概念就用词而言是自相矛盾的，其主张用风险文化的观点去取代或至少去补充风险社会的概念。[①]风险社会只是人类社会发展中的一个阶段，在未来必将离我们而去，之后人类将进入风险文化时代。拉什建议说，我们与诸如核能、化学污染和基因工程等当代环境危险的联系并非根植于决定性判断，恰恰相反，它无可避免地与想象与情感的世界联系在一起。[②]在拉什看来，不管何种类型的风险都有其产生的文化根源，比如群落边缘文化催生了自然风险，市场个人主义文化引发经济风险的形成，等级制度主义文化则是社会政治风险出现的根本原因。在特定文化的影响下，一旦社会结构变得无序甚至混乱，风险就会形成和传播，且通过信仰、理念和思想等形态影响人们的行为。基于以上观点，拉什主张推动人类共同价值观的形成和共享，以借助文化的力量对风险进行积极

[①] [英]芭芭拉·亚当等：《风险社会及其超越：社会理论的关键议题》，赵延东、马缨等译，北京出版社2005年版，第68—69页。

[②] [英]芭芭拉·亚当等：《风险社会及其超越：社会理论的关键议题》，赵延东、马缨等译，北京出版社2005年版，第22页。

的应对。卢曼是偶然性社会不可知理论的缔造者,他从反思的立场对风险社会进行解读:现代社会的风险之所以会产生,是因为一连串的时间偶然性相互交织,引发了社会不确定性的发生,并由此衍生出一些灾难性问题,因此要对风险进行不断的观察和反思。

综上可知,现代西方学者关于风险社会及其理论的研究,存在着下列几个方面的矛盾或争议:风险是由人类建构形成的,还是现实存在的?风险社会是否可以被看作独立的社会形态,其和工业社会间存在怎样的关联?人类将要面临的究竟是风险文化时代,抑或是风险社会时代?现代化的标准形态是我们所熟知的西方社会工业化形态吗?目前来看,不论西方学者从什么角度来分析和诠释风险社会这一理论,我们都不可否认世界范围内的风险社会正在成为现实。制度、技术的进步,文化和经济的全球化,都推动了社会流动以前所未有的态势进行跨越时空的运行,在此时代大背景之下,以中国为代表的发展中国家,在向发达社会形态演进的过程中,是无法完全模仿先发展国家的足迹进行发展的,两类国家面对的情况和出现的问题都有着巨大的差异。风险社会呈现出复杂、多元的社会形态,在风险社会论者看来,现代风险具有内生性,在很大程度由"人化"而增强,此类风险"首先是指完全脱离人类感知能力的放射性、空气、水和食物中的毒素和污染物,以及相伴随的短期和长期的对植物、动物和人的影响"[①]。中国作为一个处在过渡时期的发展中大国,要发展工业,但这个过程势必要导致生态环境的恶化,产生各种冲突,在工业化的过程中可能遭遇各类风险、各种问题甚至是危机相互作用、不断累积,呈现出愈发猛烈之态势,新的风险亦将应运而生。

事实上,文明是人类力量不断地更加完善的发展,是人类对外在的或物质自然界和对人类目前能加以控制的内在的或人类本性的最大限度的控制。[②]整个人类社会是依其自身脉络与逻辑规律逐渐演进的,从远古的农业文明和封建农奴社会发展时期,到早期的以追逐政治自由和法治权利的社会发展时代,再到中期以追逐经济发展和物质富足为基础的工业文明发展时段,最后基于现代技术能力和经济发展进程到达当今世界。而当今

---

① [德]乌尔里希·贝克:《风险社会》,何博闻译,译林出版社2008年版,第20页。
② [美]罗斯科·庞德:《通过法律的社会控制》,沈宗灵译,商务印书馆2008年版,第8页。

世界代表着前所未有的进步、文明、理性的人类发展程度,然而其也与世界的日益混乱、技术理性的不断僭越、环境危机的逐渐滋生、资源耗竭的相对恐慌、安全与发展的诸多犹疑相互伴生。显而易见,我们所面临的诸多问题"都是现代化、技术化和经济化进程的极端化不断加剧所造成的后果,这些后果无可置疑地让那种通过制度使副作用变得可以预测的做法受到挑战,并使它成了问题"①。因此,我们可以将其大致归结于风险的演进——从自然风险过渡到人为风险。原初的风险是人类敬畏自然时代的诸如地震、火山爆发、海啸、暴风等自然灾害,而基于人类改造自然能力不断提高甚至掌控自然,现代工业与科技推动着人类社会的发展,却也将社会带入"人造"时期,我们所承受的人造风险是"完全逃脱人类感知能力的放射性、空气、水和食物中的毒素和污染物,以及相伴随的短期和长期的对植物、动物和人的影响"②。可以说,人造风险更具现代性的特点,它基于现代技术而衍生,具有影响范围广、潜伏周期长、不确定性等基本特征,也更易造成巨大的、不可逆的危害后果,并理所当然地将人类社会带入不得不面对的环境风险难题。

第二节 环境风险的认知理路与基本阐释

从传统视野来看,现代工业与科技推动是人类文明飞速发展的原动力。但当借助风险社会的新范式诊断之后,我们却发现人类社会已然步入高风险与多危机的时代,人类因环境污染、生态破坏和资源耗竭而面临着越来越大的环境风险,而这些风险恰恰是现代化所造就的。新的风险情形的复杂特性甚至已经扩展到了如此的程度,以至于它们已经进入了公共讨论的领域之中。③环境风险实质上不仅仅涉及环境本身,它可能引发自然灾害风险、经济崩溃风险以及政治灾难风险等。它与任何个人的切身利益

---

① [德]乌尔里希·贝克、约翰内斯·威尔姆斯:《自由与资本主义:与著名社会学家乌尔里希·贝克对话》,路国林译,浙江人民出版社2001年版,第125页。
② [德]乌尔里希·贝克:《风险社会》,何博闻译,译林出版社2008年版,第20页。
③ [英]安东尼·吉登斯:《第三条道路:社会民主主义的复兴》,郑戈译,北京大学出版社2000年版,第64页。

是如此息息相关，可以说风险的存在使得科学与技术不能被置于民主进程之外，它需要更多的反思与积极参与。[①]

一 环境风险的基本界定

正如前述所论的对风险的一般认知与判断，风险是一种可能性，也是一种不确定性。总体而言，对于风险的认知应区分危险与风险的不同。建构在传统权利义务体系之上的危险应对模式往往表现出具体性、可预见性和限制性等特征，能够依据特定行为对公共秩序、公共安全造成的具体危害予以判断并回应。与确定发生及可认知的实际危险不同，通常来说，我们对于风险的感知更多的是通过可获得的信息来进行预测性判断发生的概率，这就通向了风险的不可知面向。因此，不可知论下的"无知"建构了现代风险，它涵盖了："对风险知识的选择性接受或传递；知识的不确定性本质；对事物之知识误解或错误判断；无能去知（包括已知道或受到压力而无能力去知）；无意欲去知；真正的无知或不知的无知等"[②]。因此，风险既可能是既定的事实性风险，也可能基于风险认知、判断而形成未知性风险，并且由这两种混合性风险叠加于对风险的认定之上。

由之，既然不确定性是风险判断的核心概念，那么环境风险同样是基于无知的不确定性判断延伸至环境领域所造成的事实性损害、因环境损害影响公众的不确定风险或者纯价值判断的未知性风险。在《金融大辞典》中，环境风险是被归类于企业风险的，其分为自然环境风险和社会环境风险。"所谓自然环境风险，指的是由于企业产生的污染物释放到空气中，或在陆地或水道处理工业废料而造成了物质损害和人身伤害，受到处罚的风险；社会环境风险则是指企业遇到的来自其经营环境的法律、社会、政治和经济等各方面的风险"[③]。如国际政策或者法律的改变，冲击了企业的经营发展，使得企业利润降低等。不同于《金融大辞典》的解释，以黑川哲志为代表的日本学者将其定义为"环境污染所生损害的大小和其发生

[①] 董正爱：《风险与回应：城乡环境风险协同共治法律研究》，中国社会科学出版社2018年版，第7—12页。

[②] 周桂田：《风险社会典范转移》，台湾远流出版公司2014年版，第138页。

[③] 李伟民主编：《金融大辞典》，黑龙江人民出版社2002年版，第1602页。

可能性或者期待值"①。由此可见，环境风险并不仅指自然环境风险，环境风险也是广泛应用于经济领域的，企业受到外部社会环境因素（环境政策、环境法律）的影响，很可能阻碍经济的发展。质言之，环境风险影响着社会的发展，涵盖了因自然本身或者人为因素的外在张力，对社会、经济、生态环境等造成的影响或者损害等。此外，在对环境风险的认识中，不能仅仅局限于企业或者是自然环境，由于环境利益、价值取向的冲突，特别是对高科技的追求，人为因素导致的环境风险确实占据着主导地位。换言之，环境风险的基本意旨包含了客观层面和主观层面的基本指向：基于客观层面而言，"环境风险是指在环境领域，人为制造的环境危机出现、环境事件发生的可能性"②；基于主观层面而言，环境风险是一种对于可能影响人类未来发展的环境参数的认知，它指向于因人为因素产生而影响经济社会发展未来的不可知性预测与反思。

　　基于风险显然的不确定性以及事实上的不确定性、认识上的无知及完全无知的判断情形，从不确定的角度来看，环境风险所生"损害的大小"及"损害是否发生"的不确定性，只要在环境领域中落入其中一种不确定性，应该即为所称的环境风险。③因此，环境风险的基本界定应为由自然原因或人类活动（对自然或社会）引起的，通过环境介质传播、降低环境质量，从而能对人类健康、自然生态产生损害的事件，可以用其发生的概率及其后果来表示，涵盖了不利环境事件发生的可能性（概率）以及该事件发生的后果。④质言之，环境风险是文明进步、社会发展、技术变革和技术返魅的必然结果，往往形成环境污染的瞬时性排放、突发事故的发生、技术迭进的风险认知、累积风险的渐发、社会问题的凸显等交叉影响和综合因素的结合。

---

① ［日］黑川哲志：《环境行政的法理与办法》，肖军译，中国法制出版社2008年版，第74页。

② 王宪民：《论环境风险及其规避》，"生态安全与环境风险防范法治建设"——2011年全国环境资源法学研讨会论文，桂林，2011年6月，第233页。

③ 辛年丰：《环境风险的公私协力：国家任务变迁的观点》，台湾元照出版公司2014年版，第114—115页。

④ 毕军等：《区域环境风险分析和管理》，中国环境科学出版社2006年版，第3页。

二 环境风险的类型界分

既然环境风险涵盖了"损害是否发生"及"损害的大小"的不确定性两种情形，那么在环境风险系统中自然会涉及环境风险源、环境风险发生的场域、排放行为与机制、环境风险作用对象等诸多因素，并衍生为累积性环境风险和突发性环境风险两种基本类型。从社会学的角度考察和环境风险治理的决策来看，环境风险一方面发生在既有的风险事实上，另一方面也发生在个人、社会所延伸出的风险感知、伦理与价值判断上，并产生混合的形貌，亦即风险的治理与决策既是实在论的问题，也是建构论的问题。①因此，从治理与决策的角度而言反观环境风险的类型界分，就需要基于上述所论环境风险系统进行环境风险有效识别。亦有学者将其界分为安全事故类、违法排污类、遗留隐患类、长期累积类、交通事故类、自然灾害类、布局问题类等环境风险类型，并基于不同划分标准，将环境风险类型概括为以下类型（见表1-1）。②

表1-1　　　　　　　　不同分类原则下的环境风险类型

分类原则	环境风险类型
规制失效方式	突发型环境风险、常规型环境风险
事故触发形式	泄漏扩散污染事故、爆炸性污染事故
风险因子释放	有毒有害物质类、易燃易爆物质类、油类、重金属类等
环境事故的风险根源	固有型、结构布局型、环境管理型环境风险
环境风险的时空分布	局域环境风险、区域环境风险、全球环境风险
环境事故的受体	人体健康、社会经济、生态环境（水、大气、土壤环境）

基于以上关于环境风险的基本判断与类型界分，可见，我们所论的环境风险是一个非常广泛和综合的问题域，它的类型宽广而多样，既有实实在在的环境污染或事故的发生，也有触发的可能性、概率性或不确定性的基本判断，对于中国当下的环境风险问题架构同样适用。笔者认为，我国

---

① 周桂田：《新兴风险治理典范之刍议》，《政治与社会哲学评论》2007年第22期。
② 卢静等：《中国环境风险现状及发展趋势分析》，《环境科学与管理》2012年第1期。

当下的现代性环境风险主要涵盖经济高速增长引发社会结构的变迁带来严重的环境风险、社会分配体制的不公导致生态差异性破坏的环境风险以及消费制度的变迁所必然引致的环境风险三种基本类型。[①]

第一，自工业革命以降，人类社会所奉行和崇尚的是技术革新、经济发展所带来的物质富足，而不论采取的是何种发展方式，会带来何种后果。随着环境危机的全球性显现，人们开始了深刻的反思，"如果在世界人口、工业化、环境污染、粮食生产和资源开发等方面，当前的增长趋势保持不变地继续下去，那么在今后100年内的某个时候，我们的行星将达到增长的极限"[②]。实际上，妄谈增长的极限或许是危言耸听，但经济的跨越式增长引发的资源过度消耗、环境污染的全面爆发，已经使整个社会处于急遽变革中，而环境风险也随之而来。

第二，中国分配体制的不公与环境利益的差异性凸显为发达地区与欠发达地区的区域不公、阶层不公以及城乡不公。"城乡分配不公使得城市发展处处走在乡村的前面，当城市发展至一定规模后，开始有次序地将污染向农村转移，再加之农村基础设施的落后，因此导致农村对污染的零抵抗力，最终造成农村垃圾的扩散，水质的恶化，空气质量的污染，农业面源污染以及生态的退化等环境风险的扩张。"[③]

第三，人类的生存标准要高于"单纯的生理"生存所需的必需品，因为除此之外，人类还有较复杂的社会标准。[④]消费正是社会标准的具体体现，而现代社会对消费的倡导和追逐，虽然带来了经济的繁荣和社会的进步，但是也不可避免地带来了资源的大量消耗和废弃物的大量排放，引发了严重的资源危机和环境危机。[⑤]因此，在中国现代生活方式急剧转变，

[①] 董正爱、王璐璐：《迈向回应型环境风险法律规制的变革路径——环境治理多元规范体系的法治重构》，《社会科学研究》2015年第4期。

[②] [英]拉尔夫·达仁道夫：《现代社会冲突：自由政治随感》，林荣远译，中国社会科学出版社2000年版，第161页。

[③] 董正爱、王璐璐：《迈向回应型环境风险法律规制的变革路径——环境治理多元规范体系的法治重构》，《社会科学研究》2015年第4期。

[④] [英]齐格蒙特·鲍曼：《被围困的社会》，郇建立译，江苏人民出版社2005年版，第189页。

[⑤] 秦鹏、黄学彬：《消费者主权质疑：一种环境伦理下的人文思考》，《社会科学研究》2006年第1期。

网购、外卖等越来越成为中国消费的主力时，与之相伴生的资源消耗、环境污染问题也会随之显现并逐渐成为现代社会的风险之一。当然，传统追逐经济发展的技术生产方式，也仍在继续产生新的、不确定性环境风险：资源危机的可能性、生物技术的未知性、新能源的安全性等风险性判断将在一段时期内持续困扰社会。

三 环境风险的特征解构

现代风险社会的范式结构之下，人类发展至新的历史周期而不得不随时面对各式环境风险。与传统环境问题的体验不同，环境风险作为人类具体感知、行为传递和承受后果的新兴风险形态，呈现了其独特的特性，并在各类环境风险中得以显现。

第一，环境风险的自然灾害契合性及不确定性。前述已经论及，环境风险是涵盖"损害是否发生"及"损害的大小"的两种不确定性情形的。既然并不是确定性的，那么其产生就具有一定的偶发性，有些人会将环境风险归结为自然灾害。这是农业文明人类敬畏自然以及后现代社会"返魅"的认知逻辑延伸，早期的空气污染公害事件、群体性病理侵害事件、气候变化引致的暴风雨、工业废气排污引致的酸雨等，在通过技术手段发现和总结原因之前，都被归结为自然灾害。许多环境问题并非由单一可确定的原因引发，而是由累积的多个原因引发，众多环境危害的原因之间复杂的互动关系具有不确定性。[①]因此，环境风险有其固有的与自然灾害契合的特性，当某一类环境风险是由人类行为作用产生之后，若尚未有技术能力和手段予以认知和分析则通常会被归为自然灾害，唯有通过技术和知识结构能够有效认知之后才能归为不确定的环境风险。

第二，环境风险的市场失灵运作及公共性。环境和生态功能都属于公共物品，公众可以共同享用但却无须付出相应的对价。也即，从市场的角度出发，自然、环境和生态是零成本的，它们一文不值。基于这样的价值体现，公地悲剧由此产生，个体的短期理性行为转化成了集体的长期灾难性后果，获取短期的经济利益最大化导致了长期上经济利益的耗尽和环境

---

① [美]詹姆斯·萨尔兹曼、巴顿·汤普森：《美国环境法》，徐卓然、胡慕云译，北京大学出版社2016年版，第13页。

的崩溃。①因此，一定程度上而言，环境风险是因市场失灵的运作方式而产生的，也使之具有了一定意义的公共性特征。环境风险的公共性特征，容易导致无法界定准确的受害方以及找到合适的责任承担者，也会对既有的环境管制模式形成冲击，需要重新审视、反思并给予积极回应。

第三，环境风险的社会认知偏差及未知性。环境风险的根源，"并非在于运用知识本身或透过知识的反思来建构现代世界，而在于以单一、独断的理性来运用知识，所造成的知识的无知、未知，并因而变得从未考量或估算、无法控制和弥补的灾难后果或危机"②。对于社会认知偏差和未知性的判断，来源于两个面向：一是知识、技术与专家的三大解释系统；二是公众如何认知三大解释系统。现行环境风险的社会认知模式可以分为专家导向型和利益导向型两种。在政府以专家评估为导向的风险认知模式中，环境风险主要由政府主导，主要考虑的因素有经济成本、环境风险和社会阻碍的最小化等。其中，经济成本主要由土地价格、补偿水平和基础设施完善程度决定；环境风险和社会阻碍评估则往往会选择性忽视向公众征求意见的程序，同时以专家意见为导向。实践证明，政府以专家为导向的社会认知往往会与现实脱节。而在公众以利益为导向的风险认知模式中，信息偏差导致公众难以合理分析实际风险，以利益为基础的潜在环境风险容易被主观放大。质言之，社会认知偏差和未知性将对环境风险的认识又推向了新的不确定性，致使环境风险的认知陷入了现代性吊诡。

第三节 环境风险结构与社会分化

风险社会的总体框架下，各个社会内部系统自我复杂分化，③基于风险的不确定性和未知性，人们对于风险都有其特殊的看法和诠释，风险的认知与回应实质上就是一种技术选择与社会建构的过程。作为社会现代化进程中的重要随附产物，人类不可能彻底消除风险。质言之，基于现代性

---

① ［美］詹姆斯·萨尔兹曼、巴顿·汤普森：《美国环境法》，徐卓然、胡慕云译，北京大学出版社2016年版，第16页。
② 周桂田：《风险社会典范转移》，台湾远流出版公司2014年版，第128页。
③ 周桂田：《风险社会典范转移》，台湾远流出版公司2014年版，第46页。

的环境风险反思主要聚焦于环境风险规制的理性、制度化、技术性及其政策等的正当性,而社会结构分化则是环境风险的缘起与应有之义。

一 环境风险的现代性与反身性

源自启蒙运动以来的理性觉醒促动着现代化的进程,以工业革命为代表的技术理性承载了现代社会的发展,也因技术僭越衍生了现代性环境风险。吉登斯认为:现代性在某种程度上等同于工业文明。第一,现代性与特定的时间和空间密切联系。"与现代性相连的鲜明的历史性特征,依赖于'嵌入'时间和空间的各种模式,这些模式对以前的文明形式来说是不可能的。"[①]17世纪的欧洲,是从封建向现代过渡的现代性萌芽阶段,此后现代性的发展与欧洲扩张同步,逐渐向其他地区和文明渗透,并在20世纪蔓延至全球范围。第二,现代性的内涵充实而丰富,各种经济制度、政治立场、文化态度都是其基础性构成,在工业文明的发展大潮中,对人类的生产方式、组织制度、生活模式等产生了巨大影响。第三,现代性还包括理性化、民主、自由等价值观念。吉登斯把现代性分为两个阶段,即"早期现代性"阶段和"自反性现代性"阶段。在第一阶段,人们更多地表现为对现代性的乐观趋向,即对因现代科技发展所推动的社会变迁、结构变动怀有一种憧憬,在总体"除魅"的时代背景下即使进入风险社会,但风险总体可控。在现代国家行政控制模式下,实际上既有传统理念对人们生活的影响,又有科技引领下人们据以解析的各种未知理念和非理性因素。第二阶段以全球化为标志,该阶段的现代性开始走向极端化,因此也被叫作晚期现代性。一方面全球化的趋势会对国家贸易、金融、人力资源、环境保护等诸多领域产生影响;另一方面全球化对于这些领域的影响也会对主权国家的运作产生影响,而且所涉及的领域兼含环境与非环境领域。在全球发展中,更涉及不同区域国家的自我利益维护,不同利益的交错与纠葛,也使得全球所面对的各种环境风险更难以应对。另外,以当代科学与信息在经济发展中所占据的主导地位来看,全球化本身带来的许多高度不确定性、难以控制等问题,已经超越了以往一个国家、民族或者地区所能控制的范畴,使全球化本身对人们带来风险。"任何主要的技术创新都可

---

① [英]安东尼·吉登斯:《现代性的后果》,田禾译,译林出版社2000年版,第18页。

能彻底扰乱全球发展的方向。"①同时，许多环境风险所产生的损害是全球资本流通（如跨国企业）所带来的，这种全球化的现象对国家会产生相当程度的冲击，当具体环境损害发生，挑战国家的不再单纯是处理此等环境损害的问题而已，国家还必须面对环境风险所带来的跨国界追责和规制问题。而面对全球化风险，"首当其冲的是民族国家以及以政府为中心的治理体系"②。我们发现，当前人们所面临的风险不再单纯地只属于某一地区或者某一国家，而是在全球范围内扩散，人们生活在不确定性和"失控的世界"之中。

风险不是现代社会的新现象和新发明。③不论是传统的一元理论还是以贝克为代表的二元理论，我们发现环境风险是伴随着现代性的发展而被衍生出来的，用以刻画社会未来发展前景的可能性与不确定性。现代性和风险有着深刻的内在关联，正如吉登斯所言，风险理论与观念和现代性总是千丝万缕地联系着。现代性拥有众多特性，其中就囊括了风险这一特性，而且也随着风险的发展而得以不断地进化与丰富。特别是随着现代化进程的加快，进入20世纪末21世纪初期以来，高度现代性带来的风险越来越多，在现代性阴暗面激增的情况下，人们越加感受到诸如全球变暖、核武器威胁等可能引发大范围危机的风险，而这些也都是伴随着现代性的发展出现的。如前所述，环境风险是风险社会的必然产物，更是高度理性、科技现代化发展的产物，从而呈现出不同于传统风险的特征。

第一，环境风险是现代性发展的一个必然结果，是工业文明时代科技理性主张对自然环境进行改造引发的后果。但是，工业社会自我诠释及解决风险的系统已随其自我再生产的复杂性而失去了控制的能力。④科技理性至上主义盲目扩大科技的力量，认为所有自然环境曾经无法预见和确定的因素，都可伴随技术的发展得以彻底消除，且试图将人类社会"改造"成精确的、可操控的物质单元。⑤针对科技理性至上主义，我们要辩证地

---

① ［英］安东尼·吉登斯：《现代性的后果》，田禾等译，译林出版社2000年版，第117页。
② 高卫明、黄东海：《论风险规制的行政法原理及其实现手段》，《南昌大学学报》2013年第3期。
③ 李伯聪：《风险三议》，《自然辩证法通讯》2000年第5期。
④ 周桂田：《风险社会典范转移》，台湾远流出版公司2014年版，第42页。
⑤ 林森、乔世明：《环境风险的不确定性及其规制》，《广西社会科学》2015年第5期。

看待，既要发现其在推动人类进步时做出的贡献，也要承认其带来的危害与危机。在科学发展的过程中，人类一度自大到妄想控制与征服自然，无制约地扩张与对环境的改造，对自然和生态造成了不可挽回的破坏，且无法准确测量与估计危害结果，甚至于环境风险与恶化已经逐渐开始危及人类的生存和发展。

第二，现代性的全球化推动环境风险的扩散蔓延。一是区域性环境风险的全球化蔓延和在局部地区小规模运动的传统社会风险相比，现代环境风险由于世界市场的形成、全球化的推进而超越了空间的局限，引发的恶劣影响也在全球蔓延，呈现为全球性的环境风险。二是全球性的环境风险向其他各个领域渗透。因此，面对日益加剧的环境风险，人类应该超越人种、民族和国家的界限，彼此携起手来共同应对和担负责任。需要正视的是，和传统风险不同，技术性环境风险能够打破时空的局限，可能对一代又一代的人们都造成恶劣影响，且导致的后果也更加复杂与难解。随着风险引发的环境后果日益复杂化，界定责任主体的难度加强，传统的侵权责任处理机制也将可能失灵，一旦政府无法有效防止环境风险的发生，及时解除风险所带来的困境，甚至加重风险的危害，那么其将失去管理国家的基础条件。[①]现代性环境风险语境下，居于强势一方的专家、政策制定者和企业家，可能共同构建对己方有利的制度，如法律制度、政治经济制度等来实现对己方责任的推卸，使得无辜的风险承受者的利益无法得到保障和维护，继而引发现代社会治理的弊端和恶性循环。

风险社会的概念和反思现代化假设了一个从传统转向简单现代性，最终转向反思现代性的三阶段变动序列。[②]环境风险现代性的后果，具有一体两面的特征。当人为制造出来的环境风险肆意扩张的时候，应该怎样将其规制在一定的范围内，削减其带来的危害显得尤为重要。对于这一问题的审视与思考，依赖于对反身性方法及其诠释的认识。所谓反身性，是反作用于并反思于既存观察方式的观察方式，包含了某种本身就是一种质问形式的后设理论性的反思，同时也是一种应用型实践，指涉不同层次的

---

① 薛澜：《危机管理：转型期中国面临的挑战》，《中国软科学》2003年第4期。
② ［英］芭芭拉·亚当等：《风险社会及其超越：社会理论的关键议题》，赵延东、马缨等译，北京出版社2005年版，第69页。

诠释在彼此之中被反思。①吉登斯学术思想中的反身性（亦称作反思性、自反性）成为反思环境风险、回应环境风险、规制环境风险的重要借鉴路径。他认为，现代性的反思性必须与内在于所有人类活动的、对行动的反思区别开来，现代性的反思性指的是多数社会活动以及人与自然的现实关系依据新的知识信息而对之做出的阶段性修正的那种敏感性。②质言之，反身性必须借助知识和科技的力量，实现监督并控制人类行为的目的，使得人类可在行动的同时对自己展开一定的监管，约束自己的行为。一方面其体现为基于研究对象的个人即行动者的层面来定义其内涵，强调理性在日常生活中的指导作用。作为行动者的自我意识，在特定的时空条件下，反身性对行动者的行为形成一定程度的监督、控制与管理，使得其可通过调整自己的言行举止或者决策者通过改变自己的策略方向等行为方式来改变或者证明自己是一个具有行动能力作用的正常行动者。由此可知，反身性主张以行为方的主观意识和理念、知识与自控力等形成对其自身的监控，在其改造客观生活的过程中发生引导性作用。另一方面其与现代性是紧密相连的。"在现代性的条件下，信任和安全、风险和危险以种种具有历史独特性的方式而相互并存"③，因此我们不得不对现代性本身的特性进行重新审视，这也是吉登斯所提到的对"后现代性"的一种反思。因此，应通过对传统文化的持续重建，形塑促进现代风险化解的文化能量，激发现代人的反思精神、风险意识和责任担当，由内而外约束人类的行为，在推动社会进步的同时，尽可能减少对自然环境的危害。

总之，"反身性"本质上是参与者与事实之间的互动和双向联系或反馈机制，④即大多数情况下人们做出的决定是凭借自己的感知和解读，而不是实际情况。人们的决定会让情况发生变化，这种变化又会让感知做出反应，从而影响感知。从工业社会过渡到风险社会，除了发挥反身的、自

---

① ［瑞典］Mats Alvesson等：《反身性方法论：质性研究的新视野》，施盈廷、刘忠博、张时健译，台湾韦伯文化国际出版有限公司2011年版，第377—378页。
② ［英］安东尼·吉登斯：《现代性与自我认同：现代晚期的自我与社会》，赵旭东、方文译，生活·读书·新知三联书店1998年版，第22页。
③ ［英］安东尼·吉登斯：《现代性与自我认同：现代晚期的自我与社会》，赵旭东、方文译，生活·读书·新知三联书店1998年版，第21页。
④ 姜明：《环境问题的外部性、反身性特征及其法律价值——以城市建筑内部环境为中心》，2007年全国法经济学论坛论文，广州，2007年5月，第99页。

我批判的能力之外，也同时是一项具有自我建构、反省的社会建构过程，从而构成了风险社会的发展逻辑。①环境风险的反身性结果在于：第一，基于市场逻辑运行的市场主体和规制主体都有其局限性，但基于市场逻辑的反思有助于规制监管体系的不断调整并反作用于市场，实现市场运行与规制运行的良性互动。传统理论认为，环境风险的爆发具有不可控性和偶然性，但仅靠市场的自我规制，并不可能构建出经济与自然和谐发展的状态。当纠正错误的规制措施与监管制度的不断反思互相矛盾并互相推动时，才能有效防止环境风险所带来的社会灾难。第二，我国在环境保护和风险规制方面，长期以来都是采用强制措施，利用政府的政策管理和法律法规来进行约束，这种强权性的命令管制方式在进行环境调整和控制时，确实有一定的成效，也取得了一定的成绩。但这种方式过于被动，一般都是在环境出现危机时的应对，并不能有效地消除风险隐患，也没有真正起到规制的作用。而当命令管制模式的弊端逐渐显现，不能有效地规制环境风险时，其所带来的一系列风险问题，将使立法者和监管者重新审视和进一步增强对于环境风险的认知。因此，不论是立法工作者、生态环境主管部门工作人员、司法工作者还是专家都需要针对自身行动的能力（立法、执法、司法）进行反思和监督。在探讨和研究过程中，环境风险的研究者不应将自己从研究的对象，即社会中剥离出来，而是应当作为研究对象的一部分，利用或者借鉴现有的立法技术和知识，反思和积极探寻新的环境风险法律规制模式。基于环境风险的现代性与反身性审视，从传统的先污染后治理到以风险预防为主的环境规制进路演进和重重阻碍，体现了我国生态环境保护的进步，也进一步凸显了环境风险规制需要立足于客观实际反思和正视实践困局与制度危机，立足于法律规制的权利谱系达致"供给与需求""成本与效益"的平衡，实现环境风险规制的分配正义。②

二 环境风险的个人化

现代化的发展使得国家权力能力、资本运行、市场逻辑关系等都朝向更集中、更紧密的方向转化，也引致了社会与个体运行结构的重新整

---

① 周桂田：《风险社会典范转移》，台湾远流出版公司2014年版，第42页。
② 董正爱、王璐璐：《迈向回应型环境风险法律规制的变革路径——环境治理多元规范体系的法治重构》，《社会科学研究》2015年第4期。

合。它同样导致一种三重的"个体化":脱离,即从历史地规定的、在统治和支持的传统语境意义上的社会形式与义务中脱离;与实践知识、信仰和指导规则相关的传统安全感的丧失;以及重新植入,一种新形式的社会义务。[①]亦即,任何社会结构的形塑和转型发展,都交织着个体与社会的复杂要素,环境风险的形成与变迁亦脱离不了这一历史运行轨迹。对人类文明历程的考察已十分清楚地表明,社会基本规范的历史演变,以及人与人之间各种联系的结构在何种程度上决定了单个个人总体的类型化,并且因此决定了他的个体形态的构成。[②]那么,何为"个人化"?总体上说,个人化应当是社会转型中关于个体的生活轨迹不再完全依赖于社会规范和制度的约束,成为个人选择的对象。人出生后,有一个通过学习获得角色,与其他成员建立稳定联系、由生物人成为社会人的过程,即为"社会化",而"个人化"则是个体从社会规范中脱离出来的过程。[③]在贝克看来,一旦个体从社会规范中脱离,人们在生活的各个方面选择性更大,随之而来的失败的概率也会增大,以前认为的安全的生活,在现代化不断提升的新时代则与危机紧密相连,社会出现"风险化"或者"危机化"倾向。[④]个人化不但象征着社会、阶级、家庭的减少,而且过去成为标准的社会化人生也在逐渐消失。

与此同时,个人化还有一层新的含义,新时期很多制度都强加到了个人身上,个人不是为自己活着,不是以自己为核心,而是被放入了社会制度中。换言之,个人化不仅呈现更为明显的个人制度依赖性,而且也逐渐衍生着标准个人化的现象。即使某个个人从企业和组织中脱离,具有了典型的个人化特征,但其仍需要依靠制度来生存,此时个人化逐渐演变成新的社会组织结构。在个体化过程中,期望会作为"自己的生活"的要求而被唤起,然而这是面临社会和政治阻碍的期望:一方面其对增长的风险和

[①] [德]乌尔里希·贝克:《风险社会》,何博闻译,译林出版社2008年版,第156页。

[②] [德]诺内特·埃利亚斯:《个体的社会》,翟三江、陆兴华译,译林出版社2003年版,第27页。

[③] 尚会鹏:《日本社会的"个人化":心理文化视角的考察》,《日本学刊》2010年第2期。

[④] [德]乌尔里希·贝克:《风险社会》,何博闻译,译林出版社2008年版,第163—166页。

增长的风险意识、风险冲突做出反应，另一方面它们在替代选择中以社会关系、个人生活和个人自身的身体进行着实验。①现代性带来的最严重的后果之一就是使人的"本体安全"的基础受到严重的威胁，从而使自我置身焦虑、不安的氛围中，人的关系表现为一种"纯粹关系"。②这种关系并没有很深的社会联系，个人化是可以随时断开的。想要维持住这种关系，就必须要满足各方的要求。如果关系双方一旦感到不适或者产生其他不安因素就会被中止。由之，这种纯粹关系是脱离外在的道德标准的约束或者作为行为参照标准的，使得人与人的关系变得脆弱而不堪一击。因此，如果作为个体更好地理解了就其实际所是的东西，理解了我们的诸种目的从属的基质的基本法则，理解了由我们一起构成的那些较大规模的单位的构造，那么我们的行为、我们的目标设置、我们为那个就其所是的东西制订的种种计划才会获得较大程度的明晰性。③

总体而言，个人化并不是完全脱离社会、阶级和家庭，更加不是不再受到这些群体的影响。个人化只是不再考虑这些社会关系问题，从自我出发来做出自由的选择。个体只需要考虑自身，而不再需要面对整个社会的制度或问题。同时，在强调个体自我纯粹性和自我自由时，不仅应突出个体的自我意识的确证，还应在群域环境内形成个体自由的普遍认同，个体与群体、社会形成良好的互动。当个人在其生活世界丧失传统的规范及安全性，他的行动认知则处于一个相当庞杂的现代风险体系内，无从凭借，因此很难去判断整体社会的意义——制度的内涵、科技的进展与充斥争议的各种现代事务——一旦在生活世界中个人失去了其行动与认知的自明性，则其社会认同与行动的正当性就会起问号。④环境风险是风险社会的必然产物，个人化在高度现代性的中国日益凸显，所以环境风险所体现的个人化也是社会发展中个人行动在社会结构变化中的一个重要原因。一方

---

① ［德］乌尔里希·贝克：《风险社会》，何博闻译，译林出版社2008年版，第109—110页。

② 尚会鹏：《日本社会的"个人化"：心理文化视角的考察》，《日本学刊》2010年第2期。

③ ［德］诺内特·埃利亚斯：《个体的社会》，翟三江、陆兴华译，译林出版社2003年版，第12页。

④ 周桂田：《风险社会典范转移》，台湾远流出版公司2014年版，第81—82页。

面，随着中国社会的变革、西方文化的冲击，中国家庭的发展趋势与西方日益接近，"看不见的手"促进了市场所需的个人（劳动者）自由流动，人和人、人和社会及其他组织之间不需要再考虑关系问题，维系任何人之间的不再是礼仪、礼物及关系。目前，这种流动更加关注的是利益和金钱，个体可以为了利益而进入新的环境组织下发展。这种唯利是图的思想和价值观对社会发展是不利的，一系列的金融风险、市场风险、环境风险越来越充斥着我们的生活。所以，个人化催生着社会结构变化的同时也加剧了环境风险的概率，使得环境风险变得越来越复杂，越来越难以预防。另一方面，由于我国的地区经济文化发展的差异，现代化的程度也存在差异，特别是农村和城市之间个人知识水平、科技水平的显著相异，环境风险的可接受程度与风险文化、风险技术息息相关。个人是否能够接受某个风险，不仅仅是风险大小和风险发生可能性自身的问题，同时也与一个集体中个人所受到的文化水平的高低休戚相关。因此，基于个人化的个体差异，环境风险的认知度和可接受性也是存在差异的。不容忽视的是，环境风险个人化正是市场兴起、国家政策和个人相互作用的产物，在回应和规制环境风险时，仅以国家层面制度的干预无法达到规制预期效果，因此应当扩张规制模式与方式，通过政府制度干预和公私协力的统筹来实现有效规制。

第四节　环境风险规制的内涵剖析

一　环境风险规制的概念

规制（Regulation）在近年来的学术研究中是一个热词，规制研究遍布于社会科学研究的各个领域。然而，何为规制，却没有一个权威界定，其含义理解各异。据《牛津英语词典》，规制是指控制的行为或事实，即为规则、规章、指令等。[1]而《布莱克法律词典》则将规制定义为"通过规则或限制控制的行为或过程"[2]。另据《元照英美法词典》，规制指向

---

[1] *The Oxford English Dictionary*（2d ed, 1989, P. 524）.

[2] Black's Law Dictionary（9 th ed），Thomson West，2009，p. 1311.

了管理办法、规则、规章、条例；管理、管制、监管控制；内部章程、内部规章等。①因此，无论是在原初意义还是现代意义上，规制均包含了双重含义，即规则本身以及规则之治，其内涵演化涵盖了规制公益理论、经济性规制、社会性规制、公共规制的挑战以及规制改革等。②布雷耶认为："要在政府的'规制'行为与政府活动的整个范围之间进行明确的区分，不仅困难重重而且聚讼纷纭。"③同时，他认为规制是对某个事物进行矫正的过程，利用外力来协助，实现事物的正常发展。因此，可以说规制的出现就意味着某个事物的发展出现了偏差，已经出现或将要出现问题，必须施加外力来对事物的偏差进行扭转，从而让事物的发展重新回到正确的轨道上。日本学者植草益将规制认定为，根据一定的规制，对社会中的个人和经济活动中经济主体的活动进行限制的行为。④斯科特认为，规制"作为一种当代政策工具，其核心含义在于指导或调整行为活动，以实现既定的公共政策目标"，与早期被福利经济和产业经济领域主导相一致，其关注规制机构在设定规则以及监督实施过程中的作用，从而关注国家政府在通过规制纠正市场失灵过程中的作用。⑤

从亚当·斯密的自由放任政策开始，要求"政府须听从人民的意见，而且为了确保公共的安宁，必须建立他们所赞成的制度"⑥，实质上是反对政府干预和管制的。然而，经济危机打破了古典经济学的神话，凯恩斯提出了改革的新方向，"经济力量或许需要约束或指导才能自由运行"⑦，规制在发达国家的研究与适用日益广泛，也逐渐影响了国内的选择与研究。马英娟教授认为，规制是为了解决市场失灵、维持市场经济秩

---

① 薛波：《元照英美法词典》，北京大学出版社2017年版，第1171页。
② 张宝：《环境规制的法律构造》，北京大学出版社2018年版，第11—14页。
③ [美]史蒂芬·布雷耶：《规则及其改革》，李红雷、宋华琳、苏苗罕、钟瑞华译，北京大学出版社2008年版，第10页。
④ [日]植草益：《微观规制经济学》，朱绍文等译，中国发展出版社1992年版，第1页。
⑤ [英]科林·斯科特：《规制、治理与法律：前沿问题研究》，安永康译，清华大学出版社2018年版，第3—4页。
⑥ [英]亚当·斯密：《国民财富的性质和原因的研究》（下卷），郭大力、王亚楠译，商务印书馆2008年版，第111页。
⑦ [英]约翰·梅纳德·凯恩斯：《就业、利息和货币通论》，宋韵声译，华夏出版社2005年版，第291页。

序，而基于规则对市场主体的经济活动及伴随其产生的社会问题，所施加的干预和控制。[①]规制不仅仅是规范管理、制约调控，它更包括使规制的目标更加合理、规范等概念。值得注意的是，"规制旨在控制风险而不是实现个人权利"[②]。因此，我们可将规制定义为，规制主体为了调节市场失灵，维护经济秩序，而就相关主体在经济或社会事务中可能产生的经济、社会和环境风险进行治理的一种干预和控制措施。在很多政府的行政行为中，对目标的规制是按照相应的法律法规来执行，主体是政府，客体是目标经济主体。这种规制更多的是为了维护经济发展的规律，保障市场和公共利益，而非某些特定团体的利益。值得进一步探究的是，规制法律包含了一个更高主体的控制这一理念，它具有指导的功能，私人受制于一个更高的主体——国家——并被要求按照特定的方式行为；国家及其代理机构运用的主要工具是公法，实施已不能通过私主体间的私合同来达到；国家在法律的形成及实施中扮演了最基本的角色，该法律体系是"集中化"的。[③]新时代背景下，规制的法律依据不仅囊括了作为控制规则的"硬法"，还应当涵盖社会性规制运行的诸如"软法"等相关非正式社会规范。还包括了非正式的社会规范，如"软法"范畴的部分规制。总之，基于规制国家主义兴起的宏观阐释，规制应当涵盖了规制规则制定、规制规则执行以及监管管理等意蕴，规制逐渐从规制机构和政府规制迈向自我规制和私人规制，共同形成的公私混合规制体现出制定规则、提供反馈和执行规则能力的公共规制体系。[④]

环境规制是规制理念在环境领域的延伸与微观阐释，与规制基本界定的理解和剖析一样，环境规制的研究起步较早，但仍未形成固定和一致的含义。早期，人们简单地认为环境规制就是政府利用各种政策和法令来对环境行为进行控制和制约，从而让企业在整个过程中受到政府外力的导向而向着政府希望的方向发展。在这个过程中，企业和政府往往会忽视市

---

① 马英娟：《政府监管机构研究》，北京大学出版社2007年版，第22页。
② 王波：《规制法的制度构建与学理分析》，法律出版社2016年版，第26页。
③ ［英］安东尼·奥格斯：《规制：法律形式与经济学理论》，骆梅英译，中国人民大学出版社2008年版，第2页。
④ ［英］科林·斯科特：《规制、治理与法律：前沿问题研究》，安永康译，清华大学出版社2018年版，第6—14页。

场经济的自由性。企业在接到政府禁令或管制后,只能被动执行。在之后的一段时间,出现了环境税、环境补贴等一系列经济手段,这些手段可以帮助政府更好地对环境进行规制,其开始关注利用经济方法来间接实现环境规制,有着一定的经济激励性。随着社会进步和发展,到了20世纪90年代环境规制又得到进一步扩展,环境认证、生态标签等措施的出现让环境规制增添了新的含义,即自愿性。[①]通常认为,环境规制涉及五个角度,分别是主体、对象、目标、方法和特性。前述所及的早期环境规制的发展,实际增加了环境补贴及相关的经济手段等内容,应该说是从方法做出的改变和衍更。而其后的环境规制发展变迁,典型表征是增加了环境认证等方面的内容,其实质是拓展了环境规制的主体,由政府机构等规制主体逐渐加入了协会、企业等自我规制和私人规制主体,基于公共选择的规制权配置开始迈向纵向配置模式,以分权制约政府对市场边界的僭越,[②]形成了事实上的公私混合规制模式。有学者认为环境规制其目的是保护环境,其对象是企业组织或个人,其方法是利用法令等强制制度或经济激励手段,甚至是利用环保意识等来进行约束。[③]这一界定中也有着一定约束条件,首先环境规制是规制的一种,约束性是规制的前提和特点,环境规制也不能脱离这个特性。其次,环保意识虽然属于无形的规制手段,能够起到环境规制的一些作用。但环保意识形式并不属于环境规制。在对环境规制进行定义时,要让环境规制符合现代社会发展和环境的需求,这才是新的时代下新的环境规制的概念。质言之,环境规制是以环境保护为目的,国家、企业、产业协会等通过命令控制手段、激励性和自愿性措施等形式来规范个人和组织的约束性力量。"环境规制是典型的社会性规制,但是在实施过程中可以城市环境的名义对某些行业、企业实行如进入壁垒等经济性的规制。"[④]基于环境规制的基本认知,我们认为生态环境问题必

[①] 赵玉民等:《环境规制的界定、分类与演进研究》,《中国人口·资源与环境》2009年第6期。

[②] 沈宏亮:《中国社会规制权纵向配置模式研究》,社会科学文献出版社2017年版,第28页。

[③] 赵玉民等:《环境规制的界定、分类与演进研究》,《中国人口·资源与环境》2009年第6期。

[④] 赵敏:《环境规制的经济学原理》,《经济问题探索》2013年第4期。

将带来经济和社会利益的损害后果,因此有赖于政府主体或者私人主体等规制主体通过强制的、经济的以及契约的甚至是意识方面的各种手段,来实现经济、环境与社会的协调,约束生态环境破坏的行为,从而实现环境、经济和社会的动态平衡。

前述我们已经对风险、环境风险、规制、环境规制等诸概念进行了综合梳理和基本阐释,虽然在概念的基本界定上仍未有定论,但是在对该问题的总体认识上理论研究和实践运行已经基本趋于一致。我国环境保护法明确规定了公众在环境保护上享有的程序性权利及政府保护义务,已经初具"规制治理"的雏形。[①]事实上,环境风险规制与环境规制具有紧密的联系,显然环境规制的范围涵盖了环境风险规制,且二者都具有通过政府公权力推动生态环境管制与规制的共通性。但一般而言,政府环境规制缺乏对环境风险的正确认知,其通常存在的一种态度为"无须太认真看待某些风险,除非该风险真的发生"[②]。而环境风险规制则有其特定指向,其不仅仅需要对已有的环境损害之"损害的大小"予以规制和管理,更重要的还要对"损害的大小"及"损害是否发生"的不确定性予以回应和规制。这种不确定性要求以增强风险认知为基础,在风险技术、风险评估的充分制度化前提下,对可能发生的风险做出预防性措施,亦即"决策于未知之中",并在技术成熟以及充分发挥企业、个人优势的情况下,形成法律规则以及普遍的约束力。我们认为,环境风险规制是为了避免由自然原因或人类活动(对自然或社会)引起的,通过环境介质传播、降低环境质量,从而能对人类健康、自然生态产生损害的事件发生的可能性(概率)以及该事件发生的后果等风险,由政府、公共机构等规制主体通过指定标准、法律、政策等环境规则,以环境规则执行及监督管理等所施加的控制和干预措施的总称。这一过程涉及政府行政权力的正当适用,亦涉及公共和私人规制体系的公私混合规制的有序运转,涵盖了政府行政机关、公共机构、私人等相关方以及规制对象企业之间的权利义务分配。因此,环境风险规制应当在面向不确定性的基础之上,转变政府行政机关等公共机构的规制行为,厘定环境风险规制在立法、执法、司法等环节的法律限度,

---

[①] 张宝:《环境规制的法律构造》,北京大学出版社2018年版,第15页。
[②] [英]David Denney:《面对风险社会》,吕奕欣、郑佩岚译,台湾韦伯文化国际出版有限公司2009年版,第214页。

从而彻底扭转生态弱置的实践行为，衡平资本逐利与生态环境的关系，推进生态文明建设和可持续发展。

二 环境风险规制的特征

（一）环境风险规制的主体多元性

基于规制国家主义的基本认知，环境风险规制主要依靠国家政府行政机构作为规制主体进行规制。环境风险规制的核心是一种政府的行政行为，政府必须制定相应的行政法规来约束这种行为，从而避免环境风险的发生。美国成立了独立的规制机构，欧盟也有相应的委员会网络，这些机构虽然从名称和作用上有较大的不同，但其核心还是政府给予这些机构以法律授权，让这些机构可以行使相应的法规权力。[①]斯科特援引塞尔兹尼克关于规制的经典论说，认为应将规制拓展至包括设定规则、收集信息、建立反馈或监督机制以及设立纠正违反规范行为的回应机制等，[②]凸显了政府作为强权机关和规制机构的能力。毋庸置疑，政府行政机关是环境风险规制的核心主体，"政府规制是政府对市场活动的干预，是现代市场经济中不可或缺的制度安排"[③]，其扮演着非常重要的角色。我国《环境保护法》在其规定中实质上也在不断回应环境风险的时代需求，不仅在法律规定中凸显"风险"，而且在具体规定中将环保部门的权利从管理变成监督管理，强化政府机构回应环境风险的能力和作用。

当然，在环境风险规制理解现实、塑造行为的过程中，也应当注意到"政府能力有着严重的局限性，不仅针对政府对其所规制的市场有多少了解，也涉及政府机构能在多大程度上有效纠正市场主体行为……要认识到非政府主体的存在价值与活动潜力"[④]。随着规制改革的实践推进，非政府的环境保护组织将在社会性规制的环境风险规制框架下发挥越来越重要

[①] 黄新华：《风险规制研究：构建社会风险治理的知识体系》，《行政论坛》2016年第2期。

[②] ［英］科林·斯科特：《规制、治理与法律：前沿问题研究》，安永康译，清华大学出版社2018年版，第5页。

[③] 徐飞：《政府规制政策演进研究：日本经验与中国借鉴》，中国社会科学出版社2015年版，第5页。

[④] ［英］科林·斯科特：《规制、治理与法律：前沿问题研究》，安永康译，清华大学出版社2018年版，第6—12页。

的作用。[①]一方面，其也会制定和发布一些行业性的规制规则，另一方面也可以通过多元参与的基本路径发挥执行规则、监督决策以及反馈行为等规制控制和干预的功能。在去中心化规制和规制改革过程中，国家政府机构作为规制主体已经无法完全垄断规制活动，同时也开始涌现出越来越多种类繁多的公私混合的公共和私人规制体系。我国环境保护法的具体实践实际也具有去中心化规制的趋势。例如，我国环境应急法律制度一方面强化了政府的行为义务，同时也新增了"建立环境污染公共监测预警机制"等规定，原因在于政府行政部门只能给出规范的制度和意见，在面对复杂社会问题时，过于强制化的方式容易让问题恶化。此外，环境风险规制在进行分析和判别时，往往需要更加专业的人才来处理，只有科学地对风险进行判断，正确地理解政策的内涵，才能得到更为正确的处理意见和风险规制办法。在具体的环境风险规制中如何平衡市场自由机制、安全和利益问题，其关键点在于分析各类信息数据，从中找到风险项，最终找出问题的解决办法。此时，既然政府机构等规制主体无法做出有效回应，那么由政府授权相关规制机构或者由私人规制主体来完成就具备了正当性和可行性。因此，为了确保环境风险规制的有效性，弥补政府规制主体的不足，环境风险规制主体应当正视各类规制主体的重要性，以公私混合规制体系形塑环境风险规制主体的多元性，由政府机构、企业、私人、第三方及社会组织等共同构成多元化规制主体，以共同参与和协商共治防治环境风险。

（二）环境风险规制的不确定性

环境风险具有不确定性和变化性，这些变化毫无规律可言，也难以利用科学来找到其规律和源头。虽然随着现代化科技的进步，可以对环境风险进行评估，然而人类的认识能力在一定的时间限度内毕竟是有限的，环境风险本身的不确定性使得环境风险规制也具有了显著的不确定性。首先，规制主体对于环境风险因果关系的认定具有不确定性。我们知道，想要回应环境问题，前提是得找到造成环境恶化的根源，从而提出相应的解决办法。但环境问题复杂多变，目前的科学手段还无法得出准确的解决路径，显然也就无法更好地控制环境风险问题。例如，许多科学家都认为全球气候变暖是工业生产所排放的温室气体所致，但这一论断至今仍没有得

---

① 徐飞：《政府规制政策演进研究：日本经验与中国借鉴》，中国社会科学出版社2015年版，第5页。

到公认。甚至，有些国家以政治议题否定科学问题，从而不遵从温室气体减排的约定，因此也很难基于科学方法和自然规律达成科学、统一、确定的共识。而且，环境风险具有潜伏性和累积性特征，环境风险的产生过程不但漫长而且存在诸多变化，难以在短期内认知其因果关系，更加难以准确判断干预和控制的关键因素。其次，规制主体对于危害后果的认定具有不确定性。环境风险不仅会对环境造成损害，还可能会基于复杂的社会结构向整个社会系统迅速蔓延，造成政治、经济和文化上的多重损失。也正因为环境风险的不确定性，给立法机构、执法机构以及司法机构等规制主体的规制行为带来更多的困境和挑战。在不确定性的总体框架下，环境风险规制在制度选择和路径选择上都面临着更多的难题，亟须通过法律限度的选择和秩序的重构，探寻更合理的回应路径。

（三）环境风险规制的复杂性

改革开放以来，我国经济获得飞跃式发展，但与之相伴随的是生态破坏、资源浪费、环境恶化等生态环境危机日益显现。长期以来，中国以"发展是硬道理"为基础，形成了以追求经济高速增长、经济利益最大化为趋向的社会经济结构。这一传统社会经济结构，营造了以经济发展为中心、忽视生态环境保护的政绩观，地方政府在发展中将生态环境处于弱置地位而激发了中国环境污染、生态破坏、资源耗竭等环境风险问题的进一步滋长。显然，有效的回应路径自然是重视生态环境保护，以政策和法律约束破坏生态环境行为。近年来，中国政府对于环境风险规制更加重视，公众对于环境风险的认识也逐渐提高。一些破坏环境的行为不仅受到政府的监管和约束，也因公众环境意识的提高而受到更多的抵制。在国家重视生态文明建设、奉行"绿水青山就是金山银山"的宏大背景下，环境保护已经被提高到非常重要的地位。但是，问题仍然存在，其复杂性体现在改变传统经济发展模式任重道远，同时环境保护仍需与经济发展相契合，不能以环境保护为名压制经济的增长。国家力量的增强、居民物质财富的增长、国民生活水平的提高都有赖于经济发展，经济停滞的长期后果是失业、贫困、落后甚至是战乱。因此，经济发展和环境保护不可偏废，其协调发展在中国迈向新时代的征程中至关重要。

基于环境保护与经济发展的二元悖论和协调发展需求认知，环境风险规制亦在其复杂互动和沟通中呈多维度体系，涵盖了环境风险的认知、评估、控制、沟通和补偿等诸多方面。环境风险规制需要在审视环境与经济二元悖论的基础上统筹规制主体和规制对象，形成更为健全的规制协作体系和规制制度结构。然而，环境风险规制所涉利益的复杂性使规制面临诸多难题：基于利益同盟的政府部门、企业与公众话语权的结构失衡，[①]企业为追逐利润最大化而行走在环境污染的边缘，公众与社会组织的信息获取渠道受阻及参与程序缺失等，使环境风险规制在主体间利益冲突与能力制擎中愈显复杂而困难重重。因此，回应环境风险规制的复杂性，审视如何面对环境风险，谁来规制环境风险，如何规制环境风险以及环境风险的可接受度和法律限度选择等都成为亟须解决的关键命题。

第五节　环境风险规制的理论基础阐释

传统法学兴起于自由资本主义时期，在个体自由主义时代曾极大地保障了公众的权利和自由。但是其保障社会安全的手段是通过侵权法和刑法等基于个体案例完成的。在工业社会之前，环境损害多发生于自然原因，损害责任明确，通过在侵权法中规定对不法侵害他人权益的行为承担赔偿责任来吓阻侵害行为抑或在刑法中奉行以个体行为的有责性为责任前提的基本要求，能够有效实现社会对安全的诉求。这种以个人责任承担实现风险控制功能的方式与个人主义理念相适应，依靠对责任人的处罚威慑其他社会成员发挥了其应有价值，但是否能获得集体安全的诉求仍值得商榷。现代社会的环境风险具有不确定性，若环境风险造成实害后果，则其责任认定上也可能确定，但是会耗费相当大的成本。故而，不确定之风险与传统法律确定之后果、确定之责任存在相当冲突，传统的事后规制模式凸显了回应难题。环境风险规制的基础首先要明确何为法律上的环境风险、谁来规制、规制如何适用、规制程度如何把握等。但是，环境风险具有不确定性和复杂性，对于预防性和未来性的环境风险问题无法依赖于传统法律来解决，法律的稳定性和滞后性决定了其在回应环境风险时的窘境，故传统的规制结构和规制模式在回应环境风险问题上呈现一定的乏力状态。由此可见，环境风险对传统法学的挑战主要表现在理念、方法和制度这三个

---

① 董正爱、王璐璐：《迈向回应型环境风险法律规制的变革路径——环境治理多元规范体系的法治重构》，《社会科学研究》2015年第4期。

主要方面，具体而言凸显为"不确定"对"确定"的挑战、"科学"对"民主"的挑战、"特殊"对"常规"的挑战等几方面。基于此，环境风险规制应当立足于理论的革新，基于环境权利义务理论、法律控制理论、风险社会理论等理论范式演进，建构和阐释转型时代环境风险规制的可接受性法律限度。

一 环境权利义务理论

法理学的一般理论认为，法律权利和法律义务虽然不是完全一一对应的，但是，为了保证权利义务的相互平衡，其总量上应当是大致相当的。而实际中，环境风险规制法律法规的规定大都较为宽泛，促进性、激励性和鼓励性的条款过多，缺乏向公众的直接性赋权条款，相应具体性和细节性规定较少，从而严重影响了环境风险规制规范的可操作性。就当前我国关于环境权研究的相关理论而言，公众环境权利的实现与具体表达是十分重要的。在环境权利和义务的认识上，通常认为"社会正义与环境人权紧密地交织在一起，所有的利益相关者都有权获得一个清洁、安全与健康的环境，我们共享地球也共有与之俱来的责任"[①]。传统的环境规制主要采取"命令—控制"的管制模式，因此环境权利主要是通过公法的手段予以呈现的，特别是通过宪法中基本权利与义务的方式加以表达。基于这样的逻辑表达形式，环境风险规制不仅依赖于传统民法通过侵权责任认定的方式来实现私法的治理，更为重要的是依据公法理论，依托公众的基本权利可以推导出国家的基本义务，这与国家为获得其公众的合法性认同，必须对社会持续、集中关注的社会问题加以回应的行政学理论相互契合。以此观之，国家必须在环境资源领域积极履行国家义务、通过各类有效的政策工具执行国家职能，以保证公众的环境权利不被空置，形成有效、实质运行的公法上的权利义务关系。质言之，公众的环境权如何在制定法的层面实现是环境权利和义务基础理论需要关注的关键问题，这也为公众正当参与环境风险规制提供了必要的参考和具体的依据。值得注意的是，环境风险规制中相应问题所存在的不确定性，导致了单纯依靠实体性法律规范无法有效回应环境风险规制的具体问题。因此，程序及参与在环境权利

[①] [英]简·汉考克：《环境人权：权力、伦理与法律》，李隼译，重庆出版社2007年版，第51—53页。

配置和实现过程中就占据了重要的地位，卢曼提出了通过程序的合法性以及程序的参与、权力的象征效力和普遍有效性等论断，通过程序的合法性即"服从法律的人们在事实上对法律有效性的信仰"[①]实现环境权利和环境义务的配置。因此，为了在环境风险规制中充分发挥环境权利的配置作用，应当通过程序性规范的设立保证其运行的合法性和有效性，通过权利与义务的互补和相关促进推进规制功能的效应。质言之，无论从环境权利、环境权益抑或者是环境义务的视角出发，公众正当环境利益的实现以及环境风险规制目标的实现应当落实到具体的制度设计中，以环境权利和环境义务的统合为基础保障环境风险规制的微观实践。

二 法律控制理论

"社会学法学"运动的奠基人庞德在《通过法律的社会控制》中认为，文明是人类力量不断地更加完善的发展，是人类对外在的或物质自然界和对人类目前能加以控制的内在的或人类本性的最大限度的控制。[②]"科学家的法学家对于凡是没有这种金制印章盒不为强力所支持的任何东西，一概不加以考虑。"[③]这一生动形象的表达体现了实在法学对于"法是主权者的命令"这一观点的切实追求。复杂的社会控制必须依赖于规范对人类行为的控制和对社会关系的调整，其中获得外在的社会性约束作为补充的法律规范在回应当代问题时尤为重要。[④]人类如果无法达到对内在本性的控制，他们就难以征服自然界。一般来说，对于人类本性的控制仅仅依赖于自我控制显然是不够的，因此需要作为外力的社会控制对人类本性进行压制，通过社会控制的引导、规范和约束来迫使其选择主动维护社会文明，从而保障整体人类行为的规范有序。故而，虽然社会控制的主要手段包括道德、宗教和法律三种主要形式，但作为社会控制工具的法

[①] [德]托马斯·莱赛尔：《法社会学导论》，高旭军等译，上海人民出版社2014年版，第120—123页。

[②] [美]罗斯科·庞德：《通过法律的社会控制》，沈宗灵译，商务印书馆2008年版，第8页。

[③] 该理念为实证主义法学学者所秉持，比较明确地体现了法律作为主权者命令的特性。

[④] [美]罗斯科·庞德：《法律与道德》，陈林林译，中国政法大学出版社2003年版，第179—181页。

律,是人类历史长期博弈的结果,"在近代世界,法律成为社会控制的主要手段,依靠政治组织社会的强力,通过有秩序地和系统地适用强力来调整关系和安排行为"①。

事实上,即使步入现代风险社会,法律作为文明进步和社会控制的主要工具,仍然是控制环境风险并进行有效规制的最有效方式。在不确定的环境风险问题下,确定性导向的法律虽然在应对风险的问题中面临诸多挑战,但这并不是对法律在风险控制中能发挥作用的可能性进行否定,恰恰相反,这意味着法律所拥有的巨大可能性。当然这要求我们能够科学、客观地应对科学—民主的二分,通过相对完善的实体性、程序性手段完成环境问题的综合治理。②对环境正义的追求理应从这两个方面入手,完善的法治效果也必然内在地包含着这两个有机组成部分。特别是在对风险这一难以准确把握和具体感知的概念上,追求程序化的手段和机制设计降低公众对风险的恐惧感,保障环境行政的有效性是我们必须加以回应的关键性问题。当然,这种实体和程序结合的规制模式也必然要和诸如道德、教育等多样化的手段有机结合起来才能更有效地回应当代社会对环境风险规制中的多样化诉求。正如哈贝马斯所述,包括环境风险规制在内的规制议题的关键在于确保商谈的有效性,"提出有效性要求和承认有效性要求,这两种行为都受到规范的限制,只有到了现代法律阶段,规范才可以说是主观制定的,而且可以根据纯属假设的有效性原则加以判断"③。因此,如何通过确定性的程序和相应具体可操作性的标准实现公众对环境风险的有效认知和回应,是我们应当关注的关键问题。显然,其回应之途应当是通过法律的社会控制,以界定和理解的法律、规范、制度及其运行来推进环境风险规制。

---

① [美]罗斯科·庞德:《通过法律的社会控制》,沈宗灵译,商务印书馆2008年版,第9—10页。

② 关于如何应对科学—民主二分,实现在风险社会中相应问题的二分等相关问题,参见《风险规制与行政宪政主义》对传统风险的科学路径和民主路径的相关探讨。值得一提的是为充分应对现代社会风险的独特结构,其十分强调对传统风险规制模式的摒弃与重构,试图充分发挥专业组织的重要作用。参见[英]伊丽莎白·费雪《风险规制与行政宪政主义》,沈岿译,法律出版社2012年版,第23—34页。

③ [德]尤尔根·哈贝马斯:《交往行为理论:行为合理性与社会合理化》,曹卫东译,上海人民出版社2018年版,第322—378页。

三 风险社会理论

风险社会理论为我们充分反思现代化问题提供了有效的参考工具。在对风险特别是现代社会所指向的技术—科学型风险的认知上，存在一定的共识，即无论科学取得怎样的突破性进展，人类的认识能力总是有限的，总会存在一个"无知"的盲区。既然人类在相关问题的认识和处理上不可能无所不知，必然也就无法准确预测当下看似合理正当的行为到底会对未来的环境产生何种具体的影响，显而易见，这种风险具有相当的盖然性，具有极强的不确定性。[①]与风险相对应的，是信任的缺失。[②]在风险研究中，应当包括准确合理的分析风险（即风险的静态认知），同时也应关注风险治理的动态认知。环境风险及其对行为的规制是法律发挥作用的场域，但由于公众的风险感知和专家评估存在差异，因此创设集科学性、民主性和程序性为一体的治理机制是十分必要的。环境风险规制应当重视公众参与和专家辅助，综合采用多元治理规则而不单纯地采用一种方式。为准确定位风险治理，在综合Eberhardt、Rowe以及Compes等人关于风险概念的认知的基础上，我们认为，风险研究的体系化表达应该有其固有逻辑和递进层级（见图1-1）。

在笔者看来，对当代社会的大量议题的反思（包括环境、安全、健康等）迫使我们充分反省现行社会治理体系的弊端。有关技术异化的探讨并不单单只是一个理论上的议题，其更多地蕴含了相当的制度价值和具体内容。科学应对风险当然应当建立在对旧有理论的反思中，最为重要的是我们应当认识到传统应对风险的模式，包括刑法、侵权法乃至最后发展起来的保险法，其在事实上并未从源头控制风险，而是关注于风险的事后治理。在现代化进程中，自然的祛魅、祛魅的哲学最终导致了整个世界的祛

[①] 林森、乔世明：《环境风险的不确定性及其规制》，《广西社会科学》2015年第5期。

[②] 风险和危险所关注的对应面上有所区别的。这一点在《现代性的后果》一书中有着有趣的呈现，其第一部分有关于"安全与危险，风险与信任"的表述，可见危险和风险在关注和规制的作用点上是有所不同的。参见[英]安东尼·吉登斯《现代性的后果》，田禾译，译林出版社2000年版，第4—32页。

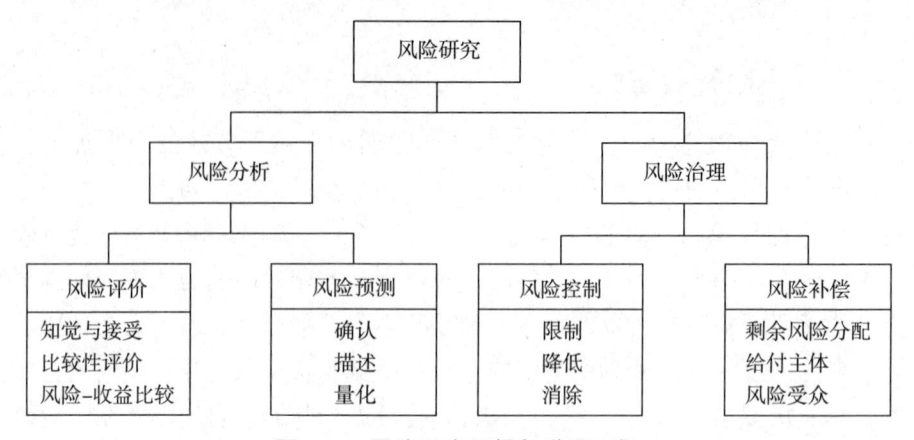

```
                    ┌──────────┐
                    │ 风险研究 │
                    └────┬─────┘
                ┌────────┴────────┐
           ┌────┴─────┐      ┌────┴─────┐
           │ 风险分析 │      │ 风险治理 │
           └────┬─────┘      └────┬─────┘
          ┌─────┴─────┐       ┌───┴──────┐
     ┌────┴───┐  ┌────┴───┐ ┌─┴──────┐ ┌─┴──────┐
     │风险评价│  │风险预测│ │风险控制│ │风险补偿│
     ├────────┤  ├────────┤ ├────────┤ ├────────┤
     │知觉与接受│ │ 确认  │ │  限制  │ │剩余风险分配│
     │比较性评价│ │ 描述  │ │  降低  │ │ 给付主体 │
     │风险-收益比较│ │ 量化 │ │ 消除  │ │ 风险受众 │
     └────────┘  └────────┘ └────────┘ └────────┘
```

图 1-1　风险研究逻辑与递进层级

魅，现代性的风险很大程度上便起源于此。[①]不论是责任明晰性的分配还是企图借助大量的概率统计建立起来的保险体系，其都只是追究责任抑或分散风险概率，事实上却并未有效降低风险的发生。在工业社会前期，这是可行的，也是十分有效的。但是，在技术结构、制度设计仍无法杜绝大量不确定风险涌现的今天，这种事后惩治以期震慑行为人从而防止损害发生的思路显得回应乏力。社会结构和运行机制的变化使我们应当在规制的理路和制度设计上有所转变，以回答在传统法律规制手段越来越乏力的前提下，如何实现有效规制的问题。要回应这个问题，最重要的是明确风险具有双重属性，既是对客观事物发生概率的评价也是相关者的感知判断，因而兼具主观和客观两方面的因素，单纯依靠民主决策或者科学决策都不能有效回应这一问题。因此，伊丽莎白·费雪才试图提出超越"科学—民主"范式的二分法来回应风险社会的相关问题。但是，费雪也只对传统的决策模式进行了反思，并未对环境风险规制中适用风险决策机制的具体设计予以回应，关于风险社会、风险规制的理论仍面临着诸多挑战。

传统行政法兼具事前规制的功能，在日益复杂化、精细化的社会结构中，行政机关亟须应对日益复杂社会问题和风险，诸如在环境保护、食品药品监督、卫生防疫、自然灾害预防、交通管制、工程管理等行政管理

[①] 大卫·格里芬说："在祛魅的自然中，关于自然的现代科学导致了自然本身的祛魅，关于自然的机械论的、祛魅的哲学最终导致了整个世界的祛魅。"参见［美］大卫·格里芬《后现代科学：科学魅力的再现》，马季方译，中央编译出版社1995年版，第2页。

的特定领域，行政管理的风险规制尤为必要，在很大程度上呈现为行政国家权力的扩张。①当然，权力的扩张不可避免也会使其在风险规制中存在诸多困境。由于风险规制具有应然性、前瞻性和超前性特征，存在规制过度而侵犯公众基本权利之虞，易于对法律保留原则和比例原则等行政法原则形成挑战。由于立法机关无法对关涉环境风险的具体个案和相应情形得出确定性的结论，因此具体立法一般仅基于科学理性规定预防原则，而难以就环境风险规制中的具体实体性问题做出规定。立法中主要是授予行政机关以自由裁量权，就具体个案进行判断或者授权其综合裁量做出具体决策。但行政机关的环境风险规制同样面临基于科学不确定性的规制难题，甚至有滥用职权之虞，基于理性经济人的考量，拥有环境风险规制权的行政机关往往会选择不主动执法而放弃对环境风险的规制。由此可见，若不能正视环境问题的特殊性和环境风险行政的具体特性，则很难在传统行政法学的前提下构建起应对环境风险的有效机制和法律制度。因此，不能将传统行政法的原理和制度照搬到风险规制的现代行政领域内。环境风险规制应基于服务行政的理念和风险社会理论对行政法的原则、理论和制度加以重构，以保证风险规制的有效性和行政法理论的自洽。质言之，环境风险规制的行政法发展要求在风险社会理念下以行政法的变革为基础，实现从传统的威权行政向合作行政的转变。

传统环境决策侧重于以专家咨询建议为基础的专家理性，在科学与政策制定的相互关系上，知识共同体和政策能够很好地对相关问题进行解释。②风险社会视域下，政治和伦理必须获得替代科学的优先权。而现代性在很大程度上导致了后工业社会传统的关键制度设计——国家、工会乃至国家边界、个人责任的伦理等都受到极大的挑战。但是，作为当代社会主体行动逻辑基础的两大前提——风险社会和有限理性的设想并未改变，并且成为法律规制的基本准则。为回应环境风险，规范环境风险治理，需要环境治理结构的制度化和规范化运行，以保证环境风险治理过程具有稳定性和可预见性。这一治理目标与法律在行为规制中确定性和可接受性的目标具有某种程度的契合性，其在环境法的具体运行中寄希望于通过关注

---

① 沈岿：《风险规制与环境法新发展》，法律出版社2013年版，第21—29页。

② ［加］汉尼根：《环境社会学》，洪大用等译，中国人民大学出版社2009年版，第99—143页。

民族国家、自由市场和社会的分层模式实现预防、分散和减少风险的基本治理框架,并在最大程度上实现三者间的互相支持、协调以弥补独自运行中存在的缺陷。①同时,环境风险规制要注重规制政策的重要性,转变国家管理模式为合作治理模式,力求在理念、规制模式等方面实现对传统行政法学的突破。②即,风险行政关注环境风险规制具体制度构建中不同层次的立法行为和规制制定流程,特别是制定具体、灵活的法律规则以规范风险规制主体及其行为,保证在环境风险规制过程中有法可依,以尽可能减少环境风险规制所面对的不确定性。

综上所述,风险的不确定性给环境风险规制带来了极大的挑战,但这恰恰也给予传统法学变革以新的契机。当前的环境问题通常以繁杂的科技为背景并伴随着极大的不确定性。③为回应这一不确定性,应当变革传统的威权行政,引入公众参与和信息公开,以回应环境风险导致的公众的恐惧感。同时,基于法律范式变革的程序性规范与实体法规定的结合,将提升政府行政应对风险社会的可能性,扩大政府行政的合法性认同,并以风险预防原则有效回应环境风险,促进环境风险规制的实践发展。

---

① 杜健勋:《分配与治理:风险社会的环境法结构转型》,"生态安全与环境风险防范法治建设"——2011年全国环境资源法学研讨会论文,桂林,2011年6月,第45—48页。

② 戚建刚、易君:《灾害性风险行政法规制的基本原理》,法律出版社2015年版,第201—213页。

③ 叶俊荣:《环境政策与法律》,中国政法大学出版社2003年版,第93—94页。

第二章

我国环境风险规制的实证分析

近年来，随着国家加大环境治理力度，着力推动生态文明建设，我国在生态环境保护方面取得了卓有成效的进展，但环境风险仍然不容忽视。伴随着经济的粗放型发展，我国环境风险问题突出，环境风险的区域性特征明显，诸如污染转移和污染源集中、环境指标数据偏差、环境治理能力有待提升等都是环境风险规制的实践难题。同时，透过环境风险规制的规范实践与司法实践分析与反思，也不难发现我国环境风险规制存在着立法、执法与司法各层面失衡的态势。为了更有针对性地提出解决之策，规范环境风险规制的法律限度，需要在对我国环境风险全面实证分析的基础上探寻环境风险规制的核心规范要素。

第一节 我国环境风险的实践审视：基于城乡的全面剖析

改革开放以来，中国经济社会的迅猛发展举世瞩目。但与经济社会发展相应的是现代转型与传统发展的对冲，工业发展与后工业时代的制擎交错，并且在复杂多元的交叉运行中衍生了工业化、现代化、城镇化、信息化的逻辑发展进路，也形塑了工业、现代乃至风险社会的中国式多元社会运行轨迹。中国的环境风险问题不仅在城市，农村环境风险也已日益凸显。因此，应以城乡二元结构的运行为基础，在现代宏观背景和进路之下审视我国环境风险的新问题。

一 我国环境风险的总体样态

基于现行通说将环境风险界定为"损害是否发生"及"损害的大小"的不确定性的基本认知，我国环境风险应该涵盖基于长期以来形成的城乡二元结构运行体系之下的城乡环境风险共同体。它指向了城市和农村作为整体的环境风险总体样态，也指向了城市和农村分别作为独立结构运行的环境风险基本样态，涉及环境风险源、排放行为与机制等具体作用因素，并同样凸显为突发性环境风险和累积性环境风险。从作为整体的环境风险样态来看，在诸多统计分析及认识上，农村人居环境在很大程度上处于被忽略和弱化的态势；而作为独立的运行结构，城市和乡村都有其固有的环境风险构成，诸如城市污水排放、城市生活垃圾清运、城市空气污染、城市环境噪声等，以及农村固有的面源污染和生活污染源等。而在城乡一体化的演进发展过程中，我国环境风险仍表现为以总体样态和基本样态为基础，但日益凸显为以城市污染向农村转移为核心的环境风险。环境风险规制一方面是建构在现行规范体系下的环境风险应对模式，另一方面更为重要的是回应城市污染向农村转移而致的环境风险，转变传统城乡二元结构下城市内部之间、农村内部之间以及城市与农村之间的固有环境风险形成及回应模式，形塑城乡环境风险协同共治的规范结构和制度结构。

中国陆地国土总面积960万平方公里，截至2017年年底，全国农用地面积为644.86万平方公里，占总面积的67.17%，全国建设用地面积为39.57万平方公里，占总面积的4.12%。[①] 面积对比非常清晰地展现了中国农村区域是远远大于城市区域的，而城市与农村在生产方式与生活方式、经济发展与文化传统等方面都具有明显的异质性，广大农村区域的环境风险未引致充分重视的局面显然不利于总体环境风险治理。应该看到，在全国环境风险防控与环境保护方面，国家基于创新、协调、绿色、开放、共享的发展理念，以改善环境质量为核心，也取得了显著成效。

2015年，全力打好环境治理攻坚战，深入实施《大气污染防治行动计划》，加强对重点区域大气污染治理，实施秸秆综合利用等；制定《水污染防治行动计划》目标责任书，开通城市黑臭水体整治监管平台，各地

---

① 参见《中国环境统计年鉴2018》。

排查确认近2000条城市黑臭水体，围绕"一控两减三基本"目标（即严格控制农业用水总量，把化肥、农药施用总量逐步减下来，实现畜禽粪便、农作物秸秆、农膜基本资源化利用），加强农业面源污染防治；稳步推进土壤污染防治，深入推进主要污染物减排；中央财政安排资金60亿元，支持各省（区、市）开展农村环境综合整治。[①]

2016年，国家继续全力打好污染防治三大战役，针对大气污染、水污染和土壤污染出台各项政策，评估3300多个城镇集中式水源、抽样调查3800多个农村水源环境状况、实施农村饮水安全巩固提升工程、城乡饮用水水质监测基本覆盖全国所有地市县和80%的乡镇；开展农产品产地土壤重金属污染监测，研究建立农产品产地分级管理制度。推进生活垃圾焚烧处理设施建设，开展非正规垃圾堆放点排查整治；中央财政继续安排资金60亿元，推动农村环境综合整治。[②]

2017年，持续开展大气、水、土壤污染防治行动，清理整治涉气"散乱污"企业6.2万家，国家地下水监测工程建设基本完成，城乡饮用水水质监测实现全国所有地市、县区全覆盖和85%的乡镇覆盖；完成2.8万个村庄环境整治任务，在96个畜牧养殖大县整县推进畜禽粪污资源化利用，农药使用量连续三年负增长，化肥使用量提前三年实现零增长；城市生活垃圾无害化处理能力达到63.8万吨/日，无害化处理率达97.14%，农村生活垃圾得到处理的行政村比例达74%；中央财政大气、水、土壤污染防治等专项资金规模达497亿元。[③]

2018年，国务院印发实施《打赢蓝天保卫战三年行动计划》，实施重点区域2018—2019年秋冬季大气污染综合治理攻坚行动，积极推进温室气体与污染物协同治理；深入实施《水污染防治行动计划》，发布实施城市黑臭水体治理、农业农村污染治理、长江保护修复、渤海综合治理、水源地保护攻坚战行动计划或实施方案，36个重点城市1062个黑臭水体中，1009个消除或基本消除黑臭，消除比例达95%，完成2.5万个建制村环境综合整治，推进全国集中式饮用水水源地环境整治；稳步推进净土保卫战，开展生态保护和修复等；中央财政安排生态环境保护及污染防治攻

---

① 参见《2015中国环境状况公报》。
② 参见《2016中国环境状况公报》。
③ 参见《2016中国环境状况公报》。

坚战相关资金2555亿元。①

但是，也应该看到，我国环境风险仍处于高发态势。首先，自然灾害方面，2018年全国发生地质灾害2966起，其中特大型地质灾害21起；地震灾害共发生5.0级以上31次；海洋灾害16次；森林火灾2478次，受害森林面积16309公顷。②其次，在突发环境事件方面，2018年全国处置突发环境事件286起，其中生态环境部直接调度处置突发环境事件50起。③再次，在环境污染方面，2017年全国废水排放总量为699.7亿吨，其中工业废水181.6亿吨，城镇生活污水517.8亿吨；全国二氧化硫排放总量875.4万吨，全国氮氧化物排放总量1258.83万吨，烟（粉）尘排放总量796.26万吨；全国一般工业固体废物产生量331592.1万吨，综合利用量为181186.94万吨，处置量79797.8万吨，贮存量为78397.14万吨；全国危险废物产生量6936.89万吨，综合利用量为4043.42万吨。④最后，垃圾焚烧发电、PX项目等邻避风险时有发生；突发环境事件的风险危害后果值得担忧；环境健康风险潜在威胁较大。据调查，长江流域抗生素浓度偏高，水生态系统受到破坏，长三角约40%孕妇尿液中检出抗生素，近80%儿童尿液中检出兽用抗生素，部分检出抗生素已在临床中禁用，有可能严重损害人体免疫力。⑤由此可见，在中国经济高速发展的进程中，我国环境风险总体来说尚处于亟待规制的状态，需要创新现行管理体系和制度体系予以有效应对。

二 我国农村地区的环境风险审视

截至2018年年底，我国共有乡级行政区划单位39945个，农村（村委会）54.2万个，农村人口56401万人，占全国总人口数40.42%。⑥随着城镇化的推进，我国农村和农村人口都呈逐渐减少的趋势，许多农村实际上也迥异于传统意义上的村落了。笔者调研发现，囿于中国经济社会发展的不

---

① 参见《2018中国生态环境状况公报》。
② 参见《2018中国生态环境状况公报》。
③ 参见《2018中国生态环境状况公报》。
④ 参见《中国环境统计年鉴2018》。
⑤ 凌军辉等：《长江流域抗生素污染调查》，《瞭望》2020年第17期。
⑥ 参见《中国统计年鉴2019》《2018年民政事业发展统计公报》。

平衡性，目前我国农村情况大致分为五类：荒废的村落、凋敝的村落、传统的村落、现代转型的村落和城市化的村落。[①]值得反思的是，在城镇化演进和迈入新时代的发展进路中我国广大农村是否有环境风险？若有，农村环境风险应该涵盖哪些内容和基本类型？之于农村环境风险而言，其仍落脚于环境污染所生"损害的大小"及"损害是否发生"的不确定性，而这一损害则指向了农村居民财产权益的损害、人身健康的损害以及农村区域生态环境的损害等。对于前述荒废的和凋敝的村落，依靠"垃圾靠风刮、污水靠蒸发"的传统自净模式仍能有效防范风险；而对于传统村落、现代转型村落和城市化村落而言，因其与现代工业、现代生产生活方式日益接轨，滋生了相应的环境风险：农村区域生活垃圾混乱堆放、生活污水随意排放[②]、农药化肥过量使用、工业企业排放污染甚至污染物的转移等给农村居民人身财产权益造成了实际损害或者构成了损害的风险。同时，工业农业生产中化学品的使用，对人体健康和生态环境也构成长期或潜在的危害，个别地区甚至出现"癌症村"等严重的健康和社会问题。[③]基于农村区域的发展特性和运行现状，笔者认为我国农村环境风险主要包括农业污染环境风险、生活性污染环境风险、乡镇企业污染环境风险和城乡污染转移环境风险等（见表2-1）。

表 2-1　　　　　　　　农村环境风险类型及内容

类型	属性	来源	发生方式	污染行为	风险后果
农业污染环境风险	面源污染	农业生产畜禽养殖	累积性风险	农药、化肥、薄膜使用，畜禽粪便排放	生态环境损害、人身损害
生活性污染环境风险	面源污染	生活活动	累积性风险	生活污水、垃圾等排放	生态环境损害、人身损害

---

①　在荒废的村落，多为人口外迁完毕且无拆迁价值的历史遗留；凋敝的村落，人口在逐渐外迁，剩余人口多为老弱群体，位置多处于欠发达或交通不便区域；传统的村落，保留中国乡村的传统，沿袭着传统生产生活方式也开始发展现代农业；现代转型的村落，乡村与城市逐渐接轨，也更易受现代工业文明侵袭；城市化的村落，以城中村为代表的完成城镇化进程的村落。

②　赵展慧：《聚焦农村环境污染和"脏乱差"问题》，《人民日报》2018年2月6日第9版。

③　环境保护部：《化学品环境风险防控"十二五"规划》，2013年1月，第10—11页。

续表

类型	属性	来源	发生方式	污染行为	风险后果
乡镇企业污染环境风险	点源污染面源污染	工业生产	累积性风险突发性风险	工业废气、废水、固废排放	人身损害、财产损害、生态环境损害
城乡污染转移环境风险	点源污染面源污染	工业生产污染物转移	累积性风险突发性风险	工业废气、废水、固废排放；转移的固废或废水等	人身损害、财产损害、生态环境损害

第一，农村区域农业污染环境风险。农业生产需要大量使用农药、化肥、塑料薄膜等，残留下来的农药和化肥、无法降解的化肥和塑料薄膜、畜禽养殖粪便的随意处置、依然存在的秸秆焚烧等对农村水质、土壤、水土环境和大气环境等生态系统造成了不利影响，甚至一定程度上会危害农村居民人身健康。据《中国环境统计年鉴2018》和2019年年底农业农村部发布的数据统计，作为农药生产和使用大国，2017年我国农药使用量为1655066吨，农药有效利用率为38.8%，2019年提高至39.8%。大量残留的农药既会对土地、地下水等环境要素构成危害，也会产生大气污染，对生态环境和人身健康带来了极大的不确定性风险。同时，作为化肥生产和施用大国，2017年我国化肥施用量为5859.4万吨，三大主要粮食作物化肥利用率为37.8%，2019年提高至39.2%。流失的化肥在土壤中累积并逐渐污染地下水，而降解缓慢的氮肥和磷肥等在土壤中累积，也会形成土壤物理性质恶化的累积性风险。此外，2017年我国地膜覆盖面积18657169公顷，塑料薄膜使用量2528365吨，地膜使用量1436606吨，这些无法降解的农用塑料薄膜使用后基本随意丢弃，会阻碍土壤中水分的渗透、损伤农作物根系生长，使农业生产面临新的风险。

第二，农村区域生活性污染环境风险。农村人居环境、生活垃圾、生活污水、厕所粪污等是农村生活性污染风险的源头。据2017年12月国家统计局发布的《第三次全国农业普查主要数据公报》，截至2016年年末，全国有73.9%的村生活垃圾集中处理或部分集中处理，17.4%的村生活污水集中处理或部分集中处理，53.5%的村完成或部分完成改厕（具体数据见表2-2）。

表 2-2　　　　　　我国乡镇、村生活卫生处理设施建设情况

单位：%

	全国	东部地区	中部地区	西部地区	东北地区
集中或部分集中供水的乡镇	91.3	96.1	93.1	87.1	93.6
生活垃圾集中处理或部分集中处理的乡镇	90.8	94.6	92.8	89.0	82.3
生活垃圾集中处理或部分集中处理的村	73.9	90.9	69.7	60.3	53.1
生活污水集中处理或部分集中处理的村	17.4	27.1	12.5	11.6	7.8
完成或部分完成改厕的村	53.5	64.5	49.1	49.1	23.7

数据来源：《第三次全国农业普查主要数据公报》。

由表2-2可见，我国农村生活垃圾和生活污水集中处理状况堪忧。东部发达地区农村生活垃圾集中处置率达到90.9%，但西部与东北地区却仅维持在60%左右；生活污水集中处置情况更加糟糕，广大中部、西部和东北地区农村仅有10%左右的村落完成集中处理。其直接后果是我国农村生活垃圾随意丢弃或者焚烧现象仍普遍存在，既影响人居环境也产生了大量不可降解的固体垃圾；农村生活污水排放方式随意，大部分没有经过处理就排入农村土地或附近河流，无疑加剧了农村环境污染的风险值。据介绍，全国农村每年产生90多亿吨生活污水、2.8亿吨生活垃圾，使得大部分农村的水体质量有很严重的安全隐患。[①]另外，据《第三次全国农业普查主要数据公报》，在普查的2.3亿农户中，9572万户的饮用水为受保护的井水和泉水，占41.6%；2011万户的饮用水为不受保护的井水和泉水，占8.7%；130万户的饮用水为江河湖泊水，占0.6%。饮用水安全与风险成为困扰农民的一大问题，亟待解决。

第三，农村区域乡镇企业污染环境风险。改革开放以来，乡镇企业在国内呈爆破性增长，到2017年年底，乡镇企业总产值85万亿元，乡镇企业数量3200多万个。[②]应该说，乡镇企业发展之初是普遍缺乏规划的，虽然当前已经从"村村点火、户户冒烟"向工业园区和产业集群布局转型，

---

① 郄建荣：《农村污染占全国"半壁江山"仅8%建制村获治理》，《统计与管理》2014年第10期。

② 宗锦耀、陈建光：《历史不会忘记乡镇企业的重要贡献》（http://www.xqj.moa.gov.cn/gzdt/201807/t20180731_6154959.htm）。

但长期以来的粗放型经营方式，已经在广大农村形成了令人担忧的累积性环境风险。据统计，我国乡镇企业的废气、废水以及固体废弃物排放量达到全国总排放量的28%、29.5%和43.2%。[①]因此，乡镇企业发展过程中所造成的农村区域累积性环境风险以及工业生产中仍可能产生的环境污染风险将持续困扰广大农村地区。

第四，农村区域污染转移的环境风险。城乡污染转移是指在经济发展过程中，组织或个人将造成环境污染的设备、工艺、技术、产品以及其他有形或无形的污染物质，由城市转移至农村的行为。[②]一方面，城乡污染转移是城乡经济主体为实现自身利益相互博弈的结果，[③]污染产业大都可能成为被转移农村地区的支柱产业，地方政府往往会优选支持其发展，而是否会造成环境污染则在所不论。另一方面，城乡污染转移还表现为诸如固体废物、危险液体废物等污染物从城市向农村的转移。大量垃圾填埋场建设在城市近郊的农村地区即为基于利益配置的实质污染转移；而在偷排暗排上，诸如临汾市三维集团违规倾倒工业废渣案件、成都市双流区金桥镇舟渡村违规堆放垃圾案件等时有发生。[④]企业的肆无忌惮，恰恰反映了地方政府的环保态度——追逐经济发展所带来的收益，默许或纵容企业将环境成本转嫁到"不会出现在大众视野的农村"或者说是"无关紧要的农村"，使农村区域承受更多的新增环境风险。

三 我国城市地区的环境风险审视

截至2018年年底，我国共有地级行政区划单位333个，县级行政区划单位2851个，[⑤]中国的城市化进程呈急速扩张的态势。改革开放为城市经济发展打开了窗户，但随着工业化和城市化的逐渐推进，环境污染和生态破坏的环境风险也成为制约城市发展的一大重要因素。从总体环境风险状

---

① 宁善威：《农村环境问题的法律治理》，《农家参谋》2017年第19期。

② 张慧明、周德群：《走出城乡污染转移困境》，《中国社会科学报》2014年12月24日A06版。

③ 李雪娇、何爱平：《城乡污染转移的利益悖论及对策研究》，《中国人口·资源与环境》2016年第8期。

④ 生态环境部：《生态环境部通报6起非法转移倾倒固体废物及危险废物案件问责进展情况》（http://www.mep.gov.cn/gkml/sthjbgw/qt/201805/t20180513_439344.htm）。

⑤ 参见《2018年民政事业发展统计公报》。

况来看,基于人口密集、过度开发以及不计环境成本而致的城市环境风险问题趋于严重,水污染风险、空气污染风险、噪声污染风险、废弃物处置风险等成为现代城市地区环境风险的主要表征。

(一)城市水污染风险

城市化的扩张伴生着城市人口的积聚,资源消耗的加剧,污染物排放的增多,而城市水污染和污水废水的排放问题也成为城市环境风险的一大核心问题。2018年,全国地表水监测的1935个水质断面中,Ⅰ—Ⅲ类比例为71%,劣Ⅴ类比例为6.7%;全国10168个国家级地下水水质监测点中,Ⅰ类水质监测点占1.9%,Ⅱ类占9%,Ⅲ类占2.9%,Ⅳ类占70.7%,Ⅴ类占15.5%,个别监测点铅、锌、砷、汞、六价铬和镉等重金属超标。[①]显而易见,无论是地表水还是地下水,水质监测指标都令人担忧。特别是,地下水水质Ⅲ类以上级别的比例明显偏低,而Ⅳ类和Ⅴ类的水质已经达到了骇人的86.2%,危及城市居民的正常生活并潜在影响其身体健康。同时,城市污水排放和处理情况同样不容乐观:2017年我国城市污水排放量为492.4亿立方米,而2006年的城市污水排放量则为362.5亿立方米;2017年城市污水处理率为94.5%,而2006年的处理率则为55.7%(具体数值见表2-3)。

表 2-3   2006—2017 年全国城市污水排放量及处理率

年份	城市污水排放量(亿立方米)	城市污水处理率(%)
2006	362.5	55.7
2007	361.0	62.9
2008	364.9	70.2
2009	371.2	75.3
2010	378.7	82.3
2011	403.7	83.6
2012	416.8	87.3
2013	427.5	89.3
2014	445.3	90.2

---

① 参见《2018中国生态环境状况公报》。

续表

年份	城市污水排放量（亿立方米）	城市污水处理率（%）
2015	466.6	91.9
2016	480.3	93.4
2017	492.4	94.5

数据来源：《中国环境统计年鉴2018》。

可见，自2006年以来，我国城市污水排放量是呈量级增长的，2017年较2006年多排放的污水量为129.9亿立方米，显然增加了城市环境风险的程度；当然，城市污水处理率也得到了显著提高，2017年高达94.5%，但即使如此，每年没有处理的城市污水仍然高达近30亿立方米。城市大规模排放的污水废水将会严重破坏我国城市的生态环境，对城市可持续发展构成危害。并且，每年近30亿立方米左右未经处理的城市污水显然会直接带来相当的环境风险，也会显著影响城市居民的生活质量。

（二）城市空气污染风险

空气污染是近些年经济发展进程中的产物，也是国家环境治理领域的一大痛点。空气污染的污染物主要包括工业废气、二氧化硫、氮氧化物、烟（粉）尘等。据统计，2017年全国二氧化硫排放总量为875.4万吨，2011年排放总量为2217.9万吨；2017年全国氮氧化物排放总量为1258.8万吨，2011年排放总量为2404.3万吨；2017年全国烟（粉）尘排放总量为796.3万吨，2011年排放总量为1278.8万吨（具体数值见表2-4）。

表2-4　　　　　　　　2011—2017年全国废气排放情况

年份	二氧化硫排放总量（万吨）	氮氧化物排放总量（万吨）	烟（粉）尘排放总量（万吨）
2011	2217.9	2404.3	1278.8
2012	2117.6	2337.8	1235.8
2013	2043.9	2227.4	1278.1
2014	1974.4	2078.0	1740.8
2015	1859.1	1851.0	1538.0
2016	1102.9	1394.3	1010.7
2017	875.4	1258.8	796.3

数据来源：《中国环境统计年鉴2016》《中国环境统计年鉴2018》。

从表2-4可见，自2011年以来，我国工业废气、二氧化硫和氮氧化物的排放已经呈稳定或逐渐好转的态势，这跟近几年推行《大气污染防治行动计划》以及《大气污染防治法》的修改等直接相关。烟（粉）尘排放总量至2014年达到顶点，其后逐年下降，但以$PM_{2.5}$为代表的细颗粒物等空气污染物质防治仍需花费大力气和大代价来进行。

而从城市空气质量来看，得益于近年来各大城市在空气治理方面采取的诸多措施，已经取得了一定的成效，但也存在一定的问题。2018年，全国338个地级及以上城市中，有121个城市环境空气质量达标，占全部城市数的35.8%，217个城市环境空气质量超标，占64.2%；全国338个城市平均优良天数比例为79.3%，比2017年上升1.3个百分点，平均超标天数比例为20.7%；全国338个城市发生重度污染1899天次、严重污染822天次，以$PM_{2.5}$为首要污染物的天数占重度及以上污染天数的60%，以PM_{10}为首要污染物的占37.2%，以臭氧为首要污染物的占3.6%。[①]

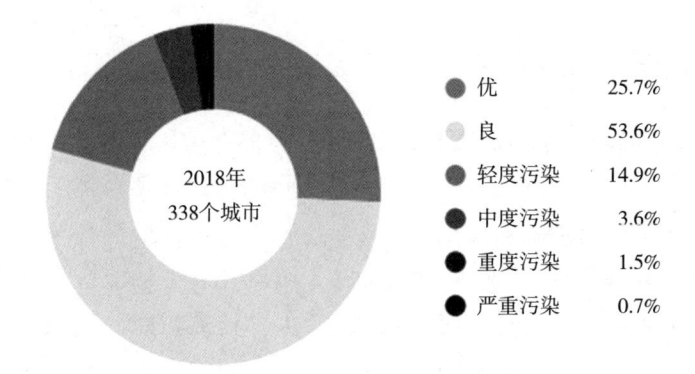

优	25.7%
良	53.6%
轻度污染	14.9%
中度污染	3.6%
重度污染	1.5%
严重污染	0.7%

图2-1　2018年338个城市环境空气质量各级别天数比例

（三）城市噪声污染风险

噪声污染是环境污染治理的主要对象之一，伴随着我国城市化进一步发展，一些大中型城市因工业发展、建筑施工、交通负担加重以及一般社会生活等原因而导致交通噪声、工业噪声、施工噪声和生活噪声污染问题越来越严重。基于此，我国对于城市噪声污染加强了治理措施以及监督管理：对于机动车鸣笛等问题进行了严格限制，对于交通流量大的路段进行了降噪设施的安装；对于噪声大的重工业进行规范和更严格的处罚；对于

---

① 参见《2018中国生态环境状况公报》。

建设工程的夜间施工等予以规范;对于诸如广场舞等可能引致噪声污染的社会活动予以一定规范。这些措施在一定程度上促进了城市噪声污染控制逐渐由大环境的噪声治理转向小环境的噪声治理,由固定噪声源治理转向流动性噪声源治理。目前,城市噪声污染治理取得了一定的成绩,但是城市噪声污染的总体情况仍然不容乐观。例如,在城市道路交通噪声方面,通过城市的措施及努力,情况有所好转,但仍需继续监管改善(见表2-5)。

表 2-5　　　　　　　　2014—2018 城市道路交通声评价

年份\评价等级	一级(%)	二级(%)	三级(%)	四级(%)	五级(%)
2014	68.9	28.1	1.8	0.9	0.3
2015	65.4	29.6	2.8	2.2	无
2016	68.8	26.2	3.4	1.6	无
2017	65.7	27.8	5.9	0.3	0.3
2018	66.4	28.7	4	0.9	无

数据来源:《2015—2016中国环境状况公报》《2017—2018中国生态环境状况公报》。

而在声环境的具体监测上,根据《2018中国生态环境状况公报》,2018年,323个地级及以上城市开展了昼间区域声环境监测,平均等效声级为54.4分贝;319个地级及以上城市开展了夜间区域声环境监测,平均等效声级为46.0分贝;311个地级及以上城市开展了功能区声环境监测,共监测21904点次,昼间、夜间各10952次,各类功能区昼间达标点次为10140个,达标率为92.6%,夜间达标点次为8054个,达标率为73.5%。[①]总之,城市噪声污染的达标率较往年已经有了不少的进步,但由于噪声与人身健康息息相关,因此基于区域声环境、道路交通声环境、城市功能区声环境的监测数值而言仍需进一步控制和降低,噪声污染风险仍然是城市环境风险的重要组成部分。

(四)城市废弃物处置风险

近年来,随着城市化进程和人口集中的进一步扩大,城市废弃物亦成为困扰城市发展的一大环境风险源。一般而言,城市废弃物涵盖了工业固体废物、危险废物和城市生活垃圾等。2017年全国一般工业固体废物产

---

① 参见《2018中国生态环境状况公报》。

生量为331592万吨，全国危险废物产生量为6936.89万吨。[1]工业固体废物固然可以进行资源综合利用，但其排放也给城市造成了很大的压力。生活垃圾方面，2017年全国城市生活垃圾清运量为2.15亿吨，城市生活垃圾无害化处理量2.10亿吨，无害化处理率达98.2%。[2]实际上，城市废弃物特别是危险废物的处置对于社会公众而言是具有一定风险的，一旦处置不当就容易滋生突发环境事故。因此，有必要采取综合措施，正视城市废弃物处置的风险，维护城市居民的合法权益。

第二节 我国环境风险规制的规范实践与失衡反思

一 环境标准的衍更与规制不足剖析

环境标准作为反映环境情况的具体数据，在环境治理过程中起到非常重要的作用。由于环境标准能够具体反映环境状况，因此其变动必然会影响人们对环境状况变化的认识，从而对环境治理产生直接影响。同时，由于环境治理的目标往往是根据环境标准予以确定的，当环境标准的制定变更存在滞后时，则会存在很大的环境风险，会引起以环境标准为指向的一系列环境治理问题。因此，对于标准变动的分析是环境风险规制过程中一个不可避免的问题，制定实施合理的环境质量标准，无疑也是行之有效的环境风险规制手段。

就标准的变动而言，我们以2012年《环境空气质量标准》修订为例，通过修订前后的具体规定以及我国各城市环境空气质量状况变化来阐释环境标准在应对环境风险规制时的不足。《环境空气质量标准》2012年的重新修订无疑在很大程度上影响了环境空气指标的具体数据。与旧《环境空气质量标准》相比，新的标准在三方面实现了重大改变：一是改变了环境空气质量功能区的分类，不再设置三类区，而是将之前标准中的三类区并入二类区；二是进一步完善污染物的项目以及对污染物监测规范，增加了对$PM_{2.5}$年均、日均浓度限值以及对臭氧8小时浓度限值的监测，制定了更严格的PM_{10}和二氧化氮浓度限值等；三是调整了数据统计

---

[1] 参见《中国环境统计年鉴2018》。
[2] 参见《中国环境统计年鉴2018》《2018中国生态环境状况公报》。

有效性要求。① 其中，关于环境空气污染物基本项目浓度限值变动情况如表2-6所示。②

表 2-6　环境空气污染物基本项目浓度限值变更对照

项目	平均时间	浓度限值 一级 新	浓度限值 一级 旧	浓度限值 二级 新	浓度限值 二级 旧	单位	备注
二氧化硫	年平均	20	20	60	60	微克/立方米	不变
二氧化硫	24小时平均	50	50	150	150	微克/立方米	不变
二氧化硫	1小时平均	150	150	500	500	微克/立方米	不变
二氧化氮	年平均	40	40	40	40		不变
二氧化氮	24小时平均	80	80	80	80		不变
二氧化氮	1小时平均	200	120	200	120		放松
一氧化碳	24小时平均	4	4	4	4	毫克/立方米	不变
一氧化碳	1小时平均	10	10	10	10	毫克/立方米	不变
臭氧	日最大8小时平均	100		100			新增
臭氧	1小时平均	160	120	160	160		放松
颗粒物（PM$_{10}$）	年平均	40	40	70	100	微克/立方米	收紧
颗粒物（PM$_{10}$）	24小时平均	50	50	150	150	微克/立方米	不变
颗粒物（PM$_{2.5}$）	年平均	15		35			新增
颗粒物（PM$_{2.5}$）	24小时平均	35		75			新增

注："新"表示GB 3095—2012，"旧"表示GB 3095—1996。

2012年修订的《环境空气质量标准》使环境空气质量的评价结果较之前会发生重大变化：一是在PM$_{10}$年均值以及二氧化氮日均值、年均值限值这一类污染物指标会出现一定程度的超标现象；二是在PM$_{2.5}$年均值和日均值这一类污染物指标上会出现超标较为严重的现象；三是在空气质量中的首要污染物与以往相比将发生一定程度的转变，在API评价体

---

① 参见《1996年环境空气质量标准》《2012年环境空气质量标准》。
② 参见《2012年环境空气质量指数（AQI）技术规定（试行）》。

系下的首要污染物是以PM_{10}为主的现象,而目前则将主要污染物扩大为$PM_{2.5}$、PM_{10}、二氧化氮和臭氧等;四是由于新的空气质量标准中提高了对数据有效性的要求,会对污染物浓度统计的结果产生一定程度的影响,对监测仪器运用及维护工作提出更高的要求。[1]

世界卫生组织、发达国家以及其他环保组织在环境污染物所产生的环境效果与人体健康等方面分别进行了不同程度的研究。其研究成果表明,在对$PM_{2.5}$和PM_{10}这两种污染物的管理上,不应将其作为同一种可吸入颗粒物进行检测。由于两者在生成过程方面存在显著的不同,$PM_{2.5}$的生成并非一次性的,而是通过直接排入的颗粒物和气态污染物进行化学二次转化而生成的颗粒物,因此其与PM_{10}的监测管理应当予以区分。且随着环境污染问题日益严重,不断增加的空气污染状况,使得将$PM_{2.5}$单独纳入污染物监测范围变成一个需要重新审视的问题。此外,除了对人体的影响层面,将两种污染物进行分别监测也有利于加强环保工作的细致性和合理性,并且此举也有助于使公众日常生活中自身体验和环保数据之间产生的差异有更为理性的认识,从而使公众能够更加方便地利用环保监测数据进行日常环境状况评估。因此,我国目前将$PM_{2.5}$作为空气质量主要监控数据和标准是符合环境空气质量治理需求的,也是符合公众预期的。

从我国《环境空气质量标准》的新旧标准对比可以看出,这次变动对于项目限制与数据有效性的要求都相对严格,并且整体各部分都趋于严格。在各项基本项目上,由于近几年对空气质量的关注日益明显,使得此次标准的修改不仅在既有项目上加大了限制力度,而且对于民众尤为关注的可吸入颗粒物指标进行了更为细致的规定。此外,在有效性的要求上,新标准在污染物浓度数据的有效性上,因测试的时间跨度更长,使得数据更加可靠。在实际执行的过程中,数据的采集标准更高,对于数据的客观性可以得到更大的保障。如此一来,使得公布的数据能够更全面地反映测试区间的整体情况,防止了数据上的偶然性因素导致数据与真实情况脱节的现象。在实际的环境数据公布结果来看,也可以明显看出,由于环境空气标准的变动对于环境质量报告中相关数据所产生的影响。

我们以2012年《环境空气质量标准》修订为轴选取2008—2015年作为对比年度,可以清晰地看出环境标准修订前后的变化情况。就全国空气

---

[1] 杨雪:《浅谈环境空气质量标准新旧标准的差异》,《科技信息》2013年第15期。

质量达标城市比例来看（见图2-2），自新的空气质量标准施行以来，仅空气质量达标城市比例这一项数据上就发生了翻天覆地的变化。从新标准施行之前的空气质量达标城市比例上来看，全国一共325个地级及以上城市中，环境空气质量达标的城市比例能够达到非常理想的91.4%，相比而言超标城市比例仅为8.6%。①但随着2013年新的《环境空气质量标准》率先在74个第一阶段监测城市实施，根据修订后的标准进行监测的结果显示，实施监测的74个地方中仅有海口、舟山、拉萨3个地方的质量标准满足新标准的规定，其比例更是仅占总数的4.1%；与之相对应的超标城市比例则是达到了95.9%。②

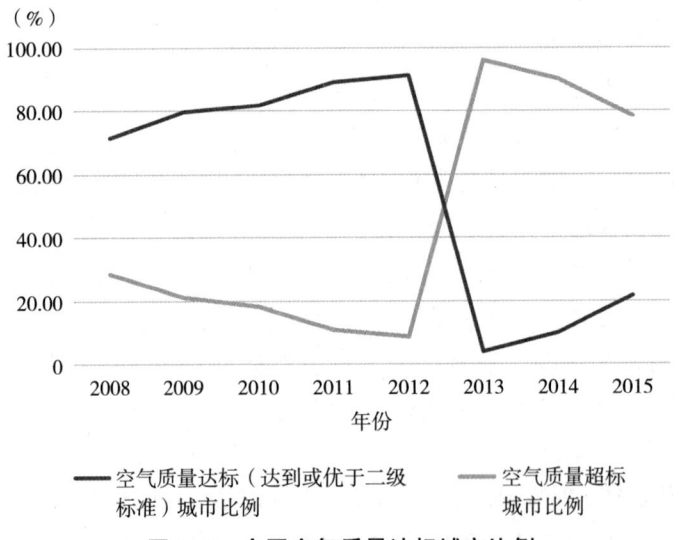

图 2-2 全国空气质量达标城市比例

随着新标准适用的城市范围不断扩大，在2014年新标准适用的城市，除第一阶段的74个城市以外，还包括当年新增加的87个城市。而从总体161个城市的监测结果来看，只有舟山、福州、深圳等16个城市的空气质量的各项指标是达到新《环境空气质量标准》规定的标准，尽管城市数量有所增加，但是其比例也仅占到总数的9.9%。此外的145个城市的空

---

① 参见《2012年中国环境质量报告》。
② 参见《2013年中国环境质量报告》。

气质量均存在不同程度的超标现象，不达标城市的比例占总数的90.1%。[①]此后，2015年新标准的适用范围真正意义上达到全国全面覆盖，全国338个地级以上城市全面展开了新标准的适用，真正实现了全国范围内实行新标准的监测。而从监测结果来看，全国范围内达标城市数量有了大幅度的提升，达到73个城市，占到总数的21.6%；剩余265个城市的空气质量则存在不同程度的超标，比例达到78.4%。

由此可见，因为标准的变动所产生的对于环境质量的影响，单单在环境空气质量达标城市比例一项数据上就体现出如此翻天覆地的变化，其他具体单项数据的影响也可想而知。特别是在可吸入颗粒物方面，标准的变动较大并且呈紧缩样态，从2008—2015年可吸入颗粒物的数据比较上来看，也可以反映出标准变动对于环保数据的影响（见图2-3）。

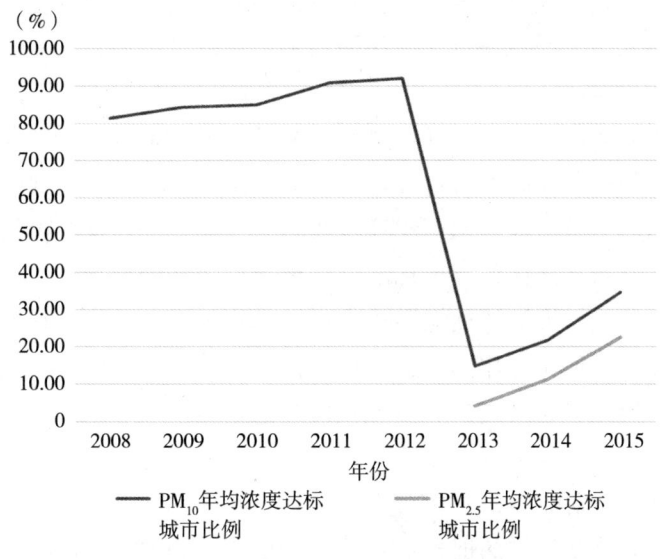

图 2-3 可吸入颗粒物年均浓度达标

2012年地级以上城市环境空气中可吸入颗粒物年均浓度达到或优于二级标准的城市占92.0%，劣于三级标准的城市仅占1.5%。2013年在74个第一阶段监测实施城市中，监测结果显示的可吸入颗粒物PM_{10}年均浓度达标城市比例为14.9%；$PM_{2.5}$年均浓度达标城市比例为4.1%；相较旧标准下的数据而言呈现"翻转"态势。2014年随着新标准的实施范围不断

---

① 参见《2013年中国环境质量报告》。

扩大，第一、二阶段监测实施城市达到161个，可吸入颗粒物PM_{10}年均浓度达标城市比例为21.7%，$PM_{2.5}$年均浓度达标城市比例为11.2%。2015年全国338个地级以上城市，全部开展空气质量新标准监测，结果显示可吸入颗粒物PM_{10}年均浓度达标城市比例为34.6%。$PM_{2.5}$年均浓度达标城市比例为22.5%。

由此可见，环境标准的变动对各地区环境质量评价结果的影响是显而易见的。从环境风险规制的事实角度来看，滞后的环境标准容易造成环境质量预期好于其实际情况的误判，一定程度上也纵容了环境风险的扩张，进而造成环境风险未能及时发现和回应规制。因此，环境风险规制应该充分认识到环境标准的重要性，力求环境标准的适用能够符合环境规制的客观需求，防止因对环境状况的错误估计而造成环境规制总体目标的滞后。从环境风险规制的规范角度来看，环境标准的变动会造成一定时期内环境状况的评估结果与原标准得出的评估结果存在较大出入，从而造成民众对环境污染的恐慌情绪，不利于环境风险规制的进一步推进。因此，合理、科学、规范的环境标准对于环境风险规制具有至关重要的作用，能够以其对环境问题的科学反映而营造环境治理的规范基础、执法依据。同时，还能以环境标准为基础评估和认识环境风险，对可能的环境风险问题提前预测、分析和判断，从而以环境标准、环境数据为基础进行科学合理的风险规制，并以规范标准的持续完善促进环境风险规制制度的不断健全。

环境标准阈值指标作为行为的规范指引，其与行政执法、企业遵守、公众关注直接相关，其制定、修改有其规范基础。环境标准的制定是一种博弈的过程，既要符合成本收益分析的基础，又要为环境风险防控预留一定的边际，既应对企业的排污行为予以有效限制，又应在符合环境质量整体目标、满足公众需求的前提下给予企业预留发展的空间。同时，环境标准的修改和调整应当保障公众参与渠道的畅通，通过程序理性的设置保障公众的参与和知情权等，让公众了解环境标准的取值基础，了解环境标准的预期与效应，了解环境标准对环境治理实践的功能，既有效规制环境风险又防控邻避风险的进一步滋生。2017年5月，环保部召开例行新闻发布会，科技标准司通报我国累计发布国家环保标准2038项，其中现行标准1753项，依法备案的现行强制性地方环保标准达到167项；我国现行国家环境质量标准16项，已经覆盖空气、水、土壤、声与振动、核与辐射等主要环境要素；现行国家污染物排放（控制）标准163项，其中大气污染物排放标准75项,控制项目达到120项;水污染物排放标准64项,控制项目达到158项;近两年,我国污染物排放标准仍在不断修改和更新,已经形成了较为完整的环境标准体系。但是,现行环境标准是否足以回应环境风险、是否能够成为环境风险规制的有效规范基础,仍值得反思。一方面,新的环境标准的修订出台,是政府在环境管制过程中面对压力而采取的回应策略,但标准的修订必然会引致新旧标准的过渡与冲突,新的环境标准会因阀值的严苛而使人们重新审视本领域的环境实践与问题,也容易引起公众对环境治理工作的排异及对政府公信力的质疑,因此新旧标准的有序对接以及新的环境标准在回应政府治理需求、民众参与需求方面应当有所体现。另一方面,现行环境标准虽然已经出具体系化,但我们的环境标准是在考量经济发展与环境保护二元悖论的基础之上制定完成的,这种固态和稳定的环境标准更倾向于成本效益分析的选择,而无法做到采用纯健康标准、最佳可得技术标准等保护优先的预防性选择,很难有效回应环境风险。

二 环境污染的专项治理与规制效能剖析

污染物的治理作为环境保护的主要手段,整个治理过程通常是一个庞大而系统的工程。其中,通过制定相应的政策对单项污染物进行专项治理也是治理过程中的主要方式。政策的实施与污染物的治理之间往往存在复杂的联系,某些特定时期由于对环境的特殊需要而实行的相对较为严格的暂时性政策,更能凸显两者之间的联系。如"APEC蓝""阅兵蓝"等,由于特殊情况对空气质量的要求较高,它的实现往往依赖于相关政策的制定和执行。通过对这些政策的剖析,有助于我们探究政策动因对环境治理的作用,进而由此反映出此前政策缺失的原因。在各项污染物的具体治理上,实际操作过程中往往相互间存在复杂的联系。环境风险规制需要注意防止污染物的转移,预防治理过程中通过转移污染物来追求某一单项治理指标快速实现的情况。此外,在环境治理背后的政策动因驱动下,是否会出现牵一发而动全身的情况,使得原有的治理成效由于政策的变动而引起连锁反应,或是由于具体治理方式的选择而对其他环境指标造成一定的影响,亦需进一步考量。因此,各项环境指标的分析应注意其背后所隐藏的潜在因素。

众所周知,北京的空气质量问题一直以来都困扰着首都的环境治理实践。但在一些特定时期，因为对空气质量的特定要求而使其治理政策有所改变，从而使某些单项污染物的治理成果显著，产生了诸如"阅兵蓝""APEC蓝"等实效。其原因在于，某一特定时期对于环境质量要求更高，政府会对应出台有针对性的政策，来达到改善环境质量的目标。因此，对于这种情况的分析可以更明确地反映出政策动因对单项污染物的治理作用，对于环境风险规制而言有重要的意义。基于以上原因，我们选取2015年国庆阅兵期间北京空气质量中$PM_{2.5}$的浓度变化趋势，来分析引起其变化的动因，探究政策的施行与单项污染物治理之间存在的关系（见图2-4）。

由图2-4可以看出，在整个阅兵活动期间，北京市空气中$PM_{2.5}$的日均浓度明显好转，均低于35微克/立方米，并且连续15天达到环境空气质量一级标准，是北京市有监测记录以来的历史最佳记录。此期间$PM_{2.5}$平均浓度仅为18.7微克/立方米，比前期降低70%，比2014年同时期（70.7微克/立方米）降低74%。二氧化氮平均浓度为26.4微克/立方米较前期（41.5微克/立方米）降低34.9%，比去年同期降低52%。臭氧平均浓度为76.8微克/立方米比前期（105.8微克/立方米）降低27%，比去年同期略降1%。[①]

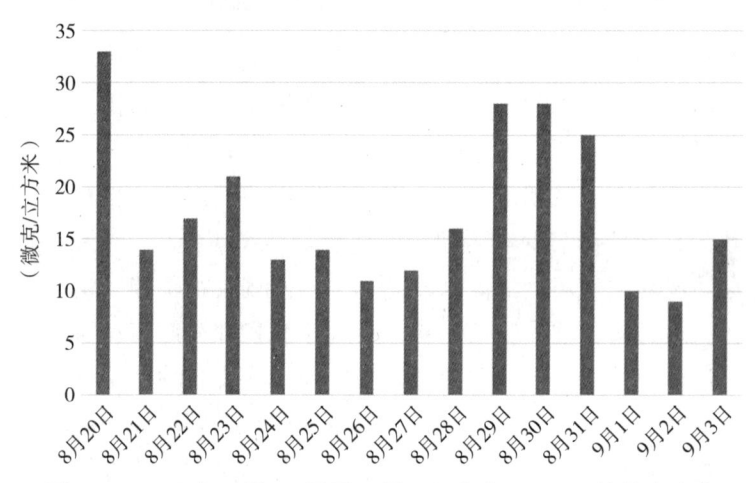

图2-4　2015年8月20日至9月3日北京$PM_{2.5}$日均浓度变化

值得注意的是，在整个活动期间，除北京以外，周边地区的主要城市$PM_{2.5}$也明显下降，但是在改善幅度上相较北京而言略小（见表2-7）。然而相对于该地区2014年同期值而言，变动幅度也是很可观的。由此可

---

① 参见《2015年北京市环境状况公报》。

以看出，由于整个活动期间对环境质量的需求，从而导致环境空气质量较原有情况得到了非常明显的改善。这一现象背后所蕴含的是政策动因的支持成效，是政府为保障相应活动事项的顺利开展而启动的政策应对方案效能，是区域与区际的联动和共同防治形成的时效性结果。

表2-7　2015年阅兵活动期间华北主要城市平均$PM_{2.5}$浓度与活动前期及2014年同期比较情况

地区	活动期间（微克/立方米）	前期（微克/立方米）	2014年同期（微克/立方米）	同活动前期相比变化率（%）	同2014年同期相比变化率（%）
北京	18.7	63.6	70.7	-70	-74
天津	29.0	51.9	58.5	-44	-50
石家庄	33.9	78.4	70.6	-57	-52

当然，对于政策动因与环境质量好转之间的联系分析，不能只是做单一因素的判断。如果将环境好转简单地归结为政策变动，实际推广政策以后，也可能因其他原因导致达不到预期的效果，致使风险扩大化甚至促成次生风险的发生。因此，就环境风险规制来看，基于专项治理的环境质量好转，应当多方位判断其形成原因，确定政策所产生的实际影响，防止在环境污染治理的过程中走弯路。环境污染的专项治理成果表面上看来，可能是由于政策的变动，从而引起单项污染物或者是某些特定污染物在短期内得到有效的控制，但究其根源却可能并非那么简单。就北京阅兵期间空气治理可以看出，表面上由于对污染治理的力度加大，在短期内迅速使得空气质量得到突飞猛进的改变，但通过系统地分析不难发现，整个空气质量的优化过程中气象因素也产生了较大的影响。如何客观地认识环境治理的复杂性，也成为环境风险规制需要面对的又一问题。只有让公众对环境治理问题有一个客观真实的认识才能谈具体的治理问题。否则，如果公众对环境治理的认识只是简单地认为政策严格化就会使得环境迅速得到好转，那么整个环境治理将面对空前的挑战。且不说政策趋于严格对经济发展的冲击，单就政策实施后，是否能够每次都达到预期成效也无法保证。如果再次实施的大气环境治理政策缺乏气象因素的助力，公众就可能将环境治理效果不佳的原因加诸政府之上，从而为政府行政带来更大的压力。因此，环境风险规制要更客观地看待环境治理问题，避免急功近利的思

想，避免将环境治理问题过于简单化。否则公众对环境治理会给予更多的压力，让环境治理这一过程变成一个风险不断累积的过程。

总体而言，无论污染治理过程中相关因素的原因力大小如何，其间必然存在很多错综复杂的联系。无论是气象条件因素还是供暖需求因素，这些因素对于环境污染的专项治理尚且能够造成如此明显的影响，这也从一个侧面表明环境风险的影响因素是多种多样的。因此，应当更为全面地进行综合考虑，对于整个环境治理而言，想要达到环境风险规制的目的，需要明确认识到可能存在的很多层面上的动因。要进行环境风险规制就必须尽可能多地考虑各项因素所造成的不同影响，从而达到规制风险的最终目的。随着社会的不断发展进步，环境治理问题已经变得越来越复杂。在双重风险的情景下，再来看环境治理中的单项污染物治理将不再是一个简单的问题，其可能牵扯各个方面的利益衡量。如果单项污染物的专项治理被视为一个简单的因果关系，那必然会导致整个环境的综合治理变成无数个因果关系的简单组合。这不仅无法处理环境治理与经济发展的协调，可能连各污染物的专项治理过程都无法得以系统的安排，亦将造成严重的系统性风险。因此在环境风险规制中必须明确环境治理的复杂性、系统性，将各个层面的治理进行协调，避免发生治理过程中的混乱风险，同时避免公众对治理过程认识过于简单，从而导致对政府施加过大的压力，并最终导致治理风险不断增大。

三　环境风险规制的区域差异因素与反思

我国作为一个幅员辽阔的大国，由于地理因素的差异，导致了在环境风险上也存在相应的地域化因素。不同地区由于发展水平、战略地位、地理因素等多方面的差异，使得环境治理面临的问题各有不同。特别是在重点地区的污染物治理过程中，由于区域战略地位不同而造成的污染源集中现象，应当予以重点关注。并且，由于各地区的自然资源不同，所面临的环境治理风险也各有侧重，要实现环境风险规制目标就要做到对环境治理方向有明确的认识。同时，对于各地当前所面临的环境治理压力也要根据各地区情况具体分析。以水污染治理的环境风险的地域化形态为例，由于河流的流域广泛，对于不同流域的污染情况的分析，从一个侧面也可以反映不同地区所存在的环境风险的地域化因素影响。不同河流、不同流域的治理压力是不同的，流域环境风险规制往往存在上游污染下游治理的情况，形成了环境风险规制的区域差异化问题。我们以长江流域水质状况为例来看各地的区域差异性（见表2-8）。

表2-8　　　　　　　长江流域2011—2018年水质状况　　　　　单位：%

年份	Ⅰ—Ⅲ类	Ⅳ—Ⅴ类	劣Ⅴ类	Ⅰ—Ⅲ类（干流）	Ⅳ—Ⅴ类（干流）	劣Ⅴ类（干流）	Ⅰ—Ⅲ类（支流）	Ⅳ—Ⅴ类（支流）	劣Ⅴ类（支流）
2011	80.9	13.8	5.3	96.9	3.1	0	72.6	19.3	8.1
2012	86.2	9.4	4.4	97.6	2.4	0	82.2	11.9	5.9
2013	89.4	7.5	3.1	100	0	0	85.6	10.2	4.2
2014	88.1	8.8	3.1	100	0	0	83.9	11.9	4.2
2015	89.4	7.5	3.1	97.6	2.4	0	86.4	9.4	4.2
2016	82.3	14.1	3.5	94.9	5.1	0	80.7	15.3	4
2017	84.5	13.3	2.2	100	0	0	82.5	15	2.4
2018	87.5	10.8	1.8	100	0	0	85.8	12.2	2

数据来源：《2011—2016中国环境状况公报》《2017—2018中国生态环境状况公报》。

从历年水质状况可以看出，长江流域总体水质较好，尤其是干流水质，常年保持较高水准，近两年全部为Ⅰ—Ⅲ类水质。但是，长江流域支流的水质情况多有差异。从数据的对比上可以看出，支流水质治理总体趋势是好转的，特别是对支流劣Ⅴ类水质的治理呈明显下降趋势，从2011年的8.1%降至2018年的2%。而支流Ⅳ—Ⅴ类水质至2015年降至9.4%，其后又有所增长，2018年为12.2%。

从历年的长江支流劣Ⅴ类水域分布来看，2011年长江支流总体为轻度污染。其中重度污染流域为乌江流域；贵州铜仁黔—渝交界的乌江沿河断面为重度污染，主要污染指标为总磷。2012年长江支流水质良好，长江主要支流中，螳螂川、乌江、涢水、府河和釜溪河为重度污染，省界断面中黔—渝交界的乌江万木断面为重度污染，主要污染指标为总磷。2014年长江主要支流水质良好，长江流域的城市河段中，螳螂川云南昆明段、府河四川成都段和釜溪河四川自贡段为重度污染。2018年长江主要支流水质良好，长江主要支流中，螳螂川、龙川江、府河为重度污染。由重度污染段的变化可以发现，长江支流劣Ⅴ类水质治理成效与乌江流域水污染治理存在一定程度的联系，而位于乌江流域贵州下游的重庆恰恰由于地域因素承担了这一特殊治理任务。就重庆市的主要河流水质情况来看，表2-9中反映出的劣Ⅴ类水质治理情况，可以看出其与全国水质状况相类似的趋势。

表2-9　　　　　长江支流重庆段2011—2019年水质状况　　　　单位：%

年份	Ⅰ类	Ⅱ类	Ⅲ类	Ⅳ类	Ⅴ类	劣Ⅴ类
2011	未统计	20.8	58.4	未统计	未统计	20.8
2012	未统计	16.7	62.5	未统计	4.1	16.7
2013	0.7	38.1	34.6	15.8	5	5.8
2014	0.7	33.6	43.1	13	6.2	3.4
2015	1.4	34.2	45.9	10.3	4.1	4.1
2016	0.5	47	31.6	11.7	4.6	4.6
2017	0.5	45.9	36.2	9.7	3.6	4.1
2018	3.6	53.1	24.4	12.7	3.1	3.1
2019	3.1	51	33.7	8.6	3.1	0.5

数据来源：2011—2019年《重庆市环境质量简报》。

从表2-9可见，2011—2019年长江支流重庆段水质状况总体向好，Ⅳ—劣Ⅴ类水质呈逐年总体下降的态势，与长江流域总体水质状况相一致。根据《重庆市环境质量简报》，重庆市所涉嘉陵江、乌江水质状况于2018年、2019年趋好，但2011—2013年乌江流域水质在整个重庆市水质监测数据中问题最为严重。2011年，乌江5个监测断面水质均为劣Ⅴ类，2012年5个监测断面水质为Ⅴ—劣Ⅴ类。其原因在于，作为连接渝黔的一条水系，乌江入境万木监测断面总磷负荷高，贵州入渝总磷超标。2013年，乌江重庆段共设置了18个监测断面，干流5个监测断面显示一个Ⅳ类、两个Ⅴ类和两个劣Ⅴ类。而原因仍然是总磷超标；而其他的13个监测断面中的数据表现为Ⅱ类、Ⅴ类和劣Ⅴ类水质，其比例分别为76.9%、15.4%、7.7%。2011—2017年，乌江干流水域持续存在总磷超标的污染问题。贵州省内存在丰富的磷矿石资源，这两者之间是否存在一定的关系？根据遵义市2012年发布的《遵义市乌江流域环境污染综合整治工作方案》，2011年乌江库区的水质均表现为Ⅲ类，其主要污染物显示为总磷；而乌江干流水质则表现为劣Ⅴ类，超标污染物依然是总磷。由此追溯发现，乌江干流水质总磷超标最严重的点为34号泉眼河段，该河段2012年枯水期的总磷及氟化物的指标分别超过规定标准的491.5倍和82.5倍。而遵义境内的乌江干流34号泉眼的污染物严重超标的原因，系贵州省开磷集团交椅山渣场渗漏排放的含磷、氟污染物。贵州开磷集团作为一家大型的磷化肥加工企业，其开采加工后的磷矿石废渣仍然含有大量的磷元素，而贵州的喀斯特地形又导致含磷的污染物更易向地下渗透，最终导致含磷污染物通过34号泉眼进入乌江干流，导致乌江干流水质总磷严重超标。

由此可见，贵州省磷矿石开采而导致的总磷超标污染问题，渣场位于贵阳市息烽县、泉眼位于遵义市乌江镇、下游重庆乌江干流污染严重，形成了明显的地域化影响因素。环境风险规制应该对区域差异因素进行考量，在相关污染源的选址上应充分考虑到可能发生的环境风险，避免由于污染物处理不当造成二次污染的情况发生。因此，环境风险规制不仅需要对本地地域因素所导致的环境风险予以充分考虑，还应当对相邻地区存在的可能会影响到本区域的风险予以防控。通过对环境风险的预先处理，避免特定地域化污染问题得不到及时有效的处理进而长期影响环境的整体水平。

在跨区域环境污染治理过程中，常常存在下游主体为上游主体污染物"买单"的情况。这种情况会打击下游治理主体污染物治理的积极性。治理并非由其产生的污染物，并且无法掌控污染物的源头，无疑也加大了治理的难度。换言之，环境污染的源头治理当是最为行之有效的方案，若污染物已经排放到河流或空气中再进行治理，无疑难度将加大很多。但是由于环境风险具有不确定性，很多区域对其本区域的环境风险情况尚没有明确的认识，更不要说下游区域对上游区域环境风险具体情况的把握。由于环境治理可能横跨一个或多个区域，使得环境治理增加了治理主体的复杂性，各个主体之间需要在很多问题上进行协商，使环境治理的成本和周期加大。从根源上来看，对于跨区域的环境风险治理困境，存在污染源地区主体治理动力不足或治理手段受限等原因，这些原因加大了污染物的扩散范围和治理难度，无疑使环境污染治理风险问题的复杂性大大上升。因此，如何加大污染源地区的治理成为规制风险的关键所在。事实上，无论是传统矿产区遗留的污染治理问题，还是由于"邻避风险"而导致的邻避设施外迁，其根本上都是将环境风险留给经济欠发达地区，从而达到利润最大化或是成本最小化。但随着社会不断发展，环境风险规制从区域问题逐渐转变为全局性问题，单纯依赖于区域转移污染和风险的治理思维已经无法回应和规避环境风险。大量存在的污染转移和风险转嫁的手段，在一定程度上也极易使大量风险集聚，从而使环境风险转变为社会风险进而导致社会问题的爆发。亦即，若不从源头就专注于环境风险规制，而是通过风险转移或转嫁的方式消极应对，其结果只能是使问题不断严重、风险不断加大，最终成本可能会远高于为了规避风险而获取的收益。

质言之，如何从整体上把握环境风险规制的有机性和关联性特征，是妥善规制环境风险的关键要素。如果仍然固守"头痛医头、脚痛医脚"的机械式、局部式风险规制理念，甚至将本区域内环境风险的控制完全寄希望于风险转移，那么环境风险规制将仅仅是某一区域内的规制，而在更大的区域上来看将会是风险的进一步累积。因此，要真正做到环境风险规制，就要切实做到对风险的提前预警、整体防控、区域协同、综合治理，切实做到从根源上解决问题。

第三节 我国环境风险规制的司法运行与失衡检视

自2014年最高人民法院成立环境资源审判庭，我国环境司法专门化得到了快速发展，全国环境司法运行从审判机构、审判规则、审判人员等方面都呈良好有序的状态。其中，环境公益诉讼是环境司法发展的重心所在，也是问题集中和矛盾突出的聚焦所在。环境公益诉讼是一种特别诉讼，是现代社会中公民共同行为的有机组成部分。[①]一般认为，环境公益诉讼分为环境民事公益诉讼和环境行政公益诉讼：对于企业单位的"损害社会公共利益或者具有损害社会公共利益重大风险的污染环境、破坏生态的行为"可由社会组织等适格主体提起环境民事公益诉讼；而对于可能涉及的环境行政部门不作为、滥用职权或失职等行为则可由检察机关等适格主体提起环境行政公益诉讼。自2012年《民事诉讼法》、2015年《环境保护法》及2017年《民事诉讼法》《行政诉讼法》修订实施以来，我国关于环境公益诉讼的践行与推进逐步成为司法机关的一项重要工作。应当说，2015年《环境保护法》关于环境公益诉讼提起与受理的规定以及

[①] 吕忠梅：《环境公益诉讼辨析》，《法商研究》2008年第6期。

《最高人民法院关于审理环境民事公益诉讼案件适用法律若干问题的解释》《最高人民法院、最高人民检察院关于检察公益诉讼案件适用法律若干问题的解释》等对于推进我国环境公益诉讼的发展具有里程碑意义。然而，尽管从法律层面上我国已经做了尽可能的变革与健全，但在实施和运行实践过程中环境公益诉讼仍存在诸多问题。在针对污染企业或行政部门的环境民事公益诉讼和环境行政公益诉讼模式下，诉讼主体所提起的诉讼目的有二：其一，对行政机关没有认真履职的行为予以矫正，是公众参与和公众监督权的体现；其二，对污染企业污染环境、破坏生态的行为请求补偿和修复。事实上，我国环境公益诉讼制度的确立与迅速发展正是对当前环境资源危机日益严重的回应，第二种情形下的诉讼恰恰是对环境行政能力不足的补充。也即，依靠司法权的扩张来对行政机关无法及时有效解决的环境问题予以矫正，修复环境损害并予以补偿和赔偿。质言之，它依靠司法的能动性来回应行政的无力。但是，"在传统行政法理论中行政权一向被视为公共利益问题的主要代表，其基本任务就是保护公共利益，实现公共政策，而环境公益诉讼中司法权的急遽扩张，极易导致对于行政权的干预，由此引发行政权与司法权在权限划分和功能定位上的张力乃至冲突"[1]。如何把握司法的能动性使其保持不干预行政权的限度范围却在实践中存在适用的难题，导致了行政权与司法权的错位失衡。

一 适格主体限定下环境公益诉讼的发展及困局

环境公益诉讼适格主体主要包括依据《民事诉讼法》第55条、《环境保护法》第58条确立的符合条件的社会组织，以及依据《民事诉讼法》第55条、《行政诉讼法》第25条所确立的检察机关。根据现有规定，环境公益诉讼限定的是损害社会公共利益的行为，并不是个人所享有的私人利益，普通诉讼的主体被排除在外。而在社会组织的数量上，自2015年以来符合条件的环境保护公益社会组织增长迅速，其绝对数量看似不少但若分摊到各个省市，显然不足以对各个地区、不同状况下的环境损害行为与问题及时提起相应的公益诉讼。从这一层面上看，其平均值比起欧美等

---

[1] 王明远：《论我国环境公益诉讼的发展方向：基于行政权与司法权关系理论的分析》，《中国法学》2016年第1期。

环境公益诉讼起步早的国家，确实还有很大的差距。①除了总体数量上的不足，实际上能够有能力或是有意愿提起诉讼的社会组织仅占适格社会组织的一部分。据统计，2015年1月至2017年6月，全国法院共受理社会组织提起的环境公益诉讼案件150件，且仅有25家社会组织提起了环境民事公益诉讼。②一方面是因为诉讼费用投入的高昂，少有组织能够负担周期长、验证过程烦琐复杂的环境案件；另一方面，不论是环境民事公益诉讼还是行政公益诉讼都或多或少会关涉环保部门甚至是当地政府，由社会组织质疑政府的权威甚至将政府部门作为共同被告，显然并不是一件容易的事情，这也变相地提高了提起环境公益诉讼的社会组织的门槛。检察机关作为适格主体提起环境公益诉讼在历经试点之后于2017年6月为法律所确认，案件数量大幅增加但绝对数量仍停留在较低层次。据统计，自2015年7月授权试点至2016年6月，各试点地区法院共受理人民检察院提起的环境民事、行政公益诉讼案件21件。③2016年7月至2017年6月，各试点地区法院共受理检察机关提起环境民事公益诉讼案件71件，受理环境行政公益诉讼案件720件。④在国家大力推进环境公益诉讼发展的情势下，从全国范围看案件数量显然并未达致原有的预期，环境公益诉讼仍有很大的发展空间。

二 法院司法能动性的能力制衡与难题

环境公益诉讼的特殊性决定了诉讼双方实力对比的悬殊。环境民事公益诉讼起诉方往往要面对实力和资金雄厚的企业甚至是集团，而环境行政公益诉讼被诉方则是环境行政机关或是地方政府，若非检察机关提起那么在中国的行政运行体系下实力相差亦较为悬殊。我们知道，在环境公益诉讼案件中，社会组织在专业、资金和能力上还存在诸多不足，仍然处于劣势地位。在地位及利益格局失衡的情况下，法律应彰显对弱势主体及弱势利益的倾斜保护功能，体现"差别原则"，以实现失衡利益的矫正与衡

---

① 王灿发、程多威：《新〈环境保护法〉下环境公益诉讼面临的困境和破解》，《法律适用》2014年第8期。

② 最高人民法院：《中国环境资源审判（2016—2017）》（白皮书），2017年7月。

③ 罗书臻：《最高人民法院发布〈中国环境资源审判〉白皮书》（http://www.court.gov.cn/zixun-xiangqing-24071.html）。

④ 最高人民法院：《中国环境资源审判（2016—2017）》（白皮书），2017年7月。

平。①《最高人民法院关于审理环境民事公益诉讼案件适用法律若干问题的解释》第14条、第15条规定了法院可以调查必要的证据、委托鉴定人以及准许专家参与质证。然而，案件实际审理过程中，法院基于职权主义如何调取证据以及如何参与原被告双方的诉讼过程而又保持中立的角色却存在诸多难题。但对起诉的社会组织而言，专家的鉴定意见、环保部门的相关环境评测的结果报告等关键证据却并不易迅速、及时地取得。环境行政公益诉讼中，法院依职权将相关联的环境行政机关列为共同被告或是依法令其作为证人，应是法院司法能动性的积极体现，而现实中，司法机关大多不愿主动牵扯到行政机关。同时，不能忽略的是，法官的专业能力主要是法律知识而非环境科学，部分法院法官环境保护相关知识储备并不完备，是否能够针对诉求请求做出全面和科学合理的判断亦尚有疑问。总体来看，法院积极发挥其司法能动性能"发现和满足社会发展需要，以妥当的司法判断为社会健康发展明确可以遵循的行为规则"②，有效促进案件证据收集及合理判断，并最终促进案件的解决。但在这种情形下也有隐忧，亦即司法权的行使应把握在何种限度之上，如何保证司法权不会对行政权造成过多的干预是司法能动性实施的一大关键因素。

三 行政权与司法权的交错运行及冲突

中国环境公益诉讼的发展是因势而就的，但司法权与行政权也在不断变迁中衍生着错位和冲突。一方面，环境治理理念与规范缺失引致环境行政权回应的无力，司法权扩张予以回应但仍受制于外行政运行环境的制约。不同于美国经由《清洁水法》和《清洁空气法》等法律具体提出赋予公众以就环境损害的预防发生而向违反法定义务的可能污染者以及未能有效履行职责的环境行政机关提起诉讼的权利，中国的环境立法对环境行政和治理的规范仍主要依赖于政府环境行政部门的自觉。但是，基于环境经济利益交错的利益俘获形成的政企合谋和基于"传送带理论"的行政执法运行模式在某种程度上导致了政府部门不愿对相关违法行为予以处置，或

---

① 王灿发：《中国环境公益诉讼的主体及其争议》，《国家检察官学院学报》2010年第3期。

② 沈德咏、曹士兵、施新州：《国家治理视野下的中国司法权构建》，《中国社会科学》2015年第3期。

无法要求污染环境、破坏生态行为的相对人承担相应的赔偿责任。无疑，在现有的制度运行态势下，扩张环境行政公益诉讼应是予以回应和破解的可行之道。但在中国现有国情和实践发展中，立法机关对于公众参与的信任度仍然不够，地方政府出于经济发展的考量在环境和GDP的抉择上也屡屡倾向后者，从而压迫环保部门的监督和执法。从某种程度上说，某些区域仍然存在的行政强制介入司法程序的情状使得检察机关和法院的公益诉讼活动往往蒙上更多的经济色彩和政绩色彩，而相对更加弱势的环保组织在提起环境公益诉讼时也同样面临着诸多困境。

另一方面，环境公益诉讼发展进程中司法权扩张极有可能导致突破司法自制干预行政，甚而对行政权构成实质性侵害。环境风险时代由多因素综合作用所致的生态环境损害有其社会性、科技性、潜伏性、长期性等特殊性，这直接导致了行政机关执法的难题，加之经济发展与环境保护二元悖论的选择使行政机关不得不面临更多的阻力。基于此，无论是治理者还是公众都寄望通过司法权的扩张这一非常态的环境治理模式来回应环境治理的难题。这就导致伴随司法权扩张进程的环境公益诉讼极易陷入"突破作为补充和救济手段的最后一道防线"的陷阱，不仅仅对环境行政不能或行政不力进行救济，甚至成为实质上的行政执行者。

笔者通过中国裁判文书网、OpenLaw、无讼案例等数据库收集已经发布的环境民事公益诉讼案例，命中130余件，去除调解、裁定等获得有效判决案例45件，其中关于停止侵害、排除妨碍、消除危险、恢复原状等诉讼请求有引致行政权与司法权冲突之虞。例如，"中华环保联合会诉浙江新安化工集团股份有限公司建德化工二厂、浙江新安化工集团股份有限公司等环境污染公益诉讼案"请求"法院判令上述被告停止非法处置危险废物'磷酸盐混合液'的行为"、"重庆市绿色志愿者联合会诉恩施自治州建始县磺厂坪矿业公司环境污染公益诉讼案"请求"判令建始磺厂坪矿业公司停止侵害，不再生产或者生产不能造成再次污染"、"中华环保联合会诉宜兴市江山生物制剂有限公司环境污染公益诉讼案"请求"判令被告立即停止对环境的侵害、排除危害，不得通过雨水管道排放污水"等显然属于行政执法的范畴。根据《环境保护法》（2015）第25条、第60条，《大气污染防治法》（2016）第99条，《水污染防治法》（2017）第83条等有关规定，对于污染环境、破坏生态的行为，基于行政权初显优先的程序设置，环境行政机关有能力通过查封扣押、限制生产、停产整治、责令停业、关闭等措施更高效地予以处置并及时止损、维护环境公共利益。此时，法院所做出的依法予以支持的判决实际上代行了行政的权力，构成了实质上的行政权与司法权的冲突。再如，"连云港市赣榆区环境保护协会诉顾某某、王某某环境污染损害赔偿公益诉讼两案"请求"赔偿整治河流的费用、因排放含酸废水而造成的环境损失"、"镇江市生态环境公益保护协会诉唐某某环境污染侵权赔偿纠纷案"请求"采取措施消除环境污染，逾期则赔偿清理污染费用"、"山东省烟台市人民检察院诉王某某、马某某环境污染公益诉讼案"请求"判令被告王某某、马某某消除危险，处置酸洗池内受污染沙土，恢复原状"等诉讼请求也都得到了法院的支持。然而，上述消除污染、恢复原状的诉讼请求若依新修订的《水污染防治法》也会形成与行政权的冲突。根据《水污染防治法》（2017）第85条、第88条、第90条、第94条等有关规定，环境行政机关可以责令采取治理措施、消除污染或指定第三方代为治理由违法者承担费用等。

通过上述典型案例可见，对于停止侵害、排除妨碍、消除危险、恢复原状等当属环境行政机关执法范围的诉讼请求，若不属于行政不能或者行政不力的情形且无行政机关据职权介入的程序条件，不提起环境行政公益诉讼而直接提起环境民事公益诉讼，则无疑会使司法权陷入超越和实质干预行政权的境地。事实上，法院在审理中可能也会面临严峻的选择，判给损害赔偿金并允许污染继续发生，或者颁布强制令或导致工厂关闭或以巨额成本搬迁。[1]问题在于，法院的判决是否较行政更科学、更合理、更专业，诸如此类的判决是否本应由行政先行处置？我们知道，司法权具有被动性、中立性、交涉性、终极性和公平优先性特征，[2]在制度能力与司法节制的理论下，法院不能代替行政做最终的实体性判断。[3]倘若法院行使了本该由行政站在公共利益立场上行使的权力，那就必然会损害行政的整

---

[1] [英]马克·韦尔德：《环境损害的民事责任：欧洲和美国法律与政策比较》，张一心、吴婧译，商务印书馆2017年版，第176页。

[2] 孙笑侠：《司法权的本质是判断权：司法权与行政权的十大区别》，《法学》1998年第8期。

[3] 宋华琳：《制度能力与司法节制——论对技术标准的司法审查》，《当代法学》2008年第1期。

体，从而造成不利影响。①质言之，我国环境民事公益诉讼已经成了环保团体借助审判机关的审判权来矫正企业或其他主体损害环境公益行为的一种手段，导致包括司法资源和行政资源在内的公共资源的巨大浪费。②因此，环境公益诉讼的定位应当作为政府履行环境保护职责的监督机制和补充机制。③笔者认为，为有效回应行政权与司法权关系的问题，我们应当顺应风险社会的环境要求，继续推进环境公益诉讼的健全发展，为实现行政权与司法权的衡平提供新的思路。

第四节　我国环境风险规制的核心规范要素审思

　　风险社会理论为我们审视现代性环境风险的演进理路提供了理论支撑，也为环境风险规制的系统性建构及回应确立了基本理念与指导方法，使得我国环境风险规制取得了一些实质性的成果，但我国环境风险规制目前仍然面临着相当多的难题。法学研究不能仅仅从理论上进行论证，更需要从实际问题出发，从而在法律框架中找到解决办法。从当前环境风险规制的实际困境来看，我们需要对三个核心规范要素进行审思，以期在后续研究当中根据这三个规范要素延伸出相应的制度措施，有针对性地解决实际问题。这三个核心规范要素分别是：重点污染区域的风险规范、环境规制成本与健康风险的衡平、环境风险认知与社会回应的规制。

一　重点污染区域的风险规范方向

　　从近几年的环境治理成果上来看，各项环境指标所反映出的都是总体趋好的景象。然而，在重点污染区域，由于之前的环境污染程度较重，环境治理成效不佳。因此，当前环境风险的规制情况仍然不容乐观，环境污染的问题并没有得到根本性的解决，环境污染事件依然屡见不鲜。在我国环境风险规制的规范要素当中，重点污染区域的风险规范是一个急需应对

---

　　①　[德]奥托·迈耶：《德国行政法》，刘飞译，商务印书馆2013年版，第184页。
　　②　王曦：《论环境公益诉讼制度的立法顺序》，《清华法学》2016年第6期。
　　③　张宝、潘鸣航：《环境公益诉讼中"公益"的识别与认定》，《中南大学学报》（社会科学版）2018年第2期。

的、颇具实践性的规范要素。

在环境治理的实践当中,由于不同地区的地域性、战略重要性以及对环境污染的认识程度有所差异,常常导致某些地区长期处于污染严重状态,对这些地区的环境治理也收效甚微,迟迟无法解决根本性问题。再加上很多时候由于公布数据的范围过于广泛而使得重点污染地区的污染情况得不到客观的反映,造成对污染严重地区问题的掩盖,延误了环境问题的预防与解决。因此,要重视对重点污染区域的风险规制这一要素。在对重点污染区域的风险防范过程中,首先要做到对于重点污染区域的环境风险进行长效追踪,使其环境状况能够得到客观的反映,不要因为总体数据的改善而放松对重点污染区域的治理,要重视潜在的环境风险;其次要做到对重点污染地区的环境风险进行有针对性的环境治理活动,在治理活动逐渐推进的过程中,根据不同的具体情况做出相应的调整,间接地也对环境风险规制起到督促作用。以流域水质为例,长江、黄河、珠江、松花江、淮河、海河、辽河七大流域和浙闽片河流、西部诸河、西南诸河的水质状况具体数据见表2-10。

表 2-10　　2011—2018 年全国流域和河流水质状况　　单位:%

年份	Ⅰ—Ⅲ类	Ⅳ—Ⅴ类	劣Ⅴ类
2011	61.0	25.3	13.7
2012	68.9	20.9	10.2
2013	71.7	19.3	9.0
2014	71.2	19.8	9.0
2015	72.1	19.0	8.9
2016	71.2	19.7	9.1
2017	71.8	19.8	8.4
2018	74.3	18.9	6.9

数据来源:《中国环境状况公报》(2011—2016年)、《中国生态环境状况公报》(2017—2018年)。

从全国流域和河流水质状况的总体变动趋势来看,劣Ⅴ类水质占比越来越低,治理成效日益显现。2011年,长江、黄河、珠江、松花江、淮河、海河、辽河、浙闽片河流、西南诸河和内陆诸河十大水系监测的469

个国控断面，Ⅰ—Ⅲ类、Ⅳ—Ⅴ类和劣Ⅴ类水质断面比例分别为61.0%、25.3%和13.7%。到2018年，长江、黄河、珠江、松花江、淮河、海河、辽河七大流域和浙闽片河流、西北诸河、西南诸河监测的1613个水质断面，Ⅰ类水质断面占5%、Ⅱ类占43%、Ⅲ类占26.3%、Ⅳ类占14.4%、Ⅴ类占4.5%、劣Ⅴ类占6.9%。但是，若只关注于某一流域、某一区域特别是劣Ⅴ类水质集中区域，则显然其水质治理成效不尽如人意。即使是6.9%，全国劣Ⅴ类水质断面也达到了110余处，意味着相应区域的水质状况依然值得担忧。我们再将流域限缩至黄河流域，在单一流域内审视重点污染区域状况，黄河流域水质状况具体数据见表2-11。

表2-11　　　　　2011—2018年黄河流域水质情况　　　　单位：%

年份	Ⅰ—Ⅲ类	Ⅳ—Ⅴ类	劣Ⅴ类	Ⅰ—Ⅲ类（干流）	Ⅳ—Ⅴ类（干流）	劣Ⅴ类（干流）	Ⅰ—Ⅲ类（支流）	Ⅳ—Ⅴ类（支流）	劣Ⅴ类（支流）
2011	69.8	11.6	18.6	100	0	0	40.9	22.7	36.4
2012	60.7	21.3	18	96.2	3.8	0	34.3	34.3	31.4
2013	58.1	25.8	16.1	92.3	7.7	0	33.3	38.9	27.8
2014	59.7	27.4	12.9	92.3	7.7	0	38.9	38.9	22.2
2015	61.2	25.9	12.9	88.5	11.5	0	41.6	36.2	22.2
2016	59.1	27	13.9	93.5	6.5	0	49	33	17.9
2017	57.7	26.3	16.1	96.8	3.2	0	46.3	33	20.8
2018	66.4	21.1	12.4	100	0	0	56.6	27.3	16

数据来源：《中国环境状况公报》（2011—2016年）、《中国生态环境状况公报》（2017—2018年）。

从表2-11可见，就黄河流域而言，水质治理成效弱于全国水平，Ⅳ—Ⅴ类水质和劣Ⅴ类水质占比较高，且治理过程中呈现反复与起伏。黄河支流水质虽然总体向好，但与全国水质总体向好的情形相对差异较大，而且106个水质断面中Ⅳ—Ⅴ类水质基本维持在30%左右，劣Ⅴ类水质基本维持在20%左右，黄河流域污染状况不容乐观。2011年，黄河支流中汾河太原段、临汾段、运城段，涑水河运城段，渭河西安段、渭南段为重度污染；2013年，黄河主要支流总排干内蒙古巴彦淖尔段，三川河山西吕梁段，汾河山西太原段、临汾段、运城段，涑水河山西运城段和渭河陕西西安段为重度污染。2014年黄河支流国控断面中，总排干、三川河、汾河和涑水河为重度污染。[①]显然，这些单一的重度污染区域并未如总体数据和趋势那样引人注目，但就其治理和规制而言又成为一个亟须解决的重要难题。因此，环境风险规制不仅应注重全国性、广区域的风险治理，更应该从微观上关注重点污染区域，关注某一区域的污染扩张所可能带来风险危害后果，避免对隐藏性、局域性环境风险预判不足而规制不利。

近年来公众的环境权利意识不断增强，对环境问题的关注度越来越高。随着环境治理的脚步不断深入，当多数地区的环境问题得到有效治理，而重点污染区域的环境问题却迟迟没有得到解决时，更容易增加公众对重点污染地区的关注度。因此针对凸显的环境风险问题迫切需要一个有效的解决方案，其中重点污染区域的风险规范这个要素显得尤为重要。重点污染区域之所以难以治理，是因为其污染背后的复杂性问题是长期积累造成的，其中原因往往不是单纯的环境治理问题，而是问题的积聚，这样一来更加容易让风险持续发酵，使环境风险不断积聚。因此，对于重点污染区域的风险规制是避免环境风险转化为社会问题的重要一环。比如类似于"北京空气污染"这类长期困扰公众的问题不断积聚，在这个过程中环境风险不断扩大，对社会产生严重负面影响。这类问题具有解决周期长的特征，所以规制这类环境风险变得更加困难。另外，由于治理周期过长，所需要面临的环境风险往往会由于不断的发酵而变得越发不可预测。因此，长期的持续性规制才是解决之道。另外，由于环境风险的不确定性，加上隐藏的风险常常不易察觉，其背后往往是一个长期存在的污染问题，所以对于环境污染问题也应该予以长时间的关注，防止其进一步扩大。在此过程中应当防止对于数据的盲目信任，认清数据涵盖范围与其所反映情况之间的关系，不要遗漏其中的关键问题。在环境风险规制过程中，应保持一定的怀疑态度，只有对问题保持高度的敏感性才能及时发现隐藏的环境风险，并且及时应对，避免环境污染问题扩大，这也是环境风险规制所要达到的目的之一。

二 环境风险规制成本与健康风险的衡平方向

环境风险规制作为一种预防手段，由于其存在一定的预防性，因而在规制手段上往往会牺牲一定的预期利益，通过各种可行的方法对环境风险

[①] 参见《2013年淡水环境调查分析报告（2）》《中国环境状况公报》（2011—2014年）。

进行规制,从而避免更严重的环境污染问题或环境污染事故的发生。在这个过程中,无疑会涉及环境风险规制成本与健康风险之间的衡平这一关键问题与规范要素。当前我们处于追求经济发展的高效社会,对于一个制度的运行绝不能仅考虑制度效果,同时也要重视制度成本。只有制度成本与制度效果可以保持衡平,才可能保证环境风险规制的运行与长期性。

在实践中,环境风险以其潜伏性、长期性、复杂性等特征而具有典型的延发性。通常来说,环境风险因其不确定性而致使规制者无法准确预知其将于何时发生以及会造成何种损害后果。但是,一旦环境风险从量变转化为质变,发生环境污染事故后,则又会给周边居民造成重大的财产损害或者是人身伤害。公众所承受的,一方面是风险后果发生后的直接财产和人身伤害;另一方面是风险潜伏期可能爆发风险的恐慌以及对人身健康的长期侵袭的可能性。因此,环境风险规制作为一项系统的工程,是一个持续时间很长的工作,不能仅仅关注它的最终目标,在作用过程中其所存在的成本问题往往不容忽视。很多时候常常由于成本问题而钳制了对环境风险的及时应对而导致产生一系列环保问题。从法经济学"成本—收益"的分析视角来看,环境风险的产生往往就是由于为了追求经济利益最大化或成本最小化而对环境的罔顾,从而产生了潜在的环境问题,造成对公众环境权益和人身健康的威胁。当这些环境风险问题使公众切身感受到环境受到破坏时,伴随着公众权利意识觉醒,公众就开始对传统的治理主体施加压力。在整个过程中,从某种角度上来说是在追求利益最大化或成本最小化的过程中,无形间将原有的成本复杂化,从原有的单一经济成本衍生出因公众不满情绪而产生的社会稳定成本、信任成本等多方面的成本问题。在这种情况下,最后可能会导致想要减少成本的目的未达成,反而增加了其他方面的潜在成本。因此,在环境风险规制的过程中应当认清问题所在,规避可能面临的风险,避免成本扩大问题。过分追求成本最小化而不顾公众环境权益可能会产生更大的规制成本和代价。

对于环境风险规制来讲,究其根源应该就是产生于环境治理过程中健康风险与规制成本问题的博弈。众所周知,自工业革命始,由于一味地发展工业,人们开始对环境造成了大规模的破坏。然而面对工业发展带来的福利,人们并未意识到对环境的破坏,或者说是未能对工业发展所带来的环境问题予以预见,直到环境污染严重到了对人身安全构成威胁的程度才开始惊醒,开始考虑污染过后的治理问题。但污染容易,治理艰难,所耗费的金钱成本及时间成本都是极为庞大的。且在这一治理过程中常常伴随着社会问题的涌现，使得政府的公信力在一定程度上受到挑战。此外，对公众的人身安全所构成的损害也是不可逆的。由此，开始促使公众思考环境污染治理的成本与健康风险之间的博弈。

第一，就环境污染治理而言，成本问题一直是制约污染治理的一个关键之处。其实造成环境污染的本质就是不顾后果地一味寻求发展，发展本身是为了创造更多的价值，而对环境污染治理无疑是在缩减这种价值，这就造成了环境污染治理与发展之间的矛盾，要寻求两者的一个相对平衡则需要对治理成本进行合理的调配。就治理过程而言，如果能够在环境污染发生之前得以预见，然后预先实施一定的治理则往往会事半功倍。故而由此产生了对环境风险的规制，使环境污染治理中的一部分成本能最大化地发挥治理作用，对于治理成果而言也因预先的措施而避免了环境污染问题的扩大，使污染水平因预先的规制能够被控制在一个合理范围内，对公众的健康造成危害的风险也降到最低，达到环境规制成本与健康风险之间的第一种平衡。

第二，就人身健康的保护而言，往往对环境风险规制的需求更为迫切。发达国家在发展过程中所走的先污染后治理的老路，虽然使得污染得到了治理，但其中即使不论所消耗的成本，单单是治理周期中存在的持续污染对人身健康构成的威胁都是不可接受的。所以单从人身健康的角度出发对于环境风险规制就应该作为首要的环境污染治理手段，将本应用于环境治理当中的成本提前使用，极可能发挥更大的作用，让环境污染风险在一开始就被遏制，这是环境风险规制成本与健康风险的第二种平衡。

第三，就制度法的运行而言，我们今天所面临的环境风险问题已经远远不是工业革命时期的简单污染问题。经历工业革命后的一轮环境污染防治立法后，面对更严峻的环境污染问题，现今的制度法已经开始无法应对从各个方面爆发出的环境污染问题。因此在当下的环境中谈环境风险规制往往还需要考虑到制度法失灵情况下存在的一系列问题，并且就这些问题寻求新的治理模式。从前述所谈到的各种数据例证不难看出，现今所面临的环境风险的情况往往是复杂多样的，如果仅靠制度法约束将导致制度成本过高的情况产生甚至说会存在制度法失灵的现象。当前环境污染的情况比较严重，在治理过程中造成了大量的消耗成本，而所造成的治理成本问题逐渐发展扩大到了制度成本问题上，因此制度成本也进入了考量的范围当中。如果法律制度想要通过实行得到预期的法律效果，必须注重对于制度成本的管控。这就是环境风险规制成本与健康风险的第三种衡平。

总之，在整个社会的发展过程中，环境意识的产生和发展使得公众开始对其人身安全以及享有的环境权利更加重视，人们已经不单单将环境污染视为一种对自身身体健康的威胁，而是将其上升为对其应享有权利的一种侵犯。基于逐渐加大的环境治理压力与资源的有限性，我们应更加重视风险规制成本与健康风险的衡平。

三 环境风险认知与社会回应的规制方向

环境风险规制是一个环境问题，更是一个社会问题，其无法回避环境风险认知与社会回应要素。一旦风险认知与社会回应出现问题，就很容易造成环境冲突，引发环境群体性事件。群体性事件是指由人民内部矛盾引发的由众多人员参与的危害公共安全、扰乱社会秩序的事件。[1]因此从实质上来讲，环境风险规制的重点不仅仅在于规制环境污染的固有风险，还在于预防环境风险转换为社会风险从而变成引发社会危机的群体性事件，环境风险认知与社会回应的规制方向自然也是环境风险规制当中极其重要的一个核心规范要素。

风险认知是心理作用，同时也是社会作用所产生的一种主观的思考过程，这一过程包含了很多作用要素，包括风险客体特征、公众知识背景、公众认知偏好、社会文化选择等要素，在这些要素的作用下从而使公众产生了一个关于"有危险、有多大危险、是否接受"的认知。[2]而一旦公众在产生了这么一个"我怕"的风险认知之后，当与其他主体产生了风险认知的冲突矛盾，就很容易形成"正义的愤怒"，也就很容易成为所谓的"环境维权"的初始原因。[3]在该风险认知的作用下，就会影响公众接下来的维权行为，从而引发连锁反应，一旦处理不好，就会演变成环境群体性事件。换言之，当现代科技无法全部释明那些"新的、难以察觉的、

---

[1] 余光辉、陶建军等：《环境群体性事件的解决对策》，《环境保护》2010年第7期。
[2] 范华斌：《环境污染型项目风险认知：一个解释框架——兼谈风险治理中的实质性公众参与》，《云南行政学院学报》2018年第2期。
[3] 孙文中：《环境风险认知冲突与环境群体性事件——以闽西中节能事件为例》，《集美大学学报》（哲学社会科学版）2018年第2期。

不可控制的、灾难性的、迟延的、会危及未来世代的或有可能伴有痛苦或恐怖的风险时，公众的评判会迥异于该领域专家形成的任何合意，其对特定风险的厌恶或恐惧，要甚于对其他具有同样盖然性伤害的恐惧"[①]。正是对具备风险性特征的邻避设施的知识获取与知识假定的双重不信任，导致公众排异心理的逐渐扩张。一方面，作为普通公众，难有对邻避设施认知的科学知识储备，那么其获取信息的通道以及对所获信息的消解认知成为判断的基础。传统管制型环境治理模式下，邻避设施的论证与建设因程序设置自身不足或者公众缺乏主动参与的积极性导致公众实质性参与的缺失。如此，在信息不对称与项目决策参与途径不畅的境况下，公众无法获得相对全面的邻避设施信息，也就失去了自主认知风险的机会。待项目一上马或开建，各种夸大性、恐慌性言论借助于现代媒介和网络传播，致使公众在基于经验法则、伦理、利益和其自身决断的认知判断基础上，加剧了恐慌性风险认知心理；另一方面，邻避设施通常具有一定的污染性和高风险性，对于利益相关者的公众而言，在相当程度上会伴随房产的贬值等财产性损失甚至危及生命健康。将邻避设施置于附近公众生存语境的逻辑之中，作为纯粹理性经济人必然会高估其风险性和危害性，在知识假定上放大邻避设施的危险，过度考虑其发生的概率和灾难性后果，从而高于专家导向型的风险认知结论。质言之，政府环境决策的管制型运行模式对公众参与的排斥和力度不足，以及政府理想化纯粹理性风险认知模式下依赖专家解释和政府释明的风险冲突应对方式无法回应公众认知的心理困局。

首先，现代社会政府与企业的环境评估往往以专家为中心，因为按照现代技术的发展来看，专业的风险知识往往只有专业的技术专家才会掌握。因此，政府与企业往往只会根据技术专家评估出来的环境风险的结果做出决策。但是公众的风险认知是一个多因素运行作用的偏主观的过程，因此公众的风险认知很可能与专家的风险评估不一致，这也就产生了风险认知的冲突。而如果要解决好风险认知的冲突这个问题，就必须要在环境风险问题上使各方利益主体进行沟通，从而形成对风险认知的一致性，避免对环境风险认知的冲突。

其次，回应是社会各方主体在现在的社会结构当中根据共同权益的

---

① [美]史蒂芬·布雷耶：《打破恶性循环：政府如何有效规制风险》，宋华琳译，法律出版社2009年版，第42—43页。

诉求，从而延伸出来的应答与实践的互动过程，因此社会回应实质上是社会公众基于对自身利益的关心而参与到社会治理当中的一个作用机制。[①]在社会回应的过程中，要重视公共信任的建设。社会回应出现问题的很大原因是现代性制度当中出现了"有组织的不负责任"这一情况，政府、公司在掌握大量信息的基础上，通过建立自己的"无害"的话语系统来推进实施自己的决定。当问题出现后却推卸自己的责任，这种行为就会导致公共信任的破坏，可以理解为从信息的不对等最终演变成信任的不对等。而当环境风险出现并且公众产生"有害"的风险认知后，公众却不再信任公共组织，继而也不想与之合作，而通过自己的行为做出对于环境风险问题的回应。因此，为了避免这种情况的出现，政府等公共组织必须通过相应的措施重建公共信任。公共组织要发挥现有制度的效力，重视落实组织责任，将复杂的风险问题与环境群体性事件简化为政府、企业、公众对话并进行价值重构的契机，将环境风险规制的社会成本降到最低。

因此，对于环境风险规制而言，规制主体的规制行为及治理行为在某种角度上说也是社会冲突的一种回应。环境风险固然可怕，但当环境问题社会化后，其所造成的后果和影响更大，甚至危害社会的总体稳定。因此，为有效治理环境风险、维护社会稳定发展和生态文明建设顺利推进，必须重视环境风险认知与社会回应的规制。

[①] 戚攻：《论"回应"范式》，《社会科学研究》2006年第4期。

第三章

环境风险规制失范的因由分析

环境问题关系人类命运共同体的利益，整个人类的生存发展都与环境问题密切相关。当今社会生活中存在的大量环境问题亟须解决，从环境问题本身所具有的社会性、公共性，以及其对人身和财产安全可能造成的威胁可以看出，它的实现并不是靠某一个人或某些人的个人行为就可以达到的。同时，只依靠市场也不可能完全地解决现代社会生活中所存在的所有环境问题，因为市场在进行配置的同时很有可能会发生失灵。此时，人们的目光就会自然而然地投向国家，期待国家在环境管理的过程中，能制定出具有强制力的环境政策，并且通过各种职能机构公正地实施，从而规范对环境资源的利用，然而政府监管亦有其运行的局限性。此外，环境风险被普遍认为是一种不确定性的技术风险，其本身所具有的特点亦是导致规制失范的核心要素与因由。

第一节 环境风险制度规范的失灵

环境风险是一种对人类社会或者自然环境造成威胁的危险状态，是造成风险"损害是否发生"及"损害的大小"的不确定性。倘若不能因地制宜地因应环境风险，则极有可能因规制不当而演变成为重大的环境污染事故，造成巨大的经济财产损失，甚至对公众的生存造成威胁。因此，环境风险规制的法律制度体系对于规避风险、防范环境污染事故的发生具有重要的作用。然而我国目前的环境风险制度规范仍存在诸多弊端，无法切实回应环境风险的现实需要。

一 传统法律的"生态"色彩黯淡

基于历史的发展审视,应该说生态环境真正开始影响人类生存发展的时间在整个人类发展历史中并不算长。传统法律主要是对社会关系进行规范性调整,也基本奉行着"人类中心主义"的指导理念。所谓人类中心主义就是指作为在自然界中处于支配地位的人类,从其建立起有组织的社会以来就以自己为中心改造自然,并将环境资源作为财产和所有物加以占有。绝对人类中心主义带来的直接后果就是忽视人类以外的生命物种和生态系统之间的密切联系,导致人类过于关注物质财富的生产和经济的发展而忽视环境污染和生态破坏,当然更不用说后代人的利益了。可以说,传统法律是以人类为中心,依据人类利益而构建的人类法律体系,以忽略生态环境或者付出环境成本来保障经济的发展。实际上,传统法律从人类自身利益出发保障人类自身的生存、发展是无可厚非的,但如果不考虑环境利益,仅仅为了当代人更好地享受而破坏生态环境、耗竭资源,显然极易使当代人陷入无视自然的倾向,不利于环境资源的保护,也会使人在生态失序的泥淖中越陷越深。[1]

基于人类中心主义的传统法律在规范人与自然、人类当代人间及其与后代人、种际和域际关系时存在天然局限性。第一,在人与自然的关系规范上,传统法律过于强调人对自然的征服与改造,强调人对自然的利用,这种人类中心主义的发展理念是建立在"经济人"假设基础之上的。第二,在人类当代人间及其与后代人的关系规范上,传统法律所支持的经济发展方式、资源利用方式实际上存在两个弊端:一是忽略代内发达区域与欠发达区域不同人的环境利益;二是忽略代际的公平和后代人的环境利益,因缺少强制性规范而极易使环境资源处于过度消耗状态而危及人类的可持续发展。它会使当代人肆无忌惮地耗费有限的资源并极大地破坏生态平衡,严重威胁当代人的生存,同时也损害后代人的利益。而在代内人的利益分配上,显然少数人环境利益的满足是建立在绝大多数人牺牲环境利益的基础上的。第三,在种际和域际的关系规范上,传统法律基本上仅限

---

[1] 法丽娜:《基于均衡原理探索环境利益可持续发展的立法设计》,《政法论丛》2015年第3期。

于对资源有序利用的相关规范,诸如野生动植物保护等主要从资源保育的角度出发。换言之,在种际关系上人们往往凌驾于其他物种之上,往往更关注濒危物种,而对一些常见的物种却缺乏应有的规定。因此,与之相关的法律规范难以协调人与自然之间的关系,从而导致生态环境危机危及人类的生存和发展。在具体法律规范上,传统法律以人类中心主义为基础,优先满足经济发展和物质财富的增长而极有可能忽视生态环境的保护,无法有效协调经济发展与环境保护之间的二元悖论。以传统民法为代表的私法规范的制度型思维模式,缺乏对民法作为社会治理技术以利益协调为核心价值判断标准的构建,以及对可持续发展观和生态伦理的认同。[①]同时,由于民法直接涉及各社会主体之间的私益,不可避免会与环境资源所保护的公共利益发生冲突。然而,除了民法总则关于绿色原则的初步规范、侵权责任法关于环境侵权的规定等,民法体系中却鲜见其他关于环境保护的规范。

二 环境保护法律自身规范的制约

自2014年《环境保护法》修订通过后,《大气污染防治法》《环境影响评价法》《水污染防治法》《固体废物污染环境防治法》等法律陆续修订,2019年《土壤污染防治法》正式实施,中国的环境保护法律体系在制定和修订中不断健全和完善。虽然,在依法治国的总体框架背景下,环境保护法律在推进生态文明建设、建设美丽中国进程中发挥了日益重要的作用,但不可否认仍有诸多问题值得重新审视和反思。2015年《环境保护法》被称为"史上最严环保法",它在立法上实现了立法理念得到提升、环保意识得到重视、监管模式开始转型、环保执法由软到硬、公众权利得到确认、法律责任更加明晰等几个突破,但在回应环境风险的法律运行中也存在一定的缺陷和不足。

第一,2015年《环境保护法》难以统领、协调其他有关生态环境的法律。《环境保护法》从立法之初就有关于其是否能够作为环境保护领域基本法的论争,虽然目前在学界其基本法的地位得到了普遍认同,但在法理上却有着瑕疵。我国《立法法》规定,全国人民代表大会制定和修改刑事、民事、国家机构的和其他的基本法律,而《环境保护法》的修订则是

[①] 吕忠梅:《物权立法的"绿色"理性选择》,《法学》2004年第12期。

由全国人民代表大会常务委员会通过。这就意味着，《环境保护法》不应是基本法而仅应作为其他一般性法律存在于我国环境保护的法律体系之中。因此，《环境保护法》的效力层级并没有高于《森林法》《野生动物保护法》《水污染防治法》《大气污染防治法》等与生态环境保护有关的法律。同时，由于《环境保护法》所具有的基础性法律属性，使得它不可能对各个环保领域都做出详尽的规定，而只是对生态环境保护和污染防治等部分领域，诸如生态红线、加强生态修复等方面做出较为全面的规定，而对其他方面仅能起到补充、指导的作用，对于环境风险的回应也仅仅是一些原则性规定。因此，作为其他一般法律的《环境保护法》，其法律效力层级难以满足环境风险防范乃至整体环境保护工作发展的需要。

第二，对于生态保护领域的规定不足。《环境保护法》对有关污染防治的问题做了较为充分、全面的规定。这是基于当前我国环境问题频发、污染问题日益加重的社会现实而做出的回应，具有一定的科学性和合理性。同时，《环境保护法》增加了有关生态保护的规定，但应该看到这些规定对生态文明建设来说仍然稍显不足，其中关于生态保护的规定整体篇幅较少，且大多为原则性规定，缺乏具体可操作性。因此，应加强对生态保护的规定，特别是对生态类环境风险做出前瞻性、预见性引导和规避，避免因认识不足而对生态环境产生不可逆的损害。

第三，原则规定过多，操作性细则规定欠缺。《环境保护法》作为基本法的定位和环境保护领域一般基础性法律的属性，决定了其规定的内容主要是引导性和原则性事项，无法做到面面俱到，更注重原则规定、基本制度规范、环保意识培养、公众参与制度建构等，这些过于原则性的规定在实践中无法直接实施和落实，需要其他相关部门根据原则性规定出台配套的规则来保障法律的贯彻落实。2015年，环境保护主管部门发布了五项细则：《实施按日连续处罚办法》《实施查封、扣押办法》《实施限制生产、停产整治办法》《企业事业单位环境信息公开办法》《突发环境事件调查处理办法》。但这些细则也仅能对其中某几个问题做出规范，而无法兼顾《环境保护法》原则性规定的所有问题。比如，《环境保护法》第23条关于企事业单位和其他生产经营者转产、搬迁、关闭的规定，条文中仅规定"应当予以支持"，究竟应该如何支持？支持的方式是什么？支持的力度应多大？对于转产、搬迁、关闭的企业提供的支持是否一致？这种笼统的规定显然无法使法律规定真正得到落实。

总之，现有环境保护法律规范体系在不断完善过程中实际上已经在尽可能应对当前面临的诸如大气污染、水污染、土壤污染等要素所带来的环境危机。但是，我国环境保护法律规范"弱环境质量目标主义"使得立法与执法更关注污染物排放的控制，显然这种风险末端治理主义的污染控制方式无法有效地回应前端的环境风险问题。因此，回应生态环境保护的工作实际特别是环境风险规制的诸多问题，环境保护法律体系需要更为具体化、精细化的配套细则予以支持，通过更科学、规范、体系化的法律、法规、细则和标准等的体系建构和完善，贯彻环境保护法保护优先、预防为主的基本原则，以微观规范和可操作性细则促进环境风险规制的有效实现。

三 环境风险规制制度体系亟待完善

随着工业经济和科学技术的发展，现代文明和现代文化侵入原有的"礼治秩序"，传统乡土社会在与现代性的碰撞中愈显无力，已经无法因应现代社会的发展，造成了环境风险规制的诸多困境。基于现有法律规范形塑的制度体系在变革中极力回应环境风险，但囿于多因素影响，仍存在诸多制度缺失与不足。

（一）环境风险预警制度不健全

环境风险预警制度是进行环境风险规制的基础性制度，但是我国环境风险预警制度并没有形成完备的体系。《环境影响评价法》《关于落实科学发展观加强环境保护的决定》以及《国务院关于印发国家环境保护"十二五"规划的通知》等文件虽然出现了环境风险预防相关的内容，但是相关条文不多，内容薄弱且彼此间联系弱，操作性不强。换句话说，虽然存在对环境风险预警制度的原则性规定，但是没有专门的法律、法规对环境风险预警制度的责任主体、操作内容、法律范围等事项进行详细具体的规定，环境风险预警工作显得支离破碎。与此同时，环境风险预警技术不成熟，难以准确预测到潜在的风险源。环境预警监测技术覆盖面积不广，部分地区的环境风险预警硬件建设不到位，导致难以形成全面的环境风险预警体系。此外，我国缺少环境风险预警领域的专家和技术人员，而且实践中部分人员的科学技术水平难以达到环境风险预警工作的实际要求。质言之，环境风险预警制度的不健全严重制约着环境风险规制工作的开展，不利于环境风险的治理。

（二）环境风险信息公开制度不健全

环境风险威胁着社会的和谐与稳定，影响着公众的环境利益，公众有权了解环境风险的相关信息。正是由于环境污染事件频发，环境权的呼声日益高涨。环境权的重要内容之一就是环境知情权。公众有权根据法定的程序获取环境风险状况以及其对人们生活的具体影响等方面的确实可靠的全部信息。政府作为信息公开主体，有责任建设环境风险信息公开制度或平台以回应公众的环境信息需求。然而，我国环境风险信息公开制度并不健全。首先，我国环境风险信息公开的主体范围窄。2007年《环境信息公开办法（试行）》（已废止）中规定了"污染物排放超过国家或者地方排放标准，或者污染物排放总量超过地方人民政府核定的排放总量控制指标的污染严重的企业，应当公布环境信息"。2014年《企业事业单位环境信息公开办法》规定，"重点排污单位应当公开下列信息……重点排污单位之外的企业事业单位可以参照本办法第九条、第十条和第十一条的规定公开其环境信息；国家鼓励企业事业单位自愿公开有利于保护生态、防治污染、履行社会环境责任的相关信息"。从上述规定可见，目前所规定的环境信息公开主体限于重点排污单位，而其他主体则是以自愿公开为原则，导致环境信息公开主体范围过于狭窄，有很多企业并没有被纳入环境信息强制公开的主体范围之内。其次，环境风险信息公开的内容不全面也是问题之一。公众关注的环境风险信息如环境风险财务收支数据、环境风险健康信息等未能及时全面地向社会披露。此外，环境风险信息公开途径单一且存在局部的不平衡现象。公众参与环境风险信息公开工作受阻，导致公众难以准确获知相关的环境风险信息，严重侵犯了公众的环境知情权，降低了公众对环境风险规制工作的社会监督效果。

（三）环境风险信息交流制度亟待建设

现代社会环境风险并不确定，且风险的预测需要大量的信息，而企业在经济生产中往往掌握着第一手的环境风险信息，政府所掌握的信息相对较少且掌握的时机未必及时。对于环境风险治理而言，及时、全面把握风险信息是有效治理环境风险的基础。因此，迫切需要政府与企业进行协作，构建政府与企业间稳定的环境风险交流机制，以更有效率地回应环境风险。政府享有行政执法权，在与企业联合建立环境风险信息交流机制的同时，应当出台相关行政规章促进企业主动及时地公布环境风险信息，对于拖延或隐瞒公布环境风险的企业，有关行政部门应当及时行使执法权，对其进行处罚。此外，公众作为环境风险治理的直接利益相关者，往往能够在第一时间发现环境风险因素，因此还应当建立公众与政府之间的环境风险信息交流机制，构建公众与有关行政部门沟通相关环境风险信息的渠道。建立公众、企业与政府间的环境风险信息交流制度能够达到环境风险信息共享的最大化，更及时、更全面地发现环境风险隐患，避免环境污染事故的发生。

（四）环境风险全过程管理制度亟待确立

环境风险治理需要依赖于环境、交通、农业、公安、消防、市政、安监、卫生、海事、国土等各部门，根据有关法律法规关于各自职责的规定对环境风险进行全方位预防及全过程监督管理。唯有将环境风险的治理防范融入全过程管理之中，确立前端预防、监管到位、严格执法的全方位、全过程治理理念，基于严防、严查、严管的基本工作思路确立严格的风险准入制度，防止新的重大污染源的进入，依法控制和整顿具有严重污染性和高风险性的企业，依法依规淘汰落后产能、技术、工艺和设备，降低环境风险发生的概率，才能有效应对环境风险。我国目前尚未明确确立环境风险全过程管理制度，因此亟待各部门将环境风险的预防和治理融入环评审批、建设项目管理、总量控制管理、排污许可证管理、环境执法、环境监测、重污染企业搬迁等全过程的环境管理各环节，形成环境风险的全过程管理。

（五）环境风险公众参与制度有待健全

为了实现我国可持续发展的目标，对于环境问题的整治除了通过行政手段以外，还需要公众的积极参与。只有公众从自身做起，积极参与到环境问题的实务中，切实维护自身利益，才能实现我国环境问题的整体治理。然而，就我国目前实践而言，剧烈变革时代的公众环境意识匮乏无法有效因应风险规制。受客观阶层地位（职业地位）、主观阶层地位（社会经济地位的主观认同）、单位性质、户籍性质、政治面貌等组成的"社会结构因素"的影响，[①]公众更关注经济的增长、物质财富的积聚和个人生活的富足等，对环境保护还处于持续认知的状态、环境意识觉醒程度不高，潜意识里往往将环境保护界定为政府责任，或者认为环境污染通过地

[①] 刘森林、尹永江：《我国公众环境意识的代际差异及其影响因素》，《北京工业大学学报》（社会科学版）2018年第3期。

球自净能力都能予以消解。同时，传统乡土社会"底层政治"衍生的参与渠道不畅导致公共治理及参与制度缺失。传统社会的"官—民"运行状态，决定了公众往往有参与的渴望却不敢表达或直接参与。由此，政府与公众间基于隔阂和互动的欠缺而无法实现信息的有效传递，公众利益表达机制的匮乏、公众意见的忽略以及有效参与的缺位加剧了环境风险规制的难度。现有的法律法规对于公众参与并没有太多具体的规定，使得公众对于环境事务缺乏参与兴趣和参与渠道，给公众参与环境风险治理造成了制度性障碍。随着时代的发展，越来越多的环境风险问题因其技术保密性以及本身的复杂性，极大地提高了公众的环境参与门槛。既有法律多是部门立法的结果，没有从公众立场认识环境问题，对于环境信息公开与环境公众参与的制度规范少有着墨。整体而言，我国环境风险治理中的公众参与制度有待完善。

（六）环境风险协商民主制度有待建立

我国目前的环境风险法律规制模式仍是命令—控制的方式，缺乏民主参与，相关部门囿于自身的局限，容易出现权力滥用的情况。建设环境风险协商民主制度，可以使得公众通过法定程序以对话、沟通的形式参与环境风险法律规制事务的决策过程，从而增强对决策过程的监督效果以及促进决策结果的可执行力。由于环境风险协商民主制度尚未建立，导致诸如邻避风险等事项的处置缺乏协商和沟通，无法有效回应风险的解决。因此，应该秉承公开透明的原则，对涉及社会公共利益的事项及时有效地公布包括环境风险决策的法律依据、决策过程可公开的文件以及具体执行过程的程序记录等信息，结合公众参与的程序性规定等进一步建构和完善环境风险协商民主制度。

第二节　环境风险政府管制的失灵

基于环境风险治理经济利益、环境利益交错而生的利益俘获，使环境风险规制迈向公权力的集中与扩张，进而形成错位的政企合谋，其必然后果是政府公权力对环境风险的放任以及行政管制失衡的风险回应乏力。不容忽视的是，政府机构在环境风险规制中具有政治博弈的属性，在其运行中极易引致两个担忧，即利益集团的机构俘获和机构的自我利益。①理想状态之下，地方政府作为环境风险规制的公权力行使者，应当充分考虑环境规制措施的贯彻落实、制定防治环境污染与风险扩张的制约决策等，基于社会和公众的环境利益需求发挥环境行政的应有功能。然而，政府部门的自利性和市场主体的逐利性，容易形成基层政府与经营主体的共谋。②在地方经济发展的驱动下，政企合谋扰乱了原有的行政运行状态，也使环境风险面临着新的规范失序困境：欠发达地区为了经济发展而在招商引资过程中引进高污染、高风险但效益较高的企业，政府向污染企业让步甚至在一定程度上纵容企业的违法排污行为，导致环境风险应对机制和制度的实质失效；地方政府对环境风险规制秉持消极应对的态度，对于累积性环境风险有其所默许的容忍限度，偏好采取"专项治理""集中治理""突击执法"等运动式执法模式杜绝突发环境事故或环境群体性事件的发生；此外，也存在地方政府官员为了获得额外的"好处"而被污染者绑架，形成与污染者的"恶的利益共同体"，导致环境风险规制决策独立性和公正性的丧失。

一 政府环境风险决策失灵

由于环境保护与经济发展之间所存在的固有矛盾，加之环境风险的不确定性，导致环境风险决策具有一定的偏向：一方面，环境风险评估困局使得风险决策多以自愿性和倡导性为主，缺乏硬法的约束力；另一方面，由于政府之间、政府部门之间、政府与企业之间以及政府、企业与公众之间所存在的多层次、复杂的利益冲突，极易导致政府环境风险决策失灵。

（一）环境风险决策的不确定性

在愈演愈烈的环境风险事件中，诸如厦门PX事件、大连PX事件、宁波PX事件以及茂名PX事件等，皆因项目可能的环境污染风险，而遭到公众的抵制，出现了政府与公众的利益博弈。诸如此类不断地消耗着政府和人们的有限资源，又持续地吞噬着人们的生命、健康和财产的环境风险，

---

① ［美］詹姆斯·萨尔兹曼、巴顿·汤普森：《美国环境法》，徐卓然、胡慕云译，北京大学出版社2016年版，第47—48页。

② 黄宗智：《没有无产化的资本化：中国的农业发展》，《开放时代》2012年第3期。

一旦超过一定的"阀值",就能轻易冲溃政府构筑的规制防线,演变成极端恐慌的危机事件。而政府之于环境风险规制的难题与困境,皆肇因于基于市场逻辑建立的社会结构,追求的是经济利益的最大化。个人与个人之间过于追求个人利益的最大化、企业与企业之间的竞争主要通过生产能力以及企业经济实力来对比,国与国之间的竞争也是建立在经济实力的基础之上。因此,个人、企业与国家在行为过程中都过于关注经济利益,政府环境风险规制也必须更关注于经济发展的能力不受阻碍,从而忽略对环境的保护、资源的节约、生态的衡平维系,环境风险决策具有明显的不确定性。

首先,政府环境风险决策仍秉承经济发展为中心,使生态处于弱置的地位。经济发展是近代以来国家发展的主线和重心,经济实力决定了国家在地缘政治中的话语权,因此各国都拼命地发展经济。就我国而言,经济中心主义仍是发展的基本主线,从中央政府到地方政府工作的绩效考核往往以经济发展和GDP增长作为主要的衡量标准,环境风险规制显然与经济发展不在同一天平之上。就每一个政府个体而言,在做出决策时必然都有其合乎利益的理由,当然还要受到各种因素的综合影响。[①]政府行为的企业化和市场化,使得保护生态环境和资源的种种努力,在政府追求经济增长的冲动面前显得软弱无力。而经济发展的压力也使政府在做出环境风险规制决策时只能基于特定的利益做出相对较为狭隘的考量,必然会影响到决策形态的正常性、合理性。目前许多生态环境保护和资源节约决策"无论是从功能定位、价值取向或决策流程上看,都充满着杂乱渐增主义的色彩"[②]。其后果是,政府决策更多的仍是秉承经济发展为中心,而忽略环境风险规制和可持续发展。

其次,府际协作不畅致使决策失衡。20世纪90年代各国的政府再造方案、全球治理运动推动了政府之间的合作管理。[③]府际协作理念"以问题的解决为焦点,以协调合作为手段,以之形成的行动导向方式更加富于和谐、创新、平等的氛围"[④]。但我国的生态环境保护决策恰恰缺乏府际

[①] 梁昀、薛耀文:《基于利益相关者视角的重大决策社会风险评估研究》,《经济问题》2012年第9期。
[②] 叶俊荣:《环境理性与制度抉择》,台湾翰芦图书出版有限公司2001年版,第84页。
[③] 汪伟全:《论府际管理:兴起及其内容》,《南京社会科学》2005年第9期。
[④] 赵永茂:《府际关系》,台湾元照出版公司2001年版,第237—373页。

之间的协作，在社会转型及经济结构调整产生问题的同时，上下级政府、同级政府以及部门之间的权力纵横交错和不合作博弈也导致了环境政策制定和执行的困境。由于权力在不同层级和部门之间的纵向和横向配置差异，导致政府各层级和不同部门的职责、权利具有很大的差别，因而在制定决策过程中所表现出来的态度也就不同。①中央政府从国家整体利益出发制定的生态环境保护政策往往被地方政府的"对策"所淡化；某一区域范围内的政府也只会从其利益为中心出发制定相应的生活环境保护、资源开发利用决策，这些决策只能是具有短期效应，而无法兼顾到长期的、整体的利益。②

最后，基于利益同盟的政府部门、企业与公众话语权的结构失衡使政府环境风险规制偏离了航向。工业时代，企业以其逐利特性不断地追求利润的最大化，保护生态环境、应对环境风险实质上是企业额外的社会责任，建立在牺牲企业经济利益的基础之上，对于企业来说并不会自愿主动地去承担这一责任。而政府也随着市场经济的发展不断地市场化，地方政府和官员往往会基于发展经济、政绩考核等因素而支持和鼓励企业牺牲环境发展经济的行为。这在一定程度上促成了政府和企业之间的利益共同体，他们秉承着共同的经济利益追求而将环境风险规制置之度外，必然导致环境风险的日益扩张。③另外，转型时代滋生了腐败的泛滥，一些地方官员出于谋取个人利益的想法往往会主动与一些不法企业相勾结，形成固定的利益联合体，规避所应承担的环境责任，从而获取最大的利益，生态环境又成为牺牲的载体。由于我国公众参与环境风险规制的能力不足，公众参与决策、监督决策实施的话语权比重严重不足，由此导致政府行为缺乏有效的监督，无法有效地遏制环境风险的进一步扩张。

（二）环境风险评估面临困局

我们知道，环境风险规制区别于传统的消极危险应对模式，它是典型的决策于未知之中，通过预测寻找可能存在的危害根源并对其加以消除，从而试图对未来进行掌控。政府作为一个行政主体，在进行环境风险规制

---

① ［法］戴维·卡梅伦：《政府间关系的几种结构》，张大川译，《国外社会科学》2002年第1期。
② 董正爱：《生态秩序法的规范基础与法治构造》，法律出版社2015年版，第92—93页。
③ 韩艺：《地方政府环境决策短视：原因分析、治理困境及路径选择》，《北京社会科学》2014年第5期。

的过程中,其所要做的不只是要针对一个或几个具体的、正在进行的违法行为,更重要的是要预见到可能会产生危害的风险,尽可能地避免恶性事件的发生。[①]对未来进行准确的预测是对其进行科学规划的基础。但人类的知识和理性往往是有限的,因此对未来所得出的预测结论常常会产生大量的不确定性。政府作为社会的管理者,可以运用一定的科学技术手段,减少预测所带来的不确定性,从而为行政活动提供决策基础。其中,最重要并且最核心的就是对风险进行评估。

风险评估是指对特定危害可能造成的负面影响进行定性或者定量分析的活动,其目的是了解特定风险可能造成的后果。[②]目前,我国的环境风险评估"缺乏系统、有效的评价方法,难以满足具有复杂多样及不确定性的环境风险评价的实际需要"[③]。众所周知,环境风险规制及其规制政策的设定应该基于对环境风险的合理评估和事实了解,因此,环境风险评估应当是环境风险规制的基础之一。但是,环境风险评估有其局限性,单纯依靠评估和分析预测并不足以充分、绝对准确地回应环境风险:第一,基于人类认知和理性的限制性分析,人类不可能对所有未知问题做出确定性预测,人们不可能清楚未来会发生什么事,因而不可能对未来做出全面准确的预测和评估。第二,环境风险规制本身就不是一个简单的概念,对于环境风险认知、评估及规制而言,涵盖了认知基础与路径、科学发展与能力基础、风险评估方法选择与建模分析判断等大量的不确定性概念。第三,环境风险的产生既源自客观因素的影响,同时更是源于人类因素的影响。由于人类行为和人类因素本身就具有一定的不确定性,因此很难对其进行分析和预测。

同时,环境风险评估也会受价值衡量和政策导向的影响:首先,环境风险评估往往是根据相关机构所颁布的规范或是部分专家所做出的判断来进行的。环境风险评估尚不存在完全确定的科学知识,因而通过环境风险评估所得出的结论,不可避免会带有政策的偏向性以及专家的个人价值成分。相关研究表明,在环境风险评估的整个过程中,包括从科学上的假

---

① 秦川申:《对政府规制风险的思考——评〈打破恶性循环〉》,《公共管理评论》2016年第2期。
② 赵鹏:《知识与合法性:风险社会的行政法治原理》,《行政法学研究》2011年第4期。
③ 赵会宁:《刍议企业环境风险及其规制》,《才智》2011年第11期。

设到具体的操作都会存在诸如此类的问题,即价值衡量和判断影响着整个环境风险评估过程。其次,科技的不确定性在某种程度上必然导致环境风险评估结果的不确定性,从而使评估结果自然地带上主观色彩。例如,对于全球气候变暖的认识,其自身的不确定性使得各国在认知过程中就这一风险认识转向了政治判断,应对气候变化在某种程度上也成为政治角力的工具。由此可见,科技的不确定性引致了价值判断和政策导向的主观性,对于一项特定的环境风险评估,在某些规制者看来可能是科学的也是合理的,但在其他规制者看来则可能持否定态度。因此,科技的不确定延展了环境风险评估的不确定性,也使得环境风险规制不得不面对规制基础的瑕疵。最后,经过一系列量化的环境风险评估最终会形成一些定性的结论,其中包括对风险等级的划分,并在此基础上决定对风险的态度——是接受风险、消减风险还是消除风险。①但是,态度本身就是一个带有主观色彩的词,不同态度驱使下基于客观风险概率和盖然性的分析也极有可能引致不同的评估认识,此时评估结果与不同态度评估主体的文化传承、价值判断、情感倾向以及利益认同等直接相关。环境风险评估的态度判断与分析认知,应当综合各种因素:风险的空间性如何,风险的潜伏性和突发可能性,风险是自发生成还是外力因素的作用产生,风险是否与特定事由密切相关,风险可能造成损失的大小等。此外,由于生存的文化环境不同,不同的社会群体对自己所面临的风险认知也不同。②换言之,文化环境、文化传承与文化方式构建了个体与社会交织的价值倾向,而不同的价值倾向引致了风险判断基础、风险认知能力和风险结果选择的方向,也使环境风险评估具有了更多的不确定和局限性。

综上所述,由于人类本身所具有的认知能力的缺陷,即使我们尽量完善评估方法、评估过程来减少评估的不确定性,通过风险评估来增加相关的决策知识,但我们依然无法从根源上消除环境风险的不确定性。然而,环境风险规制主体却不得不在现有基础和条件下进行环境风险评估,即使明知评估结果具有不确定性,也不得不依据其来开展相应的风险规制活动,故时常会陷入较为艰难的境地。

---

① 赵鹏:《风险社会的自由与安全——风险规制的兴起及其对传统行政法原理的挑战》,《交大法学》2011年第1期。
② 沈华:《环境风险规制政策选择及其对我国的启示》,《生态经济》2013年第6期。

二 政府环境风险执行失灵

政府为了追求经济利益,有时在对环境风险进行规制时并没有严格按照法律来执行,而是选择性忽视环境保护。纵向来看,地方政府为了地方经济的发展往往会无视企业的污染、资源浪费行为,淡化上级政府做出的有利国家整体环境利益的政策。横向来看,同级政府部门之间同样更多地考虑本区域内的经济利益,对利于经济的事宜高度重视,而对于生态环境保护却互相推脱责任,没有进行严格的管理,使得对生态环境保护的理想状态和现实状态出现严重差异。环境风险规制所涉及的产业结构调整以及节能减排等问题,需要大量的资本来运作,这就使得生态环境保护与地方经济发展之间存在一定的紧张关系,在一定时间内可能会对地方政府的经济发展产生较大压力,地方政府的规制意愿因此也稍显不足。生态环境保护与资源节约是一个环环相扣的链条,需要各利益主体的参与支持,而如果地方政府不贯彻执行中央的决策,必然会以地方的杂乱决策为主,从而在实际执行中陷入不作为的恶性循环,这种多重连锁反应必然会导致环境风险规制的失灵。

首先,在政府的机构设置上所出现的职能交叉、重叠等问题也是造成环境风险执行失灵和难以规制的原因之一。生态环境的各项工作会涉及众多不同的部门,而这些部门之间往往会出现职能交叉、重叠,分工不明等现象,不仅会造成人力、物力、财力的浪费,同时也会使得对各项环境工作的监督、实施力度不够。以《水污染防治法》为例,水污染防治工作涉及环境保护、交通、水行政、国土资源、卫生、建设、农业、渔业等部门以及重要江河、湖泊的流域水资源保护机构等,极易导致政出多门、重复建设、信息紊乱、互相扯皮的现象。

其次,法律法规方面细节的不完善、处罚力度不强也导致政府在实施规制活动的时候缺乏指导性和针对性,执行意愿不足。在现行的环境规制过程中,相关部门在执法力量、手段和技术上都略显不足,难以完全承担起繁重的执法任务,而对环境规制活动的监督、执行力度的不足又会影响相关环境保护制度、措施的全面落实和遵守。因此,根据实践中所出现的问题,我们可以看出,与环境保护有关的法律法规还需进一步的修改和完善,以保障环境风险规制及其执行的合理有序。

三 政府环境风险监管失灵

近年来,虽然政府不断地推出相关的环境保护政策和制度,但事实是,我国环境质量虽然得到改善和总体好转,但在某些方面环境状况却仍然处于进一步恶化的状态中。政府在环境风险规制的过程中,往往会因其规制能力不足或怠于规制等原因而发生监管失灵。环境保护作为我国长期以来的一项基本国策,本应对我国的环境问题有着良好的改善和促进作用。但是就目前来看,环境风险问题仍然存在且局部扩张,让我们不得不反思作为环境保护主体的政府是否真正尽到了应尽的责任,在环境保护领域,政府是否出现了一定程度的"失灵"。

贝克有关风险社会的理论中很重要的一个概念就是"有组织的不负责任"。[1]他认为,一个包括了公司、政策制定者和专家结成的联盟在内的社会组织制造了当代社会中的危险,同时他们又建立了一套话语来推卸责任。"有组织的不负责任"并不是指有组织、有计划地去逃避责任,而是指在一个有着复杂结构的组织中,相关的责任主体利用组织体系的复杂、无序等来推卸责任。现在我国环境风险规制所出现的立法、执法有效性不足等问题,其中的原因之一就是没有意识到"有组织的不负责任"这一现象的存在。而要解决我国环境风险管理体制中所存在的这些问题,建立一个更为完善的环境风险管理制度,关键是必须要真正认识"有组织的不负责任"这一现象,并完善相关的法律机制对其加以破解。

目前,环境风险已经成为影响人们健康生活和社会正常发展的重要因素。我国环境监管经历数十年的发展,在环境风险管理方面我国已经形成了一个初步的体系:全国及各地人民代表大会行使立法权和监督权;国务院、部委及各级政府统一协调和领导,生态环境、自然资源主管部门统一行使监督管理权限,其他有关部门根据各自职责协调处理环境风险问题;司法机关通过监察、检察、侦查、司法裁判等司法权的行使促动环境风险规制的落实。尽管在环境监管方面取得了一定的成效,但是我国环境风险事故及其所带来的影响并没有因此而减少,从某种程度上来说反而

---

[1] [德]乌尔利希·贝克:《世界风险社会:失语状态下的思考》,张世鹏译,《当代世界与社会主义》2004年第2期。

愈演愈烈，使得空气污染、水污染、危险废物污染等环境风险成为困扰公众生存、经济社会发展的一大重要因素。这种政府环境风险监管不到位、无法有效发挥监管实效的情况，应当是我们所称的政府环境风险监管失灵。

究其原因，环境风险及其损害的发生具有不确定性、综合性和复杂性，对环境风险进行评估也需要有较高的技术条件，因此在环境风险规制方面人们往往是寄希望于政府的，实际上我国实行的也一直是"政府主导的环境风险防治政策和机制"。[①]而正如前文所述，我国环境风险管理体制中，由于"有组织的不负责任"的现象的存在，政府在事前没能对环境风险进行很好的监督，导致环境风险不能得到及时有效的规制，甚至当环境风险及其损害事件发生后，各种政府组织在处理的过程中也会发生相互推诿，或以"可能影响经济增长"为理由而不积极处理事故，逃避责任。针对我国环境风险管理中出现的"有组织的不负责任"这一问题，应加强对环境风险监管机制的规范。针对政府在处理经济责任和环境责任中出现的问题，应通过对环境风险监管进行立法，来引导政府正确处理和协调这两个责任之间的关系。要通过加强对有关环境风险监管的法律规定，来使得政府意识到环境风险工作的重要性，而不能是像过去一样只注重经济的发展。此外，还可以通过环境风险监管立法来提高政府的环境责任和义务的比例，让他们意识到自己所承担的环境职责的分量。同时在某些特定区域可以赋予和强化政府环境监管的权力，通过政府环境责任不可替代性的强调，以环境权力彰显政府环境监管能力，提高其解决环境风险的能力。在加重政府环境权力的同时，也要增强政府所应承担的环境义务，通过立法协调好政府环境职责中权力和义务的关系，突出政府的环境义务本位，以义务制约权力，保障权力的有效行使。

第三节　环境风险市场运行的失灵

基于"成本—收益"的分析与考量，市场选择往往会追求以最小的成本获得最大的效益，其结果是与现代经济发展模式相应——建设工业企

[①] 蔡守秋：《论政府防治环境风险的法律机制》，《公民与法》（法学版）2011年第10期。

业、工业园区、经济开发新区,规模化开发建设和扩张消费等。应当说,从市场经济发展和正义考量,基于市场自身运行规律的这一选择是正当的。但显然,我们也将承受这一选择所带来的后果:忽视环境成本,以牺牲环境为基础发展经济;欠发达地区承接发达地区的产业转移,接受由此带来的环境污染;接受生活性污染风险的增长,甚至被动接受转移的污染物;接受环境污染在较低成本和效率运行下的处置后果和潜在环境风险的增长。

一 环境风险与市场失灵

所谓市场失灵,其主要的含义是指市场的调节和配置作用不能正常发挥,使得相关供给以及需求不能够依靠市场的力量来满足社会生产,进而产生不良的恶性循环,对社会经济的发展产生不利影响。通常情况下来说,市场在本质上是一种交易机构,这种交易机构主要是通过组织经济活动的方式而为社会服务,市场通过对价格进行调节,将存在较大差异的社会需求和相关的限制进行良好的连接,进而通过有效的途径实现良好的科学合理的经济决策。

对于环境资源来说,市场却存在失灵的现象,尤其存在较大差异的社会需求和相关的限制不能通过价格调节的方式进行良好连接的时候,市场失灵的现象就会频频出现。"尽管环境保护通常给社会带来净利益,但是个体的经济利益常常会激励环境破坏行为。"[1]对于环境污染者来说,保护环境的行为不会为其带来更大的经济利益,同时社会整体对其环境污染行为的惩罚较小,这时其通常会选择牺牲整个环境利益而提高自身经济效益。因此,总的来说,环境风险的市场失灵的实质是不当的激励和惩戒机制。当环境资源的调节与分配出现市场失灵的时候,价格通常不能对资产能提供的服务以及其所覆盖的范围进行良好的体现,同时也不能向市场发出关于该资产的正确的价值信号,在这种情况下来说,市场中的参与者在做出经济决策的时候,会缺少可以参考的价格,这样就非常容易导致市场失灵的发生,进而使得环境资源无法实现科学合理的配置,不利于提高环境资源的利用效率。

---

[1] [美]詹姆斯·萨尔兹曼等:《美国环境法》,徐卓然等译,北京大学出版社2016年版,第15页。

二 环境风险市场失灵的基础分析

通过上述分析我们可以发现,环境资源非常容易出现市场失灵,而且这种市场失灵的方式往往是多样化的,现将几种常见的环境资源市场失灵方式进行归纳和总结,主要表现为以下几个方面。

(一)基于外部性的市场失灵

通常情况下来说,环境资源的外部性问题是环境资源市场失灵的主要方式之一,应当引起我们的特别注意。因为环境的外部性往往非常容易造成资源的浪费以及环境的污染,同时会在一定程度上要求环境成本的内在化发展。一般情况下来说,在日常的经济活动过程中,无论是对于消费者来说还是对于生产者来说,他们的正常经济活动总会在一定程度上对社会上的其他人员带来一些利益,但是他们自身却往往无法因给别人带来利益而得到应有的补偿,这样的外部影响就被称作是外部经济。另外,在很多情况下,无论是对于消费者来说还是对于生产者来说,他们的某些经济行为会对社会上的其他成员带来不同程度的危害,但是他们却不必为此危害而去付出足够的代价以及支付足够的成本,那么在这种情况下,其对危害行为所支付的成本就远远不及其危害行为的社会成本,这种现象所带来的影响就被称为是外部不经济。在日常的经济活动中,这种外部不经济现象非常容易导致环境问题的发生,比如某些工厂在生产的过程中会排放大量的污水,进而对环境造成严重的污染,给社会上的其他成员带来了严重的危害,但是这并不会被计算到该工厂的生产成本里面。因此很容易导致环境风险的发生。在日常的经济活动中,上述的这种外部性问题非常普遍存在,每一个消费者或者生产者的行为所带来的外部不经济不会对社会造成严重的危害,但是当所有的消费者以及生产者的外部不经济效应累积起来就会对社会造成十分严重的危害,进而导致严重的环境资源问题的发生。

(二)基于公共物品的市场失灵

在日常的经济活动中,企业的私人成本往往要远远低于社会成本,导致这种现象发生的根本原因在于社会经济活动中存在非常广泛的公共物品,而公共物品的广泛存在会使得搭便车的行为大量发生,成为无法阻挡的一个趋势,令人手足无措。比如,大气污染问题就是公共物品的搭便车行为所导致的环境风险，这是市场失灵的典型体现，应当引起我们的特别注意。因为洁净的空气在本质上是一种公共物品。人们对于洁净空气的需求并不存在曲线垂直相加的现象，在这种情况下，如果某些人故意隐瞒自己对洁净空气的需求，那么别人的需求并不会由此而发生改变，依然会对洁净空气充满需求，那就会导致故意隐瞒自己对洁净空气的需求的那一部分人在不履行防止大气污染的相关义务和责任的情况下而继续享受洁净的空气，这是一种典型的利用公共物品搭便车的行为，给大气污染的治理带来了挑战，应当引起我们的特别注意。

（三）基于边际成本的市场失灵

在一般情况下，当污染的程度增加的时候，其边际效益会出现下降的现象，而边际成本则会随着污染程度的增加而上升，这样的现象会使得环境污染保持在均衡的水平，不会出现较大的波动。同时，我们也可以通过对环境污染边际效益以及边际成本的分析得出目前的环境污染水平。但是在实际的操作过程中，环境污染的边际成本并不会像上述这么规律，因为环境污染的边际成本在开始的时候虽然会随着污染程度的增加而上升，但是当环境污染到达一定的程度之后，环境污染的边际成本反而会随着污染程度的增加而下降，甚至在环境污染的严重程度下，其边际成本变为零，而此时也证明环境污染已经到了十分严重的程度，即使再多污染，也不会对环境污染的制造者带来更大的成本了。环境污染的这种边际成本的非规则性变化会在一定程度上助长环境污染发生以及污染程度的加剧，导致严重的环境风险发生，这也是市场失灵的典型体现。

（四）基于信息不对称的市场失灵

通常来说，在市场交易中的双方对于市场信息的把握是不平衡不对称的，如果交易中的一方比另一方把握了关于产品或者服务的更多信息，那么就会因为信息不对称问题而出现市场失灵。通常情况下来说，我们可以将信息不对称行为划分为道德风险和逆向选择两个重要的类型。道德风险在本质上是一种激励问题，比如在环境污染的治理过程中，某些企业虽然对治理环境污染的成本进行了承担，但是其收益却是很小的一部分，那么在这种情况下，这些企业已经具备了减少污染治理的行为动机，进而使得环境污染治理的效果下降，产生较大的环境风险。另外，在环境治理的保险领域也存在这个问题，比如一些存在重大环境风险的企业往往会通过购买环境保险的方式来对这种风险进行转移，当这些企业购买了环境保险之后往往会在环境风险的防范方面降低谨慎程度,而保险公司出于对自己利益的保护,则会在一定程度上提高相关保险的费率,甚至有些保险公司会选择拒绝承保,在这种情况下来说,环境污染相关保险产品的市场变成了不完全的,因此不能够实现对风险的科学合理配置,就会导致逆向选择的出现。上述逆向选择的直接表现就在消费者对于相关生态产品的选择方面,而生态产品的具体价格往往要比一般的产品高出许多,消费者不知道其中的内在道理,往往会为了节省成本而去选择一些价格较低的一般产品。这就很容易造成生态产品的滞销,产生严重的不良后果。由上述分析我们可以看出,信息不对称引起的道德风险和逆向选择都是市场失灵的具体体现,都容易导致环境风险的发生,应当引起我们的特别注意。

第四节 技术的不确定性与规制失灵

科学技术的发展和进步,使得越来越多的新技术和新物质进入我们的生产与生活中,为我们的生产和生活造成了十分重大的影响,但是与此同时我们也应该看到这些新技术和新物质的快速应用存在不同程度的风险,在日后可能会对人们的健康和生存带来一定的威胁,应当引起我们的特别注意。举个例子来说,目前在我们的日常生产和生活中应用比较广泛的电磁波以及新型化学物质对人体的健康以及我们的生存环境具有潜在的威胁。然而这些新技术和新物质带来的风险,不能通过科学的计算或者成熟的经验进行量化,同时这些风险还会超越时间和空间的限制,使得其带来的环境风险更加可怕。我们在面对科学技术的不确定性所带来的环境风险时应当未雨绸缪,如若等到环境风险转化为实际事故时再去应对,则可能为时已晚。亦即,应当在技术的不确定性所带来的环境风险发生之前就努力予以规制和回应,防范风险的发生,否则就会形成事实上的规制失灵。

一 技术的不确定性与环境风险

技术的不确定性主要是指我们无法百分之百地确定科学技术的发展是不是会出现我们意料之外的结果,即科学技术发展的不确定性。人类社会的发展、进步与技术的发展、进步息息相关。现代社会中，科学技术在不断地发展，而社会中出现的风险也大多与这些发展的技术有着一定的关系。诸如新技术的应用带来的环境污染、药品可能存在的副作用及其他风险、转基因食品对人体的潜在风险等，这些风险的发生都直接或间接地与技术有关。如实践中杀虫剂等农药的使用，毫无疑问更好地解决了粮食作物的产量问题，但随着该项技术的运用，人们对于农药所带来的危害也在不断反思。杀虫剂可以把虫子杀死，是否意味着，人也有遭受杀虫剂二次致损的极大可能性？有人会说，当杀虫剂用于杀虫时，虫子的死亡是由于一次性直接接触大剂量的杀虫剂，而人并没有一次性接触大剂量的杀虫剂，也没有直接与这种有害物质接触，毕竟我们所食用的蔬菜水果等都会经过雨水或自来水的洗刷。然而，当这种杀虫剂中所含的有害物质被人类吸收时，是否会持续地存在于人体内，以及经过多年的积累是否会达到一个足以对人造成损害的较大剂量，这些都是不确定的。

技术的不确定性使得技术在运用和发展过程中存在大量的技术风险，即伴随着科学技术的发展、生产方式的改变而产生的威胁人们生产与生活的风险，如核辐射、空气污染和噪声等。在此定义下，可以看出技术风险具有以下三个方面的特征。第一，技术风险在科学上是不确定的。在某些情形下，比如人们在面对新科学、新技术的时候，这其中一定会存在着相应的风险，而这个风险必然与将来的行为所产生的后果有关，而将来行为所产生的后果自然是不可预测的，这就间接造成了技术风险在科学上的不确定性。第二，技术风险在行为上是不确定的。技术风险的形成在很大程度上取决于我们人类的行为，而人类行为本身就具有多变性，不可能对其做出精准的预测，因此取决于人类行为的技术风险自然也是难以预料的。例如，某个事故的发生，不是单纯因为技术造成的损害，而仅仅是由于人的操作不当。任何一个负面效应的产生，都有可能是各种复杂的变量共同造成的结果。第三，技术风险的接受程度与文化环境有关。处于社会生活中的个人，可能会遇到各类技术风险，而个人能否接受其所面临的风险，不仅取决于个人的选择、风险发生的可能性以及风险的大小等方面，还取决于环境的不同给个人接受性所带来的影响。

技术不确定性所带来的环境风险"在科学上既难以被证实，又难以被完全排除，具有不确定性，从而呈现出与传统环境问题迥异的某些特性"①。例如，当今火热的全球气候变暖问题仍然存着许多争议，也未能形成一个较为完整的科学解释。一个大家普遍接受的观点是，碳的大量排放是全球气候变暖的重要原因；同时也有科学家认为，这或许是地球自发的一种趋势，与碳排放关系不大。此外，如果碳排放造成了气候变暖，那么一旦随着碳排放量不断增加，会产生一系列的疑问，若干年后地球的气温会是怎么样的？海平面会升高到哪种地步？人类还能否适应这种较高温度的环境？但显然，这一系列的环境风险问题目前都难以得到科学合理的回答。

二 技术不确定性的环境风险规制困局

在对环境风险进行规制的过程中，技术的不确定性使得相应的风险规制发生失灵。因此，现实中对技术不确定性带来的环境风险所进行的规制也面临巨大的挑战。

（一）决策规制困局

在做出环境风险规制相关决策时，由于技术的不确定性导致相关信息的缺乏，便产生两种不同的态度：一部分人认为，由于技术不确定性，我们对于相关规制措施的采取应当持谨慎态度，应当等到弄清楚技术带来的较为确定的影响时再制定有效的政策，以免过度反应，造成稀缺公共资金的浪费。另一部分人则认为，技术的确定需要较长一段时间，甚至最终能否确定都无法预测，等到技术确定时，可能已经对环境造成了不可挽回的损害，因此技术确定的等待过程中会让环境为此付出代价。现实中，大部分环境问题都涉及复杂的技术性问题，技术确定性的确可以为环境决策提供确定的科学信息以制定完美的环境决策，然而技术确定性总是晚于环境决策的做出时间，难以为其提供所需的确切信息，因此技术不确定性成为环境决策的决定性特征。在技术不确定性的大环境下，科学家们对于风险来源的解释和说明已经无法直接地得出消除风险的方式和途径，使得公众对于风险的认知变得更加茫然。换言之，科学家对于技术不确定性的解释无法满足公众对于确定的结论和对策的需求，导致公众对于风险的认识和评价脱离了科学的支撑，而以主观感受来评判风险，从而导致对科学的不

---

① 王芳：《环境与社会——跨学科视阈下的当代中国环境问题》，华东理工大学出版社2013年版，第87页。

信任和不必要的社会恐慌。"在目前这种制度主义困境下，作为对科学不确定性问题的一种更好回应，不是去求助于公正或者一致的公共价值，而是依靠一套有限理性主体在极端不确定状态下进行决策的技巧。"①

在如此充满不确定性的领域，法律一般从两个方面提供安全保障：在技术层面上，法律通过对不同层次、不同类型主体和行为的规制，使相关活动出现错误的可能性最大限度避免或减少；在认知层面上，法律要保障公众的知情权和参与权，以增强公众对该科学不确定性问题的心理应对能力。②就现阶段而言，对技术的规制主要是通过法律和政策来进行的，而国家对于技术规制的立法和出台相应政策也是以技术本身作为价值判断基础的。对任何领域的规制总是以共有的价值判断作为其基础范式，而这种基础范式又决定法律与政策对该领域的规制原则。比如有学者认为，"主、客体二分法"为范式的法学研究是一种仅在意"人与人之间关系"而不在意"人与自然之间关系"的法学研究，以此为基础的所形成的对环境领域的法律规制，会导致人类对生态环境的极大破坏，使地球不堪重负，从而提出在生态环境领域的研究需要进行范式的转换。③

目前，环境风险规制的主要工具应该还是依靠法律控制的方式进行，现有法律的规定仍具有人类中心主义的基本指向和价值判断，在具体规制规则上表现为允许企业在规定的环境标准范围内排放污染物而不会受到行政规制。问题在于，是否限制企业排污并将之控制在一定的范围之内就能够起到足够的效果？答案显然是不确定的。我们知道，环境保护与经济发展是二元冲突的，为了发展经济和获得物质的增长就不得不牺牲一定的环境成本，前述所谓限制性规定即为环境成本的让渡。然而，这一规定在某种程度上显然忽略了累积性环境风险发生的可能性，即使是在一定限度内的污染物排放也有可能因排污时间的积累而最终形成风险的爆发。正是在这一两难困境中，决定了环境风险决策规制的困局：一方面需要对环境风险予以规制，另一方面又不得不在一定程度上予以让渡。因此，环境风险决策规制需要依托新的价值判断和基础范式重新确定规制的总体原则和方向，其中首要的是对技术本质的判断。但事实上，在对有关技术的法律和

---

① 王明远、金峰：《科学不确定性背景下的环境正义》，《中国社会科学》2017年第1期。
② 梁剑琴：《环境正义的法律表达》，科学出版社2011年版，第78页。
③ 刘铁光：《风险社会中技术规制基础的范式转换》，《现代法学》2011年第4期。

政策的制定上,并没有体现出这种出现在科学技术哲学上的范式转换。现在所采用的技术规制的范式,依然是以自工业革命直至20世纪中叶的技术工具理论为基础的。这种技术工具理论认为,技术是中立的,它是真理的体现,与任何政治都没有关系,也没有自身的价值内涵。通俗地说,技术本身无所谓好坏,好坏在于应用技术的人及其应用技术的目的;由于风险社会与技术之间所存在的关联性,这种以技术工具理论为基础范式所进行的技术规制,必然会在风险社会中产生一系列后果。[①]

首先,社会中"有组织的不负责任"的现象的出现。既然技术是中立的,其本身是不存在好坏之分的,那么在制度的设定上,就会把技术研究本身与技术应用及结果相分离。这就意味着,几乎任何一个国家都不会对技术研究出台相应的法律或政策来规制。因此,这种基于技术工具理论范式所涉及的技术研究主体就不用对其技术应用所导致的后果承担任何法律责任,而只用承担一定的社会责任和道德责任。这样,即使发生损害也没有主体去承担法律责任,很容易就导致社会中"有组织的不负责任"现象的出现。

其次,技术秘密会受到严格的保护。一项技术只要被决策者认为是正当的,技术研究的操作者便会对这项技术成果予以最大限度的保密,不仅是为了保护该技术的独特性,更重要的是能够维护其所能带来的经济利益。且对这种技术秘密的保护也体现在了法律中,现代大多数国家对于技术秘密的保护不仅有民事上的赔偿责任,甚至还包括刑事责任。而对于技术秘密的公开,却鲜少有法律规定。尽管对技术的严格保密的确是有必要的,但是过于严格的技术保密也会造成一些不良的影响,比如不利于科学技术的进一步发展,可能会动摇公众对于科学技术的信心,会和公众的知情权产生一定的冲突,甚至在某种程度上会导致更多的伤害。假设,某种技术的拥有者掌握了一项非常重要的技术,可以应用于环境保护且效果良好,但其拥有者为了获得垄断利益而将该项技术进行保密,并且拒绝他人使用,那么一旦生态环境遭到污染,很可能因为该技术的严格保密使得该污染不能得到及时的遏制,进而对环境造成更为严重的损害。从某种意义上说,诸如此类严格的技术秘密保护,极有可能因环境应对不力而致使环境风险转化为实际的环境污染损害或环境风险事故。

[①] 刘铁光:《风险社会中技术规制基础的范式转换》,《现代法学》2011年第4期。

最后，有关技术规制的法律和政策会受到地域的限制。既然技术工具理论坚持所谓的技术中立性，那么任何一个国家都可以以其为借口，来制定本国的技术规制政策，以此来维护自己国家的战略地位。而对于技术所产生的副作用及其所带来的风险，由于各个国家之间并没有达成一个统一的解决方案，导致实践运行中发达国家往往通过其技术的优越性或所掌握的技术秘密而将环境风险转嫁给发展中国家，或者违背共同但有区别责任原则，不承担其发展过程中已经造成全球性环境污染的责任，反而通过技术强权迫使发展中国家无法通过自身技术的进步回应环境风险。其根源就在于，通过技术秘密的工具性支撑，发展中国家或欠发达地区无法通过新兴技术直接回应环境风险，各个国家区域间的规制受到限制，关于技术规制的法律政策等也会受到限制。而在实际生活中，一旦对技术研究及其研究结果缺乏必要的规制，将会对社会生活产生一定的负面影响，特别是在商业领域，缺乏相关法律政策规制的技术会对人们带来相应的负面影响。在国际社会中，由于技术在各国家各领域间缺乏统一的规制，发达国家对于发展中国家的环境补偿机制仍然没有形成。

综上，以技术工具理论范式为基础的技术规制，一方面在工业革命之后技术为王的总体背景下能够尽可能地为环境技术创新和技术进步提供更广阔的空间，通过技术的变革回应环境风险的规制；另一方面，技术工具理论范式极易导致技术僭越的滋生，在环境风险规制中因技术秘密或有组织的不负责任而使得本应能够依托技术予以解决的环境风险无法得到有效的回应，助长了环境风险爆发的可能性，引致了新的环境风险决策规制困局。

（二）原则规制困局

在世界上各个国家的环境风险防范和控制措施中，前瞻性原则以及预防性原则得到了广泛的认可和应用，但是从法律的角度来看，这些原则的应用还存在着一些问题。从环境风险预防原则来看，各个国家的相关法律明确提出国家有责任对可能发生的环境风险积极采取有效的防范和控制措施。但是与此同时我们也要看到，在一些法治发展比较成熟的国家，它们的宪法对国家的权利和义务的相关规定非常严格，这使得国家作为实施主体去做好环境风险防范工作常常存在诸多限制。在这种情况下，国家加强环境治理以及在环境风险的防范和控制过程中经常会出现财产权利、自由权利等相关权利的冲突，一旦发生上述权利冲突时，就需要通过比例原则来进行化解。国内对比例原则的界定包括适当性、必要性和平衡性三个子原则，也是评价裁量行政行为合理与否的三个步骤：所谓适当性，即采取的行政措施应当有助于或能够实现法的目的；所谓必要性，即在可实现法律目的的诸措施中，行政机关所采取的措施应对利害关系人权益侵害最小；所谓平衡性，即行政措施所谋求的公共利益不得小于给利害关系人所造成的损害。[①]具体来说，公权力行使必须符合适当性、必要性和平衡性，唯有如此，裁量性行政行为才会更合理，更合目的性。

在环境风险规制领域，政府行使公权力以处理环境污染问题或回应环境风险问题都应当满足比例原则的基本要件。但是问题在于，环境风险本身就具有不确定性和复杂性等特征，基于技术的不确定性无法对环境风险进行确定性的量化。其直接后果是，如何裁量政府环境风险规制行为是合乎目的性的一大难题。因此，比例原则的存在也无法回应环境风险规制行为的适用难题，由技术的不确定性导致的环境风险与政府行使公权力的比例原则存在矛盾与冲突，这就需要我们通过深入的分析和研究去解决环境风险原则规制的困局与问题。

针对上述问题，美国的分阶段回应和解决环境风险问题的原则适用应该可以予以借鉴。20世纪80年代，美国联邦最高法院对美国健康管理局所制定的针对工厂生产车间的相关环境标准予以撤销处理，这说明了美国对于环境风险的防范和控制并不是十分积极，也存在否定和掣肘的现象，造成了严重的不良影响。为了防止这一问题的延续和扩大，美国在1983年提出了风险评价方法，为环境风险的评估以及环境风险规制提供可靠合理的依据。具体来看，所谓风险评价方法主要是将环境风险的评估以及处理划分为风险评估阶段以及风险管理阶段，然后采用科学的方法对这两个阶段进行深入分析和研究，并在此基础上去解决环境风险问题。首先，在环境风险的评估阶段，我们应当在最大限度上对某些可能导致环境风险的因素进行确定性分析，然后借助于科学的方式对这些因素可能造成的环境风险的危害程度进行定量分析。其次，在环境风险的管理阶段，一方面要对上一阶段的环境风险评估和分析结果进行再次分析评价，另一方面要积极借鉴国内外的先进经验，并根据其自身的实际状况，采取积极有效的应对措施，最大限度防止环境风险的发生。另外，为了保障所采取措施的

---

① 杨登峰：《从合理原则走向统一的比例原则》，《中国法学》2016年第3期。

正确性和全面性，其往往还会制定备选措施，以防止某些措施不能够正常实施。以之为基础，根据环境风险评估和环境风险管理阶段的分析和衡量，选择其中最具备可实施性的规制措施实施，以推动环境风险的预防和控制。

然而，即使如此，基于比例与合理原则建构风险预防原则衍生的上述环境风险评价方法也仍不完善。其问题和弊端在于，由于环境风险问题的不确定性，现实生活中很多环境风险无法进行定性和定量分析，即使遵循比例原则予以考量，但在具体制定环境风险防范和控制对策时，往往仍会遇到诸多难题，而无法形成确定的、具有明确指向的、标准性的环境风险规制政策。换言之，因技术的不确定性所带来的环境风险，其评估往往很难被具体量化，这就导致我们在制定相关的应急和解决对策时，无法获得量化评估的结果和数据，极易使相关的环境风险规制政策无法有效回应环境风险，风险预防原则无法落到实处，比例原则的适用在环境风险规制中也困难重重。

第四章

环境风险规制的法律限度趋向

现代技术性风险作为风险恶性循环的三大要素之一，虽然其具有极大的不确定性，但是仍然存在事前规制的可能。风险规制必须依赖于对专家听证、公众参与等环节程序性、要件性的规定。①在理论认识上，风险规制可以在很大程度上为原则的确立、法律限度的建立提供必要的前提。所以，对环境风险规制的法律限度的趋向确立，也应当基于环境权利义务理论、法律控制理论等维度来解构法律限度界分及法治需求，在基本限度趋势的设立下，为具体的制度设计提供必要的规范基础。环境风险规制领域是现代科学技术运用的主要场域，也是风险问题高发、公众存在恐惧的主要领域，但是对该领域的技术规制却明显滞后。正如贝克所述，风险与技术之间存在高度的关联性，若欲有效地识别、控制风险就必须进行合理有效的技术规制。②但是目前政府对技术规制的立法和政策都存在明显的不足，现实中工业生产的高新技术利用、环境工程中先进技术的引进，都要

---

① Stephen Breyer在其经典著作《打破恶性循环——政府如何有效规制风险》第二章中提出了恶性循环的三个要素：公众的认知、国会的应答和技术规制的不确定性。在此基础之上，第三章"因应之道"（同前书，第78—88页），提出了跨机构的协商机制等破解途径。参见［美］史蒂芬·布雷耶《打破恶性循环——政府如何有效规制风险》，宋华琳译，法律出版社2009年版，第42—70页。

② 风险的产生、界定和分配总是和技术相伴而生，在环境风险规制中尤为如此。正如贝克所言："在发达的现代性中，财富的社会生产系统地伴随着风险的社会生产。相应地，与短缺社会的分配相关的问题和冲突，同科技发展所产生的风险的产生、界定和分配所引起的问题和冲突相重叠。"参见［德］乌尔里希·贝克《风险社会》，何博闻译，译林出版社2004年版，第15页。

求对科学技术利用加以反思。Andrew Feenberg的技术批判理论对风险社会治理中科学—技术型风险的治理提供了可供参考的基础范式，也有利于构建风险社会规制中非常重要的一环，亦即风险社会中的技术规制。[①]但是，我们应当认识到，对技术风险的恐惧有时甚至大于风险本身所造成的损害。因此，从法律制度层面来说，单单规制技术的利用和研发行为是远远不够的，关注公众的知情权和参与权，强化政府的治理作用，充分发挥社会组织的正面作用以及强调企业的社会责任应该是一体且相辅相成的。可以说，环境风险规制应当建立在法律和政策等公共产品提供前提的公私合作型治理模式之下。由此，对利益的整合衡平、权力的规范和限制等就显得尤为重要，基础概念的具体把握为准确呈现环境风险规制中的法律限度趋向提供了可能。

第一节 环境风险规制核心法律范畴的衡平

为应对日益复杂化的不确定性风险，需要在社会层面提供可供使用的治理工具，法律制度构建的环境风险规制正是保证规制有效性、可能性的重要方面。基于环境权利理论、社会控制理论、风险社会理论的反身性审思，传统法律模式在应对不确定风险中面临着巨大挑战。因此，可行之策是在其相应的改进和利用中，充分考虑法律工具、法制思维及程序思想在应对环境风险时的可能性和回应相应主体的可接受性。为将理论上法律功能作用的规制可能性转化为规制过程的可接受性，必须要从法律价值观念入手探讨风险体系中存在冲突和张力的价值体系如何实现必要的协调。笔者认为，我们应当从以下数个法律范畴的衡平中加以界定，为不同主体参与环境风险规制并接受风险行政行为提供可能，从宏观角度和价值尺度上考虑相应制度设计中核心法律范畴间的张力和相互衡平。而这一过程中，更为重要的是关注和思考行政相对人在相应行政行为中的可接受性。从微观个案来说，因防范环境风险而对行政相对人进行的行为和财产限制，都是对其权利的减损，而这种个人权利的适度让步，必须建立在基本权利可控的前提之下，并在这一线性约束的前提下寻找可能的答案。

---

① 刘铁光：《风险社会中技术规制基础的范式转换》，《现代法学》2011年第4期。

一 权力与权利的衡平

权力与权利是一对联系紧密同时又关系紧张的概念。国家为履行职能而行使的权力和公众在个人自由意志范畴内所享有的权利的冲突本质上是公共利益和个人利益的冲突。为实现法律对安全和秩序等价值的追求，实现国家对内的监管职能，就必须回应公众在风险社会中的诉求，充分运用法律制度设计强化公众的权利，尤其应当关注环境风险治理中公众参与权、知情权的保障。因此，两者的衡平应当从概念的基本把握入手，正确厘定两个概念的内涵和外延。为防止风险规制不当，造成更为严重的"次生"危害，风险时代的行政法应当重视秩序行政、基本权拘束、比例行政、有限行政等基本原理在实践行政中的指导作用。[①]个人权利概念在文艺复兴时期开始萌芽，随着罗马法的研究复兴，也是为了适应自由法治国建构的需要，私权至上的信条受到了广泛认同。而权力理念作为传统行政法建构的基础，在制度建构中获得了广泛应用。作为行政权的享有者，行政机关通过行政命令、行政处罚等行政行为确保事先设定的基准被有效遵循。从法治国理念出发，权力行使不但要具备形式上的合法性，更要具备实质上的合法性，必须基于行政活动的具体情形，予以合理化和正当化。社会公共事务管理是行政机关公共管理职能的重要组成部分。建设"法治中国"的目标要求行政机关必须依法行政，即行政机关做出行政行为时，对主体、内容和目的等各方面的认定和程序设定都必须符合法律规定，否则就应当承担相应的行政责任。但是，环境风险所呈现的科学不确定性为实现法治国的目标提供了新要求，也给行政机关规制提供了新课题。

现代风险性决定了与传统的政府消极危险应对模式不同，其治理和回应需要政府公共权力的扩张。也就意味着，当"传送带理论"无法为行政机关规制风险活动提供合法性资源，那么行政过程的"自我合法化理论"抑或"利益代表理论"就会相应而生。[②]环境风险规制依赖于强大的公权力解决各种错综复杂的利益关系及其冲突，当然这种权力的扩张应当基于符合公益的价值合理性与满足程序手段的工具合理性而具有其正当性，以

[①] 高卫明、黄东海：《论风险规制的行政法原理及其实现手段》，《南昌大学学报》（人文社会科学版）2013年第3期。

[②] 沈岿：《风险规制与行政法新发展》，法律出版社2013年版，第82页。

其制度化和规范化保证风险规制的有效与负责。问题在于,"权力存在的合理性和必要性,并不能保证一切权力活动都是善举,权力有时存有不公正对待乃至非法侵害权利的危险"①。在各地的PX事件、垃圾焚烧事件等邻避风险事件处置过程中,其行政决策过程都隐含着固有的权力运行逻辑:政府邻避设施建设及其决策的"自我闭合性"。这一过程,缺乏信息的有效公开和公众的有效参与,凸显了政府权力的自我过度扩张,也形成了对民众权利的实质侵害。亦即,公共权力的扩张对于公众私权利的冲击所彰显的权力扩张过度是"权力—权利"运行结构失衡的一大表征。另外,从社会发展现实状况来看,我国公众的环境权利主张意识和环境权利捍卫能力都在随着环境风险认知的扩展而不断增进,甚至开始倒逼政府决策的变更,但若出现滥权式的过度反应,也极易出现权利对权力的冲击。质言之,在具体环境风险行政中,行政机关在环境行政规制中行使的权力和公众在具体环境领域中享有的基本权利极易产生矛盾和冲突。"命令—控制"型环境风险规制模式中,行政机关的规制行为本质上是以权力为核心展开的。围绕着权力核心,传统环境风险规制形成了特定的规制思路:针对特定的污染物和环境质量目标,在科学研究的基础上形成环境基准;以污染物排放标准对相应个别污染物的排放者进行规制,公众实际上并不参与环境规制的具体实质和程序性决策。在实现上述环境规制的思路中,公众的地位被弱化,权利保障弱于权力的行使。

权力和权利范畴的衡平在很大程度上影响着环境风险规制具体实施和功能发挥。根据前述所论,环境风险规制体现出了较强的公法性,若要行政法发挥其应有的功能,就需要依赖作为公权力的强制性作为后盾;但环境风险规制的时间节点前移,必然会导致公众权利的减损。因此,如何协调"环境公共利益"和"个人私益"之间的关系,是环境风险规制制度设计首先必须予以回应和配置的问题。而在"个人私益"让步于"环境公益"的过程中,必须实现权力与权利的衡平:基本权利的不可侵犯性、权利减损的最小性、减损利益的适当补偿性等都应当作为环境风险规制法律限度的判断要素。就具体适用范围来说,环境风险规制实质需要衡平的是企业自主经营权、公众环境权和行政机关处罚权之间的关系,制度设计中所涉及的问题既包含政治问题又包含科学问题。为此,在环境风险被证明

---

① 程燎原、王人博:《权利及其救济》,山东人民出版社2004年版,第189页。

或者实害化之前,若要衡平好权利和权力之间的关系,规制必然存在迟延低效或者不作为等问题。环境风险规制法律建构中公众的有效参与,是基于对科学万能主义教条式盲信的破除,同时为抑制未经宪法授权的不合理规制行为对私主体权利造成限制。①诸多实践证据表明,现有科学理论尚无条件为当前许多环境风险问题提供确切答案。虽然基于风险预防原则,对科学上尚无法确定的环境风险活动确有必要予以限制,但是,风险扩大化的损失是在全社会进行分配的,因此环境风险预防和剩余风险分配都不能超出公众的容忍义务。也就是说,对基本权利的限制必须具有合法性和合理性。在环境风险规制中,公权力的行使范围,行政相对人、相关人的权利保障,以及二者之间的必要边界都是亟须破解与衡平的核心要素。

二 权利与义务的衡平

关于权利与义务范畴的正确诠释,笔者认为可以回溯到古希腊时期,才能更好地把握其基本意蕴。米勒(Fed Miller)认为,亚里士多德所设想的最佳政体希冀每个公民实现幸福生活,表明了亚里士多德对权利观念的信奉,并体现着个人主义原则的基本要求。②③按上述观点,对环境享有的权利当然是每个人幸福生活构成的重要部分,该权利是每个公民天然享有的,政府当然应在其公共职责内履行相应的国家义务。但是这并不意味着政府应当肩负环境治理中的所有责任,这种思路不符合有限政府的基本设想。从权责相匹配理论出发,为确保国家有效履行在环境领域的治理功能,必须要求匹配相应的立法资源、行政权能、财政支持和司法资源。但是,职责赋予越多,相应资源配置就越多,就必然会导致政府过度臃肿。同时,若缺乏有效的风险沟通机制,还会出现布雷耶提出的"分散规制模

---

① [日]黑川哲志:《环境行政的法理与方法》,肖军译,中国法制出版社2008年版,第83—96页。

② 米勒也承认在主流学术界都认为把权利的观点归于像亚里士多德这样的古典思想家是不可原谅的错误。麦金太尔认为,在中世纪结束以前,没有任何一种语言能够准确地对应我们现在所认定的关于权利的表述,也就是说在当时的社会背景下,权利观念是不存在的。但是在此处的论证中,笔者引用这段表述是在于论述在当时的情况下,至少有权利理念的模糊萌芽,而这种萌芽中就可以论述包括环境享有权在内的相应权利。

③ 董波:《亚里士多德与权利概念》,《海南大学学报》(人文社会科学版)2017年第1期。

式"的种种弊端，造成环境风险规制的不经济和效率低下。

进一步说，要准确认识环境风险规制中复杂的制度设计，就必须清晰阐释权利与义务的关系。权利与义务作为法律区分社会关系的两种方式或者手段，共同发挥着重要作用。从宏观上看，权利和义务作为行为的规范尺度共同保障公共事务中环境风险管理职能的有效履行。在具体的内容上虽有不同，但是两者在基本功能上是一致的，就像一个硬币的两面，共同保障着规制职能的基本运作。因此，权利和义务在职能运作上有一定差异和分工，各自发挥作用。从广义上理解权利和义务，两者都或多或少地呈现出不同表现形式或者变异形态。权利有权力、特权、豁免权等变异形式，义务有责任、无权、无资格等变异形式。在环境风险规制中，为保障错综复杂的社会关系能够通过法律关系进行规制，就必须利用相应的法律关系模式对具体问题进行处理。目前，环境法呈现出以公法规制手段为主、兼有私法手段的模式，从法律关系的视角来看，则以对公众行为规制的权利与义务对应型和对国家行为规制的权利与责任对应型两种法律关系两种路径，随着权利观念日益深入人心，单纯的特权与无权对应型、豁免与无资格对应型等变异形式在包括环境法在内的具体法律规制中越来越少见。①

权利和义务都是利益调整的结果，共同负担着对个体行为的评价功能。权利和义务应当是互补的、对应的状态，在某一情形下，承担具体义务的主体，在另一情形下，就应当享有对应的权利。对于权利主体而言，权利的行使具有限度，法律可以为利益分配提供法定的、正当的依据，但是这种确认是有限度的。在环境风险规制中，为维系环境享有权和私主体发展权之间的稳定关系，对环境权的确立必须是谨慎、分步骤且有限度的。环境权的存在在制度和逻辑上存在空间，但结合正当性、合法性和现实性三性考察权利的存在形态来看，"应有权利""法定权利"和"现实权利"的发展历程和轨迹都有所不同，因此需充分认识和重视法律作为环境权利保障的重要性。而对于义务主体来讲，应当作为和不应当作为的界限是清晰的，法律也不应当无限制地为污染者行为设定过分苛责的负担义务。义务作为一种法律设定的行为模式与权利的实现具有巨大的相关性。基于生态人的理念，公众在享受良好环境的同时，应当承担相应的环境责任、履行相应的环境义务，以保障公众具体权利的有效行使。环境风险规

---

① 翁文刚等：《法理学论点要览》，法律出版社2001年版，第68—105页。

制中的公众义务,即为要求特定行为人(相应环境行政法的行政相对人、公法上的基本权利人)在环境治理的相关问题中所应承担的作为或者不作为的特定拘束。也就是说,为保障具体权利的实现,义务规则的具体设定应当是针对某一权利并为保障相应权利的充分实现而设定的。换言之,如果一个行为与相关权利的实现没有相关性,法律就不能为其强行设定义务。这一理念在环境风险规制中对公众参与人权利义务设计息息相关。环境风险时代,公众基于环境公共利益享有享受优美环境的权利,也因之逐渐享有参与环境决策的诸多程序性权利;与之相应,公众也应承担保护环境的义务,认真履行参与职责的义务等,以保证环境利益配置的合理性。

质言之,环境风险规制过程中,对行政相对人的权责分配需要关注权利与义务的动态平衡,尤其是在对行政相对人课以更多环境规制义务时。为保证实质正义的实现,确保环境风险规制的有效性,法律规则设计不能仅仅只关注主观权利的赋予,更应关注权利与义务配置的大致平衡,以期实现"社会团结"。[①]但是,义务的概念包含了法律义务、道德义务等多种类型,不同的义务在制度设计中发挥着不同的作用。因此制度设计上必须对环境风险规制条文的立法目的进行准确把握。由于道德义务的设置主要是通过法律条文的鼓励性条款实现的,初期效果并无法律义务显著,其更重要的作用实际上在于宣誓性和对趋势的昭示与指导。因此,仅仅依靠道德义务设置并不足以回应环境风险规制所需解决的问题,那么依靠行政权力予以回应和进行环境风险规制就成为另一必然选择。环境风险规制中对于权力与权利的衡平,特别是对行政权力的监督,显然依赖于公众参与权和知情权的赋予,以保证公众在社会公共事务上能够了解风险,减少因为未知而存在的恐惧。依据公法的基本原理,公民权利可以导出国家义务。因此,若想保障权利得以稳定有效地运行,就必须依靠政府在相关职能行使方面履行其职责。从环境权理论出发,公众在享受环境权利的同时,当然需要履行对应的环境义务。权利义务的合理配置依赖于在不同主体之间长期的博弈,以期形成相对稳定的权利义务配置。质言之,权利、义务和责任是构成法律关系内容的三大重要组成部分,也是环境风险规制中需要

[①] 关于内化权利成本,并将法律保护对象的关注点置于权利和义务的中间点上,以期实现社会团结或社会共存的论述,参见[法]狄骥《公法的变迁》,郑戈译,商务印书馆2012年版,第230—231页。

重点回应的三个面向。在环境风险行为的规制中，权利和义务的配置状态影响着公众基本权利的保障程度。而这一权利义务的配置实质上是环境利益的配置，唯有立足于实际，合理分配环境利益，确立环境风险规制的权利义务结构，才能最大可能保证风险规制行为的有效性。

总之，在法治国理念下，每个个体在享有的权利和承担的义务上应当保持大致的均衡。虽然为实现实质公平，在社会法领域可能出现尽量倾斜于弱势群体的状况，并在社会属性上呈现出诸多差异性，但是这并不意味着所有的主体都应该享有倾斜性保护，或者承担更多的义务。值得反思的是，权利与义务的互补和对应关系并不是意味着两者的完全均等，只是要求权利和义务作为不同的价值类型，两者在具体的法律关系和规制模式中大致动态平衡，并存在主次之分即可。在环境风险规制领域，公众享受的环境利益很难准确计算出对应在财产权、发展权中所付出的必要成本。因此，环境风险规制制度设计的首要目标在于保证公众环境权利（享有权、知情权、参与权、监督权等）的享有，同时基于公众所享有的环境权利设定相应的环境义务，以环境权利与义务的相应性、协调性、互动性促进环境风险规制目标的实现。

三 环境利益的衡平

利益的衡平应该建立在对利益的准确认识和利益相关者高效、充分沟通的基础之上。只有正确理解利益的本质，通过充分的沟通和协调才有可能实现利益衡平。在环境风险规制中环境利益和经济利益冲突的调和，不同地区、阶层公众对环境利益的追求都会影响环境风险规制中具体利益的衡平。新的风险情形的复杂特性甚至已经扩展到了如此的程度，以至于它们已经进入了公共讨论的领域之中。[①]当然，并非所有的利益都可以成为法律保护的对象，利益被法律所确认事实上需要通过各方长期复杂的商谈，对利益进行识别、筛选和平衡，最终才能被确定为法律所保护的利益，赋予权利予以保障，其主要目的在于防止法律规制的泛化和越界。对利益的选择、法益的保护是法律实现有效社会控制的重要手段，对利益的准确筛选应当建立在对利益的准确认识之上，并据此确定利益的比较、位

[①] ［英］安东尼·吉登斯：《第三条道路：社会民主主义的复兴》，郑戈译，北京大学出版社2000年版，第64页。

阶并最终确定利益的实现顺序，才有可能实现利益的衡平。

利益衡平是法律能够发挥作用的重要方式，也是法律关注的永恒主题。在风险规制领域中，涉及复杂、多样的利益诉求，为法律发挥特定作用提供了可能。事实上，包括法律现象在内的社会现象都可以利用利益分析的方法予以阐释。著名社会法学家庞德认为法律的任务就在于：承认某些利益；由司法过程按照一种权威性技术所发展和适用的各种法令来确定在什么限度内承认和实现那些利益；以及努力保障在确定限度内被承认的利益。[①]利益具有多元化的特性，在风险规制领域也是如此，不同利益主体在追求自身利益的过程中往往会发生冲突和矛盾，邻避运动就是环境利益冲突的最好体现。人的本能构造、意识构造和社会构造的矛盾性、复杂性、丰富性和多样性的存在，使得人总是具有一种逐利本性，正是这种追求私利的本能使人产生了趋社会性，利益也因之成为一种以自我保存和自我提高为动力的基本力量。[②]而在邻避设施的环境风险判断上，也"总是存在各种现代性主体和受影响群体的竞争和冲突的要求、利益和观点，它们共同被推动，以原因和结果、策动者和受害者的方式去界定风险"[③]。这种以不同环境利益诉求为基础所形成的风险认知围绕某些个体利益或群体利益形成了参差不齐的利益关系。在利益复杂多变的现代社会，法律必须不断对利益格局进行调整和引导，以最终保障多元利益的衡平。在全球化不断发展的后工业时代，生态环境问题的凸显实质上也是因为利益失衡引起的。在技术密集型产业中，风险的不确定性也被同时放大了。质言之，实现国家间、地域间、个体间乃至代际不平衡的利益的系统协调，积极回应环境风险带来的社会、生态上的种种问题是环境风险规制必须应对的问题。因此，环境风险的规制及其法律框架构造应关注法律作为社会控制的最主要手段以实现对公众恐惧、未知情形的消解，实现在环境利益上的公平、公正以及合理配置。

值得反思的是，利益衡平的前提是对不同主体的利益有准确、全面的判断。只有准确把握了利益结构，具体的社会关系中才可能准确地认识和

---

① ［美］斯科·庞德：《通过法律的社会控制》，沈宗灵、董世忠译，商务印书馆2008年版，第34—55页。
② 董正爱：《生态秩序法的规范基础与法治构造》，法律出版社2015年版，第138页。
③ ［德］乌尔里希·贝克：《风险社会》，何博闻译，译林出版社2008年版，第26—28页。

界定不同利益主体的具体诉求。衡平利益的过程中涉及非常复杂的比较、区分和权衡的过程，实施中依赖长时间商谈，才可能获得最终结果。而理性、有效的商谈实现具备两个条件：一是商谈主体间力量的相当性；二是商谈制度设计必须程序化、透明化。在具体利益的衡平分析上固然存在诸多定性的考量因素，但是这恰恰凸显商谈程序作为一种框架性体系的重要作用。

（一）环境利益衡平的主体分析

对利益主体进行甄别时，首先必须筛选出相对清晰的利益相关者，并准确地概括出各主体间的权力或者权利、义务的具体内容和可能存在的分配失衡之处。权力和权利分配的失衡在一定程度上就反映出了不同主体之间利益的失衡。依据利益分布的差异，对有关利益主体进行归纳分析，可以准确判断主体的关系和利益结构。利益主体的分析事实上涉及相关社会关系，特别是法律关系中的利益相关者之间的基本关系。从主体分类上看，主要的利益主体包括国家机关、社会团体、相关企事业单位和公众，虽然每个人作为一个主体在社会角色上存在多种不同的面向，但是其最为基本的价值追求应当是相对稳定的。将以上四类主体确定为利益衡平之主体有当前的客观原因，应当对有关主体相关的社会关系、法律关系做具体分析。从公法关系看，行政处罚关系中主要包含的利益关系主体主要是行政机关（代表国家）和污染企事业单位；从私法关系看，主要涉及污染者（企业）和受污染者（公众和相关其他主体）；若将第三方的规制权视为一种准权力，便涉及公众、第三方组织和其他受规制主体。因此，将环境风险规制活动中的主体类型化，便可以简要地归纳为上述四种利益主体，这种类型化的分类可以十分有效地明晰利益相关者所处位置，为实现公众参与、民主协商等提供必要的前提。

（二）环境利益衡平的协商机构

明晰利益相关主体是创设协商机构的重要前提，对于任何可能或者已经出现的环境风险的规制而言，设立专门的协商机构是必不可少的。在环境风险的治理中，如何在消除公众恐惧和实现科学、效率的决策上实现一定的平衡，需要专业信息的供给，也需要利益相关方的参与。参照社会学的视角，假定在现代风险社会背景下行政国的基本理念已经为世人所认同：即风险规制过程是公众以及相应专家运用各自所掌握的关于环境风险的特定信息、价值判断为基础进行的交涉、反思和选择的长时间的博弈过程。在很大程度上，"众意（公众或专家所持观点或者相应偏好）"向"公意"转化的过程需要相应的平台进行推动，一个能够兼容不同利益团体、公众乃至不同体制的专家进行合作，顺畅表达自我观点的交流平台当然需要在环境风险规制中发挥关键作用。在某种程度上来看，环境风险规制是在基础性科学决策下的民主议题，其基础性的观点的呈现虽然依托于自然科学知识才能呈现出来，但是最终的议题解决很大程度上是建立在环境决策、风险评估等信息充分公开前提下的民主决策。在此前提下，协商机构及其产生的制度设计是环境风险规制中必需的。因此，可以尝试设立协商委员会作为临时性协商组织，为各方主体提供表达意见、影响公共决策的平台，并将之作为环境治理领域实现公私合作的绝佳平台。

（三）环境利益衡平的程序分析

绝对公正的利益衡平几乎是不可能实现的。但是，通过公开、透明的程序设计，引入尽可能多的利益相关者就环境规制的具体问题进行充分的商谈，可以最大限度地实现环境利益的均衡。商谈机制本质是博弈的过程，因此依赖于准确、充分的信息支持。在诸如环境风险规制等在内的现代风险规制中，利益主体、信息量和利益诉求等信息收集和获取的滞后性，使得规制主体通常很难在事前就通过法律做到详尽、有效的规制，传统的法律手段在这些领域就有可能出现失灵。[①]程序设计必须要满足不同主体、不同集团获得平等的表达权利，并且在具体的环境突发事件应对、重大工程项目（比如核电站）建设等具体领域，获得充分、有效的表达权利，对其表达权利在程序上进行保障。更为重要的是，应当考虑在相关的行政活动中，其可以获得实质性的决策地位和决策权重，这也需要相应的程序加以保证。

第二节　环境风险规制程度的权衡要素

对安全和效率等价值的衡量，是法哲学层次宏观认识环境风险规制

[①] 这里的失灵，是指传统行政法由行政机关单方面决策和行政而造成的失灵。风险行政，特别是环境风险行政中必须要改变这种传统的行政模式，在决策和执行中时刻保证包括公众和专家在内的多方面参与，以提供服务的模式由政府主导、各方参与的模式进行行政，才能最大可能地保障利益的衡平，以应对环境规制中大量的不确定性。

中相应问题和关注重点的重要环节，也是考察规制有效性时必须考虑的关键问题。从法律价值的角度来看，构建相应的环境风险规制体制能够保证安全、效率的实现。但是任何规制体制的构建必然会在制度设计、机构设置、执法监督人员配置上付出相应成本。若规制目标未能实现，便意味着可能出现规制不经济的情况。因此，立足于基本价值的综合、全面的权衡取舍是十分必要的。在具体领域的环境风险规制中对安全、效率和成本等程度的准确把握应当慎重，基于对规制实施的判断，应从不同视角对具体内容进行分析。

一 环境风险规制的安全程度

在马斯洛需求层次理论中，安全是人类最为基本的需求，需要通过法律予以实现（见图4-1）。

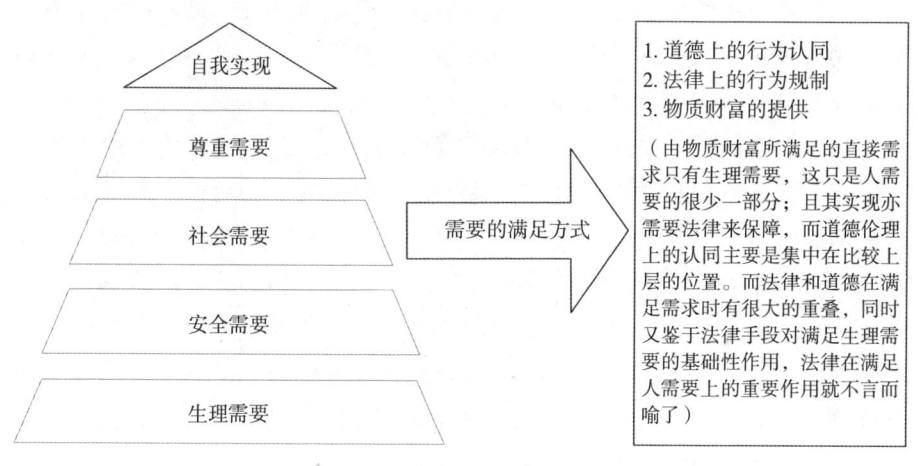

图4-1 马斯洛的需要五层次理论及其实现方式

安全和与之相适应的秩序等法律价值追求相契合，是人类最为基本的需要，也是法律制度设计中不可忽视的要求。环境风险治理中公众恐惧的扩散在很大程度上正是公众的安全需求在主观上未得到充分满足的体现。虽说需求满足是一个动态过程，不同主体在不同时空条件下的需求也会有所差异，但是这并不妨碍安全作为极为重要的法律价值，为实在法所追求并在规范层面加以保护。作为法律价值所追求的安全是一个非常宽泛的概念，该概念内在地囊括了个体安全、集体安全、国家安全等多个不同的维度，因与秩序价值相契合，所以安全需求的满足依赖于稳定、可知的法秩序。在环境风险规制的具体制度设计上，可以通过环境行政许可、环境监测、环境信息公开等制度来保证。

环境风险规制领域关于安全价值的论述集中在关于生态环境安全的讨论和分析上。国家环境安全的概念最早由美国著名生态学家莱斯特·R. 布朗（Lester R. Brown）提出，他在《建设一个持续发展的社会》中提出："国家安全的关键可持续性""生态环境成为世界各国关注国家安全的首要问题"等重要观点。[①]虽说迄今为止，尚无统一的对"生态环境安全"概念的具体界定和内涵，甚至在名称上都仍然颇有争议，类似的概念还有"生态安全""环境安全"等。但是，基于环境要素——水、土、森林、动植物、空气等综合体而形成的生态环境，在面对日益复杂乃至不确定的科学技术改造时，对于技术的不确定性导致的安全问题需要有所回应，而环境规制的目的正是为了保障生态环境的安全。此外，保障生态环境安全，不单单是对个人价值追求的实现，基于生态环境的基础性作用，生态环境安全若不能得到充分保障，在国家安全、区域安全也会受到挑战，进而导致社会整体的无序。

对生态环境安全的追求，是对绿色发展理念的把握，已经渗入生态文明建设的制度设计之中。在该理念的作用下，通过环境政策和环境法的有效回应，可以在规范和制度层面实现最大多数人对生理健康需求和安全需求（相当程度上的现代型安全追求）的满足。而基于风险的主观性面向，在环境风险规制中准确、恰当地使用信息工具是建构良性风险规制体系的关键所在。生态环境规制机关应当对环境风险规制中的信息工具进行充分检视，并从信息供给上入手，减少信息工具使用过程中的缺失或者错误，[②]为满足公众对安全价值的追求提供信息支撑。

二 环境风险规制的成本程度

成本考量，是基于对环境风险规制活动中的投入而言的，公共活动

---

① 相关具体情况参见美国前国务卿克里斯托弗于1996年所做《将环境问题纳入国务院的核心外交政策目标之中》一文和同年白宫所发布的报告《国家安全科学和技术战略》。转引自周珂、王权典《论国家生态环境安全法律问题》，《江海学刊》2003年第1期。个人对安全价值的需求在很大程度上，都是依靠国家作为整体追求的安全加以实现的。

② 应飞虎、涂永前：《环境规制中的信息工具》，《中国社会科学》2010年第4期。

本身并不生产财富。因此，尽可能节约成本就成为环境风险规制活动中的重点。成本收益分析方法是美国行政法上的制度创举，通过该方法可以有效地分析环境风险规制的收益成本。在环境风险规制中，规制制度若能充分运用成本收益分析进行评估，则不仅可以起到提高资源配置效率、优化行政规制的作用，还能提升现代行政的合法性，[①]在很大程度上弥补成本和效率之间存在的冲突。成本收益分析的难点在于，虽然规制中的一些成本投入，如资本、技术和人力是可以计量的，但是也存在诸多不可计量的隐形成本。故在成本考虑时，应该采用更为科学的计量方法予以计量。因为良好的环境属于公共产品，具有极强的非竞争性、非排他性，故对生态环境的保护多数情况下是以提供公共产品的形式出现的，而政府供给公共物品时，必须对公共物品的供给成本加以衡量。在公共财政和公共预算视角下，如何尽可能高效、合理地利用财政资金用于提供公共产品是尤为需要关注的问题，也是我们必须加以关注和思考的要点。在环境风险的规制中，机构设计、精英公务人员的培训、专家辅助决策、公众参与等都需要通过一系列的沟通、交流和监测完成，必然需要相应费用的投入，有关费用投入必须进行客观、准确的计量，并与概率性的风险损失加以比较，最终才可以确定适宜的规制程度和规制流程。生态环境保护作为公共服务，其支出经费主要依赖于公共财政，为保证公共财政的效率和作用，必须优化规制的结构和流程，保证规制的低成本、高效率。

环境风险规制的主要目标是实现公众对美好环境的享有权，从另一方面来看，是对环境正义的实现，但是正义的实现亦需考虑成本问题。[②]1981年，美国前总统里根签署了12291号行政命令《联邦规制》（Federal Regulation），要求行政规制机关对重要规章的制定必须进行成本收益分析，提交重要规章的规制影响分析报告（Regulatory Impact Analysis）。该命令在美国的行政规制领域发挥了非常重要的作用，按照该命令，在相对

[①] 刘权：《作为规制工具的成本收益分析——以美国的理论与实践为例》，《行政法学研究》2015年第1期。

[②] 关于环境正义的实现需要正义实现的成本，这是必然的观点。这类问题是法律经济学、公共选择理论和经济制度主义所考虑的问题。从整个社会的宏观视角上来看，环境问题作为社会问题，其必然涉及政治系统、经济系统等多个社会子系统的协作机制。关于在这一过程中正义的成本问题的相关思考，熊秉元先生的论述颇具启发性。参见熊秉元《正义的成分——当法律遇上经济学》，东方出版社2014年版，第10—15页。

完善的运用领域中，必须进行成本收益分析的重点领域进行的4类情形：（1）年度经济影响在1亿美元以上的规制，或在实质上对经济、经济部门、生产力、竞争、就业、环境、公众健康或安全，或对州、地方、宗族政府、共同体产生不利影响的规制；（2）造成了严重冲突，或者干预了其他机关已经执行或者计划执行的规制；（3）实质改变了资格授予、拨款、使用权费或贷款项目的预算影响或受众的权利义务；（4）在法令、总统优先权或行政命令所确定的原则之外所引发的新的法律或政策问题。[1]上述列举的范围囊括了环境、公共健康和安全的相关行政规制，也就是说，在环境风险规制领域进行成本收益分析完全是可行的。在我国，《全面推进依法行政实施纲要》《关于加强法治政府建设的意见》等文件也提出，在政府立法过程中需要积极探索和开展政府立法成本收益分析、社会风险评估、实施情况后评估工作，并陆续在有关领域立法中实施。此外，我国还有许多部门规章、地方政府规章、地方规范性文件也都对成本收益分析做出了简要规定。所以，对环境风险规制进行成本收益分析，既是对环境风险规制的具体关切，也是对成本收益分析方法的具体实践。

环境风险规制成本的考量在实际运行过程中并不单纯是原则目标，还应当从实践运行出发，追求实际可操作性。在实际的环境风险规制运行中，成本收益分析具有多重属性。首先，成本收益分析方法实质上是一种规制影响和规制后果的分析工具。它为规制主体提供了一套可量化的计算模式，通过相应的模拟计算能够对风险规制所需要付出的成本损耗及可能获取的收益予以量化，帮助规制主体基于成本收益分析做出有利于经济效率和经济理性的合理性、正当性环境决策。其次，成本收益分析应当定性为环境风险规制决策的前置程序，在规制决策做出前既应进行环境风险评估，也应基于相应评估进行成本收益的权衡，只有符合成本收益预期的才能进入后续的决策程序。最后，成本收益分析实际上不仅是程序性的，而且还应具有实体性衡量的基础，规制主体应当基于成本收益的分析综合考量其是否符合效率、公平、合理、科学、正当等基本原则，亦即唯有低成本高环境收益的规制策略才应当成为合理决策。

质言之，在环境风险规制过程中，成本收益法能够更好地应对环境

---

[1] 刘权：《作为规制工具的成本收益分析——以美国的理论与实践为例》，《行政法学研究》2015年第1期。

风险，基于成本收益分析方法对不确定的风险实现尽可能的量化，从而提高政府风险规制的积极性。环境风险不应该采取"零容忍"态度，当代生活在很大程度上就是以可容忍的风险换取需求的便捷。从这个角度来看，对成本的评估不单纯是实现效率，更多的是在继承经济学成本收益分析的基本范式的基础上，对环境风险规制进行科学合理评估。成本收益法的实施在于尽力避免因为错误观念而进行的无效规制，进而避免社会资源的浪费。而要实现成本收益的规制分析，提升行政合法性、可接受性，政府规制主体在制定或修改环境风险相关行政决策、行政规章时，应当通过明确风险前提下的赋值计算和相应汇总，并采用市场评估法或者非市场评估法进行进一步的分析。当然，成本收益方法的适用应该有一定的限度。基于环境的公共性，也许存在不得不为之的成本大于收益的风险规制策略，此时应综合考量生态文明旨向、环境风险预防原则指导、环境保护价值取向等基本价值判断，确保迫切需要规制的环境风险领域的相应规制不被搁置，避免因成本收益平衡而导致"因分析而瘫痪"的规制失灵情形。

三 环境风险规制的效率程度

复杂、高效的社会运转需要使得效率成为在公共政策制定、规制设计中必须考虑的关键因素。风险社会的治理需要考量的首要的价值是安全，以克服公众由于知情权行使缺乏渠道、知识储备匮乏而导致的集体性恐惧。但是，过分地强调绝对的安全，企图建立"无风险社会"的想法代价显然过于高昂且不合实际。环境风险规制在一定程度上是当代行政法的重构，但是本质上环境风险规制仍然是需要依赖行政法的基本原理、理论为基础进行构建的。因此，传统行政法律制度必须在环境风险规制中发挥相应作用。显而易见，行政效能原则作为一个基本行政法原则在环境风险规制中应当发挥重要作用。在环境风险规制中，如何选择、建构更有效率的法律规则是非常值得思考的问题。"卡梅框架"（C&M Framework）[1]是就法律救济的规则选择中最富有效率的框架，该框架基于对于法律规则

---

[1] 卡梅框架提出的三大类型化的规则："禁易规则"（nalienable rules）、"财产规则"（property rules）和"责任规则"（liability rules）。在此基础上，集中探讨规则选择的效率标准：一是提炼法律经济学上的常规效率标准，即事后效率（机会成本）与事前效率（行为激励）；二是提出一个新的比较框架：规则类型对应的市场类型及其交易价格。该类型化框架有效地量化了我们对规则的认识，在我们设计环境规制规则时发挥着颇为重要的作用。

的效率比较，确定了事后效率（机会成本）与事前效率（行为激励）的法律经济学分类标准。[①]从理想化情境来看，环境风险规制的制度设计都必须基于一定的市场类型（包括无为规则对应的黄市、禁易规则对应的黑市、财产规则对应的白市、责任规则对应的绿市、管制规则对应的红市和灰市）设计类型化的规制制度，进而分析制度成本和效率在不同情境中存在的差异，在保证适用禁易规则、财产规则和责任规则三种基本法律规则的前提下，通过引入初始归属和限价方式两个新标准，规则又可以囊括"管制规则"和"无为规则"两种新类型，从而形成五类规则构成的可供选择的"规制菜单"。[②]规则选择总是必须付出相应的成本，为构建高效的规制体系，需要规制主体对制度成本进行准确把握并使其尽可能符合效率需求而又不对安全、秩序等价值形成冲击。

第三节 环境风险规制的基础与趋向选择

从法律关系的角度看，环境风险规制中公法关系、私法关系交织在一起，在部分应当由法律进行回应的问题上甚至存在法外空间。由此可见，环境风险规制应当立足于当下所处社会关系的具体情况，针对性地采用不同的规制手段。作为一种综合性的行政方式，行政规制可以从行政规制权、规制主体的法律地位、规制行为合法性、受规制主体和利害关系人的法律地位及权利救济等视角对该问题建议分析。[③]规制常用于公私合作比较广泛的领域，体现着协商机制下行政机关的相对主导；但在诸如金融等专业性突出的领域，虽然也需要行政强权介入，但是其监督者的意蕴更为突出，通常采用"监管"一词为主。[④]在环境风险治理中，"规制"一

---

① 凌斌：《规则选择的效率比较：以环保制度为例》，《法学研究》2013年第3期。

② 凌斌：《法律救济的规则选择：财产规则、责任规则与卡梅框架的法律经济学重构》，《中国法学》2012年第6期。

③ 江必新：《论行政规制基本理论问题》，《法学》2012年第2期。

④ 监管和规制作为法学概念并未进行非常严格的定义和区分，而且二者间的关系仍有待继续反思。但有一点是确定的，那就是作为公共利益维护者的行政机关在公共事务的处理之中，必须回应日益强化的新公共管理浪潮，采用更加柔性、协商的模式进行治理，以解决包括环境风险在内的诸多问题。

词的表述更为契合，也更具有积极意义。环境问题相较于其他行为，与行政法上的行政相对人、利害关系人等都存在更加紧密的联系，有关主体的知情权、参与权的保障也更多地涉及其切身利益。但由于保护生态环境安全的客观需要，必须要帮助受规制主体理解并感知风险，因此在一定范围内的公告和商谈是必需的。适当、准确地对"规制"的概念加以类型化，并推动类型化后的概念在法律实施中的准确运用是实现良法善治的重要前提。为全面落实依法治国的基本理念，只有秉持行政执法和司法领域都接受规制公权力所秉持的"法无明文规定则禁止"的理念，对事关公众基本权益、公民基本权利的部分，坚持"法无禁止则自由"的观念，[①]才能保证环境风险规制处于相对公正合理的约束之下，有效防治权力被滥用。

一 规制权

依据规制主体的不同，规制权可以分为由行政机关享有的规制权力和由社会中间层享有的规制权利，虽然二者都有一定强制力，但是行政机关享有的规制权在环境风险规制中发挥着主动作用。中间层的规制权利多表现为社会性规制，引导和要求规制相对人遵守相应管理强制力的内容。上述两种权力都需要从权力来源、授权委托规范、权能内容等方面进行细致的考察和认知。规制，尤其是公权力主体的行政规制，因为具有行政强制力，固然具有较强的行政效率，也可以达到较好的行政效果。但是，为防止权力被滥用必然应对其加以限制，而对规制权的限制则是规制权权能配置的关键。现代社会的风险性，使得公权力有了扩张的基础，为应对现代社会复杂、多样的变化，特别是在环境保护等公共领域，只有扩张政府的公权力才能更好地进行风险规制，通过行政准立法权和执法权发挥公权的应有作用。但"命令—控制"式的环境管制模式缺少权利参与及权利监督的制度规定，使得政府环境监管在运行中出现了越来越多的问题。这就要求通过公众参与权利及程序的设定，对具体制度构架进行规范、对政府公权力进行限制，以保证环境风险规制动态运行中的规制权的科学合理与衡

---

① 对良法善治的基本认识源于亚里士多德在法治上的基本观点和认识，在其著作中对法治的认识和讨论曾有过比较全面的论述，有利于我们加深对国家和公民相互关系的认识，特别是在诸如环境风险治理等风险较为突出的领域，由于规制权的引入，这一问题尤其需要重点关注。参见［古希腊］亚里士多德《政治学》，吴寿彭译，商务印书馆1997年版，第199页。

平配置。伴随着新公共管理运动的兴起，公众、社会组织的参与作用也越来越受到重视，其内部成员规范在一定意义上也起着部分规制的作用。新的变化，要求环境风险规制在制度设计上予以考虑：规制权不仅应当涵盖政府的行政公权力，也应该赋予社会性规制主体一定权限。

二 环境风险规制的主体

规制的主体主要包括规制权利（权力）主体和规制义务（职责）主体两类。为寻求权力与权利、权利与义务的动态平衡，上述主体在具体法律关系中若存在实质、明显的不平等，则应当通过风险规制制度进行调整，保持主体间权利义务的相对均衡。环境风险的不确定性在本质上是一个社会建构问题，而非科学决策问题。如果想要在一定程度上抑制乃至消除这类风险，在具体的规制制度设计中，首先就需要保证公众就相关的实体问题可以达成共识，这依赖于程序制度的具体设计。为保证风险规制的有效性，环境风险规制的主体应当准确地将规制决策和规制执行区分开来，并尽可能地引入合作治理的思维模式参与到具体事务当中。[①]如何建构适合、有效的规制主体体系，以保障在环境风险规制中的有效性是环境风险规制首先需要考虑的问题。

（一）规制的权力主体——职责主体

在环境风险规制中，行政机关当然处于核心的位置。但是风险的二重属性表明，为消除公众的未知恐惧，仅仅依靠传统单方行政管理的模式以期完成环境风险规制的思路是不可取的，制度设计必须要体现各方主体相互沟通相互协作的多元共治的优势。政府部门应该转变政府模式，改变职能定位，由控制型政府转向服务型政府，转变政府绩效的基本方式。政府不应该也无力将公权力延伸到社会的每个角落，而应该努力寻求与市场、社会组织之间的深入合作，其中最具代表性的就是公共服务提供。在政府进行社会治理的过程中，应当尽量让市场主体参与到环境风险规制的工作之中。在合作治理的场域下，虽然行政机关是实现环境风险规制目标的最

---

① 合作治理在环境规制领域得到了充分的运用和具体的实施，其基本理念是改变传统的刚性行政模式，尽可能地引入公众直接参与到具体规制问题的决策、执行等环节中来，通过科学基础上的民主参与最大程度上回应柔性行政和新公共管理的要求，保障合作治理在环境领域的有效性。

主要主体，但是也应鼓励其他规制主体如社会组织等的参与。诸如社会组织等规制主体在法律层面应获得环境风险规制的参与权、知情权、监督权等权限，并推动着环境风险规制的有序运行。

（二）规制的义务主体：救济权的权利主体

公众、受规制企业等在具体的环境风险规制中，通常作为规制行为的义务主体出现，被动参与到环境风险的规制中，并承担相应义务。由于环境风险规制的权力主体在风险规制过程中处于强势地位，天然存在侵犯公众权利的可能。传统"消极应对"的政府治理模式无法对可能发生的未知性风险做出判断与决策，极易导致与公众认知心理困局的明显背离，更极易引发利益博弈基础上的公众权利主张与政府权力的矛盾滋长。基于"命令—控制"的风险管制模式下，政府的封闭决策、封锁消息等手段漠视公众的知情权、参与权，会严重侵害公众的生命健康权和财产权，公权力的触手在没有公众授权的情况下非法深入私权利领域，实则是对权力公共属性的违背。如果缺乏行政性的、司法性的救济途径，在行政机关规制的强度、力度较大时，规制的义务主体就可能陷入更为不利的境况中。因此，为防治"利维坦"对个体权利的恣意侵害，应基于公私合作的理念，通过救济性权利的范围设置、方式规定，来保障规制的义务主体更加积极地参与到环境风险规制的具体行动中去，能够对抗不合理的规制行为。

三 环境风险规制行为

环境风险规制行为应该考虑两个基本要素，一个是规制的成本，一个是规制的形式。从规制的成本来看，成本效益分析虽起源于经济领域，但由于该方法的有效性和特点，作为规制工具的成本效益分析方法受到了广泛重视。依据法经济学的观点，法律作为一种重要的公共物品，其需求、供给和效果的评估亦应当考虑其成本效益问题。在传统犯罪、婚姻家庭等领域的规制中，需更多地考虑其社会主流价值理念的影响，引入经济收益分析尚有一定争议；但在商法领域、侵权领域和环境领域等不存在伦理争议的领域，引入成本效益分析方法具有巨大的优势。法经济学的发展为法律规制的有效性分析提供了新的范式，在社会法治国理论指引下，基于社会公益而进行的环境风险规制也应当在法治前提下完成，在依据法律实现的社会控制中，法律在一定程度上是作为一种公共产品供给的。

从规制的形式来看，环境风险规制日益强调公私规制手段并用、刚性和柔性手段并举。在公共领域应当尽可能地引入私主体参与，采用多样化的治理结构实现规制的需要。基于政策与运行实践的需要，环境风险规制的形式应当趋于多样化，特别是要注重"经济激励性"规制手段（包括税收、财政和货币政策）的引导，以其作为"命令—控制"型规制手段的重要补充。同时，环境风险规制应当注重柔性规制形式的适用。在行政法领域，柔性手段的广泛运用受到的关注与日俱增，环境风险行政也应当重视发挥柔性行政的作用。一般而言，依据谁污染谁负责的理念，环境污染的治理应当由污染者承担直接责任，这是私法上的侵权责任的分担，同时污染者的不法行为亦需要承担公法上的相应责任。但是，这并不意味着行政机关的责任就此免除。作为社会治理的机关，对环境的治理是行政机关提供公共产品的重要方式，也是其应负的基本职责。综合考虑环境风险规制的具体情况，规制主体应当综合采用刚性的行政许可、行政处罚和柔性的行政合同、行政意见等多种规制行为，保证风险规制的有效性。总的来说，环境风险规制行为应当涵盖了行政管控模式、经济激励模式和救济补偿模式三种基本行为模式，在环境风险规制的法治构造中，三种风险规制行为模式各有特色和具体侧重，应在环境风险规制中根据具体情况合理适用，从而促进环境风险规制的有效实现。

四　环境风险规制的利害关系人

利害关系人在环境风险规制中涉及两个需要回应的问题：一是法律地位的赋予；二是权利救济[①]。这两个方面的规定，一是导向权利人利益的指向；二是对规制的一种规范和限制，以防止公权对私权的侵犯。在传统的风险规制中，价值判断和目标选择影响着价值合理性的判断，而这又影响着行政机关在划分受规制主体和利害关系人时的价值取向。受自然科学方法论的影响，量化、预测等的工具理性的方法在行政机关判断相应主体、确定具体行为模式的时候占据着重要地位。[②]政府行政机关在进行环

[①]　为权利设置相应的救济方法和程序是权利保障中非常重要的方面，权利的设置如果不存在相应的救济就很难保证其所欲保护利益的实现和社会秩序的稳定。西方法谚"无救济则无权利"便准确地指出了该问题的关键所在。

[②]　戚建刚：《风险规制过程合法性之证成——以公众和专家的风险知识运用为视角》，《法商研究》2009年第5期。

境风险决策时，为保障环境行政活动的合法性和正当性基础，应努力满足两个条件：一为价值合理性，也就是环境风险规制部门在环境风险规制过程中设定的目标能否被公众所接受，切合公众需求，满足公众偏好，即符合卢梭所称的"公意"；二为工具合理性，其要求作为规制主体的环境管理部门在规制环境风险时应保证其规制符合成本收益或科学性、合理性、正当性的要求。

因此，为了保障环境风险规制中各方的合法权益，除了规制主体和受规制主体，其他享有合法利益、符合参与程序、与受规制行为密切相关的人员就构成了我们所说的利害关系人。环境风险规制依赖于多元主体的参与，而利益关系人基于信息公开、决策听证等程序性规定参与其中也是寻求环境风险规制可接受性的一种可行思路。程序公正和规范是自由不可或缺的内容，苛严的实体法如果公正地、不偏不倚地适用是可以忍受的。[①]值得反思的是，当前的环境风险规制过分关注并夸大专家及其在科学决策中的作用，但却忽视了公众，特别是利害关系人在风险规制中关于风险事实、价值判断的认知，也忽视了商谈平台和机制传播专业知识、筛选公众的作用。其后果是，对环境风险规制中的利害关系人识别不清、关注不足，在环境风险规制中应当听取的大量意见并未纳入规制行为的考量之中，从而影响了环境风险规制的实践效果。

五　环境风险规制的动态考察

承前所述，基于规制权、规制主体、规制行为和规制利害关系人的阐述与分析主要是立足于环境风险规制的静态考察而展开的。显然，环境风险规制不仅涵盖静态考察的范畴，其也有动态运行的范畴，因此有必要从静态和动态两个维度进行考察，为环境风险规制提供新的思路和参考路径。就环境风险规制的具体面向而言，动态机制的考察主要应该是对环境风险规制决策过程、执行过程以及监督过程的反思。从制度设计之初，环境风险规制就应当努力将"公意"切实地转化成为行政规制主体进行规制的基础。而从系统论的视角来看，环境风险规制不仅应当反映在风险规制决策过程中，也应当反映在规制的执行和监督过程中。亦即，通过硬法和

---

① Shaugnessy v. United States, 245 US 206（1953）（Jackson）. 转引自［英］威廉·韦德《行政法》，楚建译，中国大百科全书出版社1997年版，第93页。

软法衡平的环境风险规制限度设定、环境风险规制体系维度构建、环境风险规制法律限度评价指标体系的建构等,基于"公私协作"的基本理念,将环境风险规制构建成为一个更加开放、透明的动态系统。

首先,环境风险规制的决策过程,既应依托硬法的强制约束力规范,由行政公权力主动为之和决策于未知之中;同时,又应依托权力与权利的衡平、环境利益的衡平,通过程序理性和沟通交流使多元主体参与到规制决策之中。多元主体参与环境公共政策的制定和环境公共事务的管理,能够充分吸收规制主体、受规制主体以及利害关系人的意见并达成共识,为风险不确定性的规制治理及反思提供一个有效而全面的逻辑框架。

其次,环境风险规制的执行过程,一方面有赖于公权力扩张的监管与处罚,对受规制者形成威慑,降低风险爆发的可能性;另一方面仍有赖于柔性化、信息公开化的参与模式建构、市场机制的合理运行以及公众的合理监督。环境风险规制执行应当综合运用引导、指导和支持等弹性的经济激励手段,如环保协定、排污权交易、环境保护税、环境补贴等市场化规制手段,对行政公权力运行进行补充,从而弥补行政公权力在风险规制中存在的信息不足、行政方式僵化等问题。质言之,法律应当满足逻辑结构和经验结构互动的需要,[①]以保证制度的活性。

最后,环境风险规制的监督过程,主要是基于权力与权利衡平的受规制者及利害相关人对公权运行的监督与反馈。作为依法治国的基本原则,权力应当受到监督,环境风险规制也应当通过监督保障其有效性。在具体规制中要打造行政机关内部监督、司法机关利用环境公益诉讼监督乃至社会公众、媒体利用媒体、新媒体方式参与监督的多样化监督体制,形成的制度合力,从而保证环境风险规制行为在规制过程中受到有效的监督。

第四节 环境风险规制的可接受性法律限度趋向

基于汉语的一般字面理解,接受是指一种肯定和认同的主观状态,

---

① [德]哈贝马斯:《在事实与规范之间》,童世骏译,生活·读书·新知三联书店2003年版,第62—67页。

它表达的是人的接纳、认同、内化、服从的心理状态。[①]可接受性作为接受的概念基础，是衡量某一客体是否以及在多大程度上得以认同，它是公众内心世界对外在世界的某种接受因素或者成分的认同、认可、吸纳甚至尊崇而形成的心理状态或者倾向，无论这种因素或者成分是经验的、先验的抑或是超验的，也无论此处的公众指向的是部分特定人又或者是整个人类，更无论这种心理状态或者倾向形成的原因为何。[②]认同、接受是法律真正的力量之源，而这种认同和接受就来自法律自身所应该具有的可接受性，迈向可接受性是中国行政法治发展的历史趋势。[③]基于接受与可接受性的一般观念认识，风险规制的可接受性也应当以"认同"这一核心理念入手，意指行政公权力运行过程中通过风险规制的主体、行为等方式手段，使规制的经济性、道德性获得公众的普遍认同。

环境风险规制的可接受性建构应当着力回应环境风险的不确定性，通过重构行政规制规范、规制司法，面向社会公众调整规制的内容、程序，以回应性风险规制模式获得规制主体、受规制主体、规制利害关系人的总体认同。值得反思的是，风险时代环境风险规制应该基于可接受性的程度和范围确立法律规范、执法及司法的法律限度趋向。笔者认为，环境风险可接受性的法律限度趋向选择应当基于风险社会理论、复杂性理论、不确定性理论与环境风险的关联性，寻求环境风险规制的后现代转向，建构交互式、回应型的信息交流平台，促进环境风险多元治理模式的生成。[④]亦即，在环境风险规制中形塑立法可接受性、执法可接受性和司法可接受性共同作用的风险规制可接受性评价要素，以可接受性的分析视角充分回应环境风险规制面临的复杂性难题。因此，就要求在风险规制过程中充分考量公众特别是利害关系人对行政公权力的态度，贯穿程序理性的适用和公众参与的扩张，秉承风险预防原则、比例原则的理解和适用，统筹风险规

---

① 胡平仁：《法律接受初探》，《行政与法》2001年第2期。
② 孙光宁：《可接受性：法律方法的一个分析视角》，北京大学出版社2012年版，第71页。
③ 王学辉、张治宇：《迈向可接受性的中国行政法》，《国家检察官学院学报》2014年第3期。
④ 郑艺群：《后现代公共行政下的环境多元治理模式——以复杂性理论为视角》，《海南大学学报》（人文社会科学版）2015年第2期。

制成本、权力权利的衡平、环境利益的衡平以及环境权利的救济等问题，寻求不同主体的广泛认同和可接受性。

一 行政机关的可接受性

行政机关是环境风险规制具体的决策者、监管者和实施者，在环境风险规制过程中，行政机关与行政相对人形成公法关系，对不特定公众承担社会责任，应当受到公众的监督和关注，易于使其决策获得较高的认可度。简而言之，行政机关及其工作人员应当接受法律所规定的风险规制程序。即，要求在环境风险规制的公告、决策和相应调解等具体性事务中赋予行政机关与义务相匹配的权力设置。我们知道，对行政机关权力的规范、限制是现代行政法发展的趋势。但是，为回应决策于未知之中的环境风险规制的基本诉求，行政权力的扩张也是不容争议的事实需求。故此，如何在公众的要求和行政机关的权责之间实现平衡，形塑合理正当的行政机关的可接受性限度，以保证环境行政中依法行政、合理行政、信赖利益保护等基本理念的实现是非常关键的问题。这就意味着，在环境风险规制中，一方面应当关注和重视传统具体行政行为的适用，另一方面又应秉持公私合作理念重视柔性行政在环境风险规制中的作用。换言之，行政机关的可接受性应当综合考量如下要素：一是基于规制主体与受规制主体、利害关系人的相互关系，统筹行政机关和社会组织、公众间关系的协调互动；二是基于行政机关作为理性经济人的假设，对环境利益预设基础可能形成的邻避风险、经济发展与环境保护关系协调等予以反思，确保行政机关的具体环境风险规制行为符合制度理性；三是在建构在合理范畴的具体把握和准确认识基础之上，考量府际关系、上下级行政机关的权力配置和职责协调，考虑其他行政机关对环境风险规制的可接受性。总之，在环境风险规制具体活动中，行政机关及其执法人员行使自由裁量权的行政行为必须是确实、充分并审慎的，需要通过法律解释和论证等具体手段，在环境风险规制的实践运作中努力通过磋商机制的决策、信息公开的规制执行和透明的规制监督取得受规制主体和利害关系人的接受，形成各方主体的共识。

二 社会组织的可接受性

随着第三条道路的提出，在西方新公共管理制度的理论促进下，社会组织在社会公共事务中发挥着日益重要的作用。特别是在生态环境保护、消费者权益保护等领域，社会组织通过公益诉讼等方式积极参与司法工作，其发挥的作用更加凸显。欲使社会组织积极参与环境风险规制的有关活动，并获得公益社会组织的认同，需要赋予其在相应协调机制中足够的权能，才能充分发挥社会组织作为中间层的关键作用。由于社会组织与公众之间的紧密联系，社会组织对环境风险规制的可接受性也直接影响着行政相对人、利害关系对法律规范和政策制度的可接受性。社会组织都是为一定公共利益目标而组成的，其既拥有一定专业性信息资讯，又能够把握普通公众对环境忧虑的独特定位，社会组织在相关环境议题上的可接受性也就意味着，其在环境风险规制中的诉求得到了基本满足。质言之，环境风险规制的目标达成也离不开社会组织可接受性的证成，规制主体就相应规制规则设立、规制项目评估等关于环境风险规制行为的做出，应当符合可接受性的基本要求，即通过邀请有关社会组织代表积极参与、赋予社会组织监督或参与司法的权能，使其能够基于权利的行使而达至社会组织成立的目标和价值追求。

三 受规制企业的可接受性

企业社会责任理论受到越来越多的企业和公众的认同。基于该理论，企业特别是从事与环境相关的企业（比如化工、造纸、纺织等），由于其生产活动产生了污染物，因此应对环境污染治理负有必要的责任。但基于理性经济人假设，企业以追求利润最大化为目标，要求企业履行社会责任，特别是环境保护和环境风险等领域的派生责任，会因增加企业的经营成本而受到企业的普遍抵制。因此，环境风险规制的制度设计不仅要考量规制主体和利害关系人的可接受性，还应考虑受规制主体即企业的可接受性。然而，环境风险规制过程中由于政策和法律的规则设定和制定程序可能存在的瑕疵，会导致政府规制的效果与预期相反：由于行政机关与企业对环境公共问题的价值取向不同，使得企业并不认同其应负的环境责任应从道德责任上升为法律责任，因此会造成受规制企业既不认同行政机关的规制目标，也不认同政府听证会等形式参与的结果。[1]

---

[1] 李大治、王二平：《公共政策制定程序对政策可接受性的影响》，《心理学报》2007年第6期。

那么，如何寻求受规制企业的可接受性呢？解决的关键在于，法律法规对依据规制的成本投入和不接受规制的行政处罚之间，形成比较科学的成本差距。也就是说，应当使企业自觉接受规制所需费用低于拒绝规制的行政处罚罚款的数额，以激励作为理性经济人的受规制企业自觉接受规制。此外，受规制企业可接受性的形成，还应当考虑共识如何凝聚的问题。共识是可接受性的出发点，风险规制要获得各方主体的接受并高效运行就应当在回应性和反思性的规制过程中逐渐完善，寻求受规制者的内心确信、认同和接受，降低环境风险规制成本。在环境风险规制中，执法者在行使自由裁量权时，实质上发挥着类似于法律解释共同体的作用，这一过程中伴随着法律的解释和论证以求寻找权威并得出相对统一性的答案，从而使相关主体在具体环境风险规制议题上达成共识。因此，环境风险规制制度的设计应当重视受规制企业（行政相对人）的接受能力和接受程度，可接受性仍应沿袭其在行政法领域的基本理念，即行政行为主体（环境风险规制主体）必须充分吸收私法平等、自愿、协商原则等合理因素，改变单纯威权管制模式中可能存在的单方恣意性，通过协商民主、程序理性建构环境风险交流和沟通平台，以受规制主体的可接受性为基础寻求各规制主体参与者即行政机关、企业、社会组织、公众等凝聚共识的可能性。

四 公众的可接受性

规制不被公众接受的原因有很多，主要在于：大量的滞后性恶法用削足适履方式强行阉割社会需求；大量的混乱性恶法使得原本严肃的法律适用变成"糊涂僧判糊涂案"；大量藏私性恶法使得服务于公共利益的立法活动沦为部门间争利的一场"豪门盛宴"；大量脱节性恶法将国家规制社会的承诺变成了一张张空头支票等。[①]亦即，如果规制不符合社会需求、形成利益合谋以及无法实现国家规制社会的承诺都有可能不被公众所接受。环境风险规制是需要回应风险时代基于技术不确定性的社会需求的，而回应的基础在于兼具合理性与可接受性的规制体系的形成。除了前述行政机关的可接受性、社会组织的可接受性以及受规制企业的可接受性，还

---

① 王学辉、张治宇：《迈向可接受性的中国行政法》，《国家检察官学院学报》2014年第3期。

应当以价值合理性和工具合理性为基础，通过合理性判断为媒介寻求公众对风险规制的可接受性。基于公众的可接受性进行评价，是行政主体检验行政行为可接受性的关键依据，也是在行政程序设计追求的重要价值。[①]环境风险规制的价值判断应当综合考量法律规制的权利谱系是否达到"供给与需求"的合理限度，"成本与效益"是否衡平，各方主体的利益是否协调有序以及风险规制的分配正义如何实现等。

笔者认为，环境风险规制达至公众可接受性的合理基础主要在于以权利保障和环境利益配置为基础，使公众通过协商民主、程序理性，切实参与到规制决策之中。换言之，为回应环境风险的治理需求，需在公私合作治理理念的推动下，借助信息公开、协商民主等方式从程序上增强公众对环境风险规制行为的普遍认同。值得反思的是，环境风险规制依赖于公权力的扩张，而基于公权力的环境风险规制在一定程度上难免对公众权利构成侵袭。因此，为实现公众对环境风险规制行为的普遍认同，公权规制手段和模式必须适当、有效地回应公众的需求，满足公众环境权益的享有和对规制决策的有序参与，推动公众的可接受性。[②]总之，公众的可接受性应当建立在权力与权利的衡平基础之上，建立在公众积极参与环境公共利益保护的基础之上，建立在公众克服传统行政得过且过或者事不关己高高挂起的习惯性顺从的基础之上，通过参与环境风险规制决策的制定以及与行政机关、行政相对人的协商等，实现其环境风险规制诉求，从而形成合理性和适宜性的内心认同和肯定。

综观前述关于环境风险核心法律范畴的衡平、规制程度的权衡要素、规制的基础与趋向选择、规制的可接受性法律限度趋向等论断，笔者认为，现代性风险具有不确定性和复杂性特征，传统风险治理的消极危险应对模式关涉的主要是事后治理而无法对未知的、不确定的环境风险进行有效规制。因此，无法就环境风险问题提供一个可供参考的框架，难以回应当代风险存在的不确定性。而环境风险规制基于技术的不确定性和风险预防原

[①] 余立深、周丽：《论行政法的可接受性原则》，《法制与社会发展》1999年第2期。

[②] 这里谈到的"可接受"是指在具体的环境行政情境中，公众对公共政策制定和执行的一种积极正面的认知。在很大程度上，公众对规制的接受取决于两个关键性因素：程序公正和威权信任。有关内容参见吴玄娜《程序公正与权威信任：公共政策可接受性机制》，《心理科学进展》2016年第8期。

则,是决策于未知之中的,它需要设定一个可接受性的限度,但显然其设定的"只能是一个可接受的,并非是可以将风险削减为零的边界线"[①]。在综合考量环境风险规制的安全、成本和效率等程度的前提下,环境风险规制的制度体系和法律限度应当予以重构,以更加突出动态、程序性和多方参与等特性,最终满足"可接受性"的规制追求。在环境风险规制中需要对有关理论问题进行梳理,以深刻、准确地回答如何使用确定性的法律规制日益呈现出不确定风险的社会问题,以及如何厘清在风险筛选机制、正确应对风险和危险中公法和私法如何协同发挥作用等问题。同时,环境风险规制的制度设计应当符合法律限度设定的预期,以保证制度的可接受性。

质言之,环境风险规制中对法律限度趋向的准确把握能够在制度设计中更多地回应技术性风险所带来的不确定性,并最终通过具体实体性的、程序性的制度来对这种不确定性予以回应,以消解公众对公共环境议题上的疑问和不确定性,从而最大可能地获得不同社会主体对环境风险规制法律制度回应的可接受性。而在环境风险规制进程中,一个不可回避的问题是如何打破风险规制的恶性循环。对于这一问题,史蒂芬·布雷耶(Breyer)从公众的认知、国会的行为和应答、技术性规制过程的不确定性三个方面进行了具体阐释,在他看来,风险规制受到三个主要问题的严重困扰,即井蛙之见或"最后10%问题"、随机的议程选定以及不一致等,而因应之道在于解决风险规制次序随意、规制机构不一致的问题,努力构建合理且全面的环境风险规制体系(见图4-2)。[②]

在明确环境风险规制限度趋向定位后,下一步的重点就应当是环境风险规制法律限度选择的具体制度设计和秩序的法治重构。环境风险规制法律限度的价值判断首先应当立足于法律规制的权利谱系,充分考虑效率、安全、成本等程度的权衡要素,并就权力与权利"供给与需求"的合理限度、环境利益"成本与收益"的衡平程度等予以考量。其次应当基于价值合理性限度与工具合理性限度构建环境风险规制的可接受性限度规制体系,将行政机关可接受性、社会组织可接受性、受规制企业可接受性、

[①] 宋华琳:《论政府规制与侵权法的交错——以药品规制为例证》,《比较法研究》2008年第2期。

[②] [美]史蒂芬·布雷耶:《规则及其改革》,李红雷、宋华琳、苏苗罕、钟瑞华译,北京大学出版社2008年版,第11—68页。

公众的可接受性统筹起来，为环境风险规制提供工具合理性限度。笔者认为，为回应环境风险规制的社会需要，应当以环境风险规制的法律限度趋向为基础，在环境风险规制的限度定位上通过硬法与软法的限度设定、风险规制的体系维度建构与限度规范、评价指标体系的构建等来综合把握，从根本上保障环境风险规制效果的良好实现。

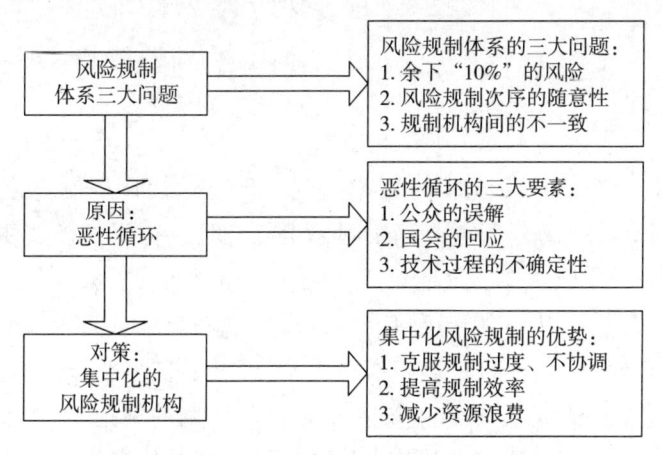

```
┌──────────┐      ┌──────────────────────┐
│ 风险规制  │      │ 风险规制体系的三大问题：│
│ 体系三大  │─────▶│ 1. 余下"10%"的风险    │
│ 问题     │      │ 2. 风险规制次序的随意性│
└────┬─────┘      │ 3. 规制机构间的不一致 │
     │            └──────────────────────┘
     ▼
┌──────────┐      ┌──────────────────────┐
│ 原因：   │      │ 恶性循环的三大要素：  │
│ 恶性循环 │─────▶│ 1. 公众的误解         │
│          │      │ 2. 国会的回应         │
└────┬─────┘      │ 3. 技术过程的不确定性 │
     │            └──────────────────────┘
     ▼
┌──────────┐      ┌──────────────────────┐
│ 对策：   │      │ 集中化风险规制的优势：│
│ 集中化的 │─────▶│ 1. 克服规制过度、不协调│
│ 风险规制 │      │ 2. 提高规制效率       │
│ 机构     │      │ 3. 减少资源浪费       │
└──────────┘      └──────────────────────┘
```

图 4-2　布雷耶（Breyer）风险规制理论的要点

第五章

环境风险规制的法律限度定位

科学界分环境风险规制的法律限度,即有效协调规制不足与规制过度的冲突性,应当基于科学规范的风险分析与评估体系,以及建立在解决"不确定性、知识落差、缺省假定、预判和沟通上的困难"[①]基础之上的技术性规制理性,从而确定可接受性的风险规制限度。为实现环境风险规制的思路变革,应当注重社会组织、公众参与环境决策、环境立法和环境司法等民主协商活动,努力拓宽多元合作与协调的渠道。[②]笔者认为,环境风险规制的法律限度应当基于硬法与软法进行具体考量和设定,应当构建环境风险规制的体系维度和限度规范,应当实现环境风险规制的司法衡平,应当建构协同共治的城乡环境风险规制衡平路径。在此基础之上,我们也尝试初步构建环境风险规制法律限度的评价指标体系,以回应环境风险规制的诸多回应性难题。

第一节 基于硬法与软法考量的环境风险规制限度设定

环境风险规制的法律限度设定意味着法律之施行并非以某一种单一目标的实现为目的。一方面,从规制的主体来看,法律需要在风险的规制过

[①] [美]史蒂芬·布雷耶:《规则及其改革》,李红雷、宋华琳、苏苗罕、钟瑞华译,北京大学出版社2008年版,第49页。

[②] 李异平:《论环境公共治理的民主协商与沟通功能》,《中国环境管理干部学院学报》2018年第3期。

程中着眼于多种利益的协调，需要通过规范的制定、执法手段的革新和司法裁量的控制处理好国家利益与个人利益、多数人利益与少数人利益、行政机关利益与相对人利益以及政府、企业与公众的多方利益。另一方面，从规制的目标来看，环境风险规制的限度本身也体现在，法律在运行过程中不应当只对一种价值进行考量，自由、平等、公正、效率等价值在风险社会的语境下被赋予了新的内涵。故而，环境风险规制的法律限度设定目的在于通过法律的手段对诸多因素进行衡平以期达到最优的解决方案。

由于社会发展的动态性和环境风险的多变性，环境风险的客观程度始终处于动态变化的过程中，因此环境风险在不同时间、不同地区、不同环境对不同的人群具有不尽相同的影响结果，故而通过制定法的法律控制对环境风险的限度设定进行规制必然具有其主观性、保障权利的不周延性；此外，由客观环境风险引发的社会群体性事件，也为社会的稳定性增添了不确定因素。在传统的"国家—控制"法范式语境中，立法机关和行政机关是为多数派而存在的，[1]立法机关、行政机关通过程序控制下的规范制定程序所制定的法律、行政法规、规章等规范性文件可以应对宏观上的环境法律问题，对既已发生的损害事件进行及时回应以保障多数群体的利益。然而现代环境风险的偶发性和不确定性使得"国家—控制"法范式对零星地域、深层风险和特定人群的环境问题难以进行有效回应。而恰恰是这些偶发性因素，将有可能点燃人类所定居的现代性环境风险的"火山口"，造成大范围的、突发的自然风险和伴随性的社会风险。

法律作为一种社会控制的工具，需要对现代社会环境风险规制的限度设定问题进行回应。当"国家—控制"法范式在国家管理能力、管理效果和管理正当性等方面都受到现有环境风险问题的挑战时，必须对传统国家治理的法理学基础进行发展与重构。基于这种背景，罗豪才教授在对起源于国际法语境中的软法概念和域外公共治理领域的研究成果进行分析和整合的基础上，提出了"硬法"和"软法"的概念。罗豪才教授认为，"硬法"是指需要依赖国家强制力保障实施的法律规范，而"软法"则是指效力结构未必完整、无须依靠国家强制保障实施，但能够产生社会实效的法律规范。[2]"软法"理论的出现是对"新公共管理运动"中国化的一种回

---

[1] 季卫东：《对谈：现代法治的精神》，《交大法学》2010年第1期。

[2] 罗豪才、宋功德：《认真对待软法——公域软法的一般理论及其中国实践》，《中国法学》2006年第2期。

应,"软法"之治强调治理主体多元化、开放的公共管理与广泛的公众参与相结合的治理模式,可以及时有效地预测环境风险,将环境风险化解在前端。

强调通过"软法"之治规制环境风险的限度设定的同时,并不意味着抛弃或者忽视"硬法"的作用。"硬法"是国家环境风险规制体系的中流砥柱,正如耶林所说:"没有国家强制力的法律规则是'一把不燃烧的火,一缕不发亮的光'。"相对于软法,硬法具有制定主体的广泛代表性、规范执行的国家强制力保障性和规范适用的普适性,对于环境风险规制法律限度设定的宏观决策和权利救济都具有无法替代的作用。质言之,回应环境风险规制法律限度设定的问题,需要以公共治理的眼光检视现有治理体系的局限性,通过"硬法"和"软法"并举、国家强制与社会强制并重的方式,协调环境风险规制过程中不同主体的权利限度问题,以达到环境风险规制结果的妥善与衡平。

一 环境风险规制的硬法制约与制度规范

当前,我国对环境风险规制的限度设定仍然是以制定法体系为主,通过法律、行政法规、行政规章等以国家强制力保证实施的法律实现生态环境的保护。然而,以传统"硬法"为主的环境风险规制限度设定模式具有保守性和滞后性,对生态环境的风险预测和应急处理往往力有不逮。因此,通过硬法对环境风险规制限度的设定进行规制,一方面要发挥保证硬法实施的规范性、强制性和普适性,通过科学民主决策的方式实现硬法与社会的契合度;另一方面,要通过硬法的"软化"——包括单一制政体下规范制定权限的拓展、硬法执行手段的导向性跟进以及自由裁量权的规范化运用——实现环境风险规制限度设定的规范结构平衡。质言之,即硬法的"扬长避短"。

(一)通过硬法的环境风险限度设定的规制理路

由于环境风险问题具有公共性,因此对环境风险规制限度主要通过公法进行设定。在我国用以规范环境风险规制限度的"硬法"主要包括行政法和刑法。行政法主要通过行政手段对环境风险的限度进行事前的标准设定、技术设定和事后的应急处理、行政处罚;而刑法则通过具有国家谴责性的惩戒方式对涉及环境风险、具有更强社会危害性的生态环境污染者追究刑事责任。因此,通过硬法对环境风险限度进行设定,需要从事前的环境风险标准设定、事后的环境风险损害管理以及涉及环境风险的环境犯罪刑事处罚三个维度进行建构。

首先，需要建立目标明确、体系健全、内容科学、回应公众的环境风险评价标准。环境风险评价标准是政府进行环境风险管理的重要依据，建立科学的环境风险评价标准可以帮助政府对环境风险做出更为明确的认识和更为科学的判断。近几年，我国在环境污染防治、自然资源与生态环境保护等方面颁布了诸多立法，对大气污染、水污染、固体废弃物污染的行政管理和处置办法都进行了明确规定，对相关污染物的环境风险防治也偶有规定。然而，我国目前仍然缺乏对环境风险的内容、数量、计算方法、处置方式进行宏观规定的环境风险评价标准体系。国外较为成熟的环境风险管理体系都有一系列技术性文件、准则或指南作为支撑。例如美国国家环境保护局、农业部、食品与药品管理局、商检局4个机构主要负责联邦环境风险管理工作；美国国家环境保护局要求特定设施的企业或者经营者准备和实施风险管理计划（RMP），该计划包括危险评估、预防计划以及应急反应计划等内容。[①]因此，必须运用综合手段构建我国的环境风险评价标准。第一，需要树立环境风险管理的标准制定战略。我国目前的环境风险标准的规制模式是一种事件驱动型的管理模式，往往是在出现重大环境风险危机的情况下进行专项环境风险标准制定。但是这种规制模式具有被动性和滞后性，不符合生态环境保护"预防为主"的工作要求。因此，必须对我国环境风险的"家底"有清晰的认识，即通过环境风险评估为环境基准的确定提供科学依据，在环境基准的基础之上对环境风险的标准进行设定。[②]第二，需要建立体系完善的环境风险标准体系。随着国家对突发环境事件风险预防的日趋重视，我国环境风险管理指南与导则日趋完善。[③]《环境保护法》第47条规定："各级人民政府及其有关部门应当依照《中华人民共和国突发事件应对法》的规定，做好突发环境事件的风险控制工作。"在《突发事件应对法》的统领下，我国还制定了《建设项目环境风险评价技术导则》（HJ/169—2004）对环境影响评价的环境风险标准进行专门规制。此外，针对高环境风险行业，生态环境部（原环境

---

① 王金南：《国家环境风险防控与管理体系框架构建》，《中国环境科学》2013年第1期。
② 王金南：《国家环境风险防控与管理体系框架构建》，《中国环境科学》2013年第1期。
③ 毕军等：《我国环境风险管理的现状与重点》，《环境保护》2017年第5期。

保护部）自2010年先后专门颁布了《氯碱企业环境风险等级划分方法》《硫酸企业环境风险等级划分方法》和《粗铅冶炼企业环境风险等级划分方法》一系列重点行业环境风险评价指南。[①]尽管如此，我国的环境风险标准体系仍然是以专门事项、重点行业为规制对象，缺乏宏观性、统一性的环境风险标准评价，在突发环境事件数量总体下降、累积性环境风险日趋凸显的背景下，无法对隐藏性、潜伏性高的环境风险进行科学评估。因此，需要通过科学考察，针对影响国民健康的重点污染行业和生产事项进行专门调查，通过综合手段完善目前的环境风险标准体系。

其次，需要建立立法科学、执法严明、权责清晰、高效便民的环境风险管理体系。我国环境行政立法对于环境风险管理制度涉及较少，环境行政执法中相关职权管理过于分散、行政问责机制构建不足、行政公开制度不完善。因而需要从立法和执法两方面入手加强环境风险行政规制手段的优化。行政立法需要遵循几个基本原则：第一，坚持风险预防原则。行政立法人员应当设立相关法律遏制污染的发生，减少环境污染对生态和人身损害之可能。我国相关法律中虽然体现了风险预防，但风险预防没有被确定为基本原则而写入法律。当然风险预防需要行政机关预先评估风险的存在与否。相关法律应当规定风险评估机制给予行政机关借鉴，与预防机制衔接。该评估机制亦能减少行政机关借风险评估而不作为之可能。第二，坚持比例原则。行政相关法律对于污染环境的违法行为应当坚持比例原则。相关立法人员在制定法律的时候应当将惩罚精细化，做到与损害行为相称。第三，坚持补充原则。行政法与行政机关相关，处罚门槛低，处罚较为灵活，应当与刑法这一规制手段相互配合。行政法的立法过程中应当注重行政处罚（尤其是罚款）与刑罚的衔接。在某些环境犯罪行为发生后，刑法不便于对该违法行为做出较大数额的罚款时，行政法即可以就相关犯罪行为予以立法确定较大数额的罚款作为补充以弥补刑法的处罚不足。行政处罚中的较大数额的罚金会增大犯罪分子的犯罪成本，在某些方面往往会起到比刑法更大的规制作用。

行政执法是行政机关规制环境问题的重要环节，行政执法过程中要坚持行政法基本原则，加强协调行政机关内部权力分配、完善行政机关问责机制、加强公众对相关流程的参与、提升信息公开水平并保护相关人员

[①] 毕军等：《我国环境风险管理的现状与重点》，《环境保护》2017年第5期。

合法权益。一是，要加强协调行政机关内部权力分配。行政主管机关可以出台相关文件明确界定政府、环保部门、企业在环境风险规制中的权利义务。明确决策机构、监管部门环境保护的工作内容，实现权力分配。当然该文件应当符合宪法法律相关规定、符合环境治理大环境之要求，职权配置要体现监督制约。二是，要完善行政机关问责机制。相关环境监督行政机关怠于履行或未正确履行行政职责，造成环境生态损害和人身财产损失的，行政主管单位应当对其进行内部监督和责任追究。我国应当制定相关问责机制，规范问责程序。将以上级主管人员对下级人员不当行为的权力问责转变为制度问责，即以制度为导向、为目标，规范相关行政人员的行为。三是，要加强公众对相关流程的参与。环境风险行政规制的法律体系中应当愈加凸显公众参与。切实保障公众参与环境行政立法、执法、处罚全阶段，实现公众对于各个阶段的监督。此外，鉴于环境污染和防治问题涉及较为专业的技术事项，因而相关专业人员的参与必不可少。但是亦应当规制专业人员的评估鉴定活动，避免单方决断，避免自然科学凌驾于社会科学之上。四是，要提升信息公开水平。行政机关应当提升信息公开的水平，提升政务公开和信息公开。环境保护、环境风险防治的重点领域应当成为政府重点公开之内容。在环境违法行为惩处这一范围内行政机关应当向社会公开惩处相关企业的政务记录，公布相关企业的污染状况。基于此，公众得以监督政府行为，环境风险规制工作能够得到有效保障。

最后，需要建立风险导向、提前预防、手段灵活、保障人权的环境风险刑事规范。鉴于环境污染行为具有累积性、持续性、复杂性的特点，该行为需要强有力的手段进行规制。刑法作为一种"硬法"的规制手段，具有应对环境风险的较大优势。刑法以国家强制力为支撑，在面对环境风险、环境问题时能够迅速有效地对其进行遏制、打击和预防。因此刑事立法者应当积极发挥刑法之强力的规制作用，使刑法成为相关环境犯罪预防的先决手段。与此同时，立法者应当优化立法方式、提升立法水平以应对日益严重的环境污染问题。我国环境犯罪具有四个较为显著的特征：第一，侵害具有累积性。环境污染行为持续发生，而损害结果不即刻显现，而持续积累于一定时间后显现出来。第二，侵害具有持续性。污染环境行为停止后，其造成的损害仍在持续。第三，侵害具有复杂性。基于技术的不确定性，环境污染和破坏行为所造成的损害具有复杂性，侵害因素多样复杂难以准确界定。第四，侵害的政策的允许性。由于经济发展与环境保护具有矛盾性，环境保护在一定程度上仍需让位于经济发展。加之，自然环境有其自净能力，因此以我国现有环境保护法律法规和标准为基础，环境污染行为在一定程度上是属于可以容忍的范围内。换言之，环境风险具有一定的容忍性，并非只要污染环境就一定会承担刑事责任。就我国目前的刑法规范来看，还存在一定的问题：第一，风险刑法及其预防功能匮乏，如果仅坚持事后治理理念则极有可能导致环境刑事法对环境利益的重视程度不够，无法有效预防环境风险；第二，环境犯罪专节式立法虽对破坏环境资源犯罪予以了回应，但置于"妨害社会管理秩序罪"一章之下是否合乎时宜值得反思；第三，环境资源刑法保护的范围有待扩张，目前噪声污染等尚未纳入环境犯罪的范围；第四，罪名设置有待于进一步完善，污染环境罪囊括了水污染、大气污染、固体废物污染等环境污染行为，规制范围应当予以细化。

因此，基于以上问题的分析，环境刑事立法应该予以回应，从以下方面予以考量，提升立法水平。第一，坚持积极介入的环境刑事立法导向。环境刑事立法应当转向风险刑法视野并注重其预防功能的发挥，既应当积极预防规制又应当承担控制风险的任务，在危险现实化之前即应考虑介入，不能等到实际侵害结果出现之后再消极地予以惩罚。第二，坚持风险预防的环境刑事立法导向。在风险社会的背景下，为了让刑法有效地承担起保护法益的任务，在考虑是否予以入罪时，立法者将刑事政策上的需罚性因素放在重要的位置，指向未来的预防效果成为入罪化立法的主导性目的。[1]我国刑事立法中污染环境罪究竟是行为犯还是结果犯，是危险犯还是侵害犯等行为构造问题仍有争议，应当理解认为：只要采取生态学的人类中心的法益论，那么污染环境罪相对于不同的法益而言，既可能是行为犯也可能是结果犯，既可能是危险犯也可能是实害犯。[2]第三，坚持回应性的环境刑事立法导向。风险时代的复杂性对于刑事治理提出了新要求，为了回应社会需求、回应不确定环境风险的潜在危害，环境刑事立法应当"构建完备、协调的环境刑法体系，需要树立科学的调控理念，进而划定适当的调控范围，确定合理的调控标准；树立科学的调控理念，适当兼顾人类中心主义和生态中心主义两种理念，确立全面保护、重点治理的

---

[1] 劳东燕：《风险社会与功能主义的刑法立法观》，《法学评论》2017年第6期。
[2] 张明楷：《污染环境罪的争议问题》，《法学评论》2018年第2期。

调控理念；进一步拓宽环境刑法的调控领域，妥当界定具体个罪的规制范围"①。第四，刑事立法要符合解决环境问题之初始目的，坚持恢复性司法的基本理念。环境刑事立法之初始目的在于保护生态环境。环境污染结果发生后，国家所关注的重点应当在于对污染地域生态恢复，而不应过多着眼于对相关犯罪分子的惩戒。因而在环境立法中，立法目的应当更多地倾向环境修复，立法者可以要求污染人员缴纳费用用以修复污染地域之生态以减轻其刑罚。因此，环境立法应当多提升罚金等财产刑罚的比重而减少自由刑的占比，财产刑的提升会增加违法人员的犯罪成本，借此触动其根本利益从而减少犯罪的发生。因此，我们既要运用刑法积极介入社会事务解决环境问题，又要基于风险的科学预测与评估调控刑事立法以保障人权。立法者在创制刑事法规之时为应对环境污染问题可能会非理性，相关人员可能为打击犯罪而加重惩罚力度。与此同时，立法者亦可能受到相关利益团体的干预。因而设置相关立法尺度，科学预测风险并进行评估有助于实现立法精细化，是保障人权实现法治的必要手段。与刑法应对环境风险、规制环境犯罪的方式相比行政法应对相关问题的方式较为灵活。行政法处罚门槛低、处罚种类繁多、处罚执行便捷，能有效打击环境污染的违法行为。笔者认为，行政法与刑法都是规制环境问题的有效手段，两者应当予以配合、互补。

（二）硬法"软化"视角下的环境风险限度规制路径抉择

近代以来，国家单中心、单向度、强制性的国家主义管理模式在世界范围内的公共行政管理领域占支配地域，与这种政治模式相适应的，是以体现国家意志、由国家制定和认可并由国家强制力保证实施为核心内容的"硬法"法律观。②然而，随着经济社会的发展，环境问题日益突出，环境风险问题的规制如果仅仅通过体现国家意志的传统意义上的"硬法"进行规制，不但不能妥善解决复杂的环境风险，而且缺乏规范伦理证成的正当性。因此，若想在多元主义的语境下通过硬法实现环境风险的规制，要将硬法在实施机制中与环境风险限度规制不相契合的部分"软化"，在保

---

① 赵秉志、詹奇玮：《当代中国环境犯罪立法调控问题研究》，《中国地质大学学报》（社会科学版）2018年第4期。

② 沈岿：《"为了权利与权力的平衡"及超越——评罗豪才教授的法律思想》，《行政法学研究》2018年第4期。

证硬法的民主性、强制性、普适性的前提下实现硬法对环境风险的快速、灵活回应,从而实现环境风险规制限度在硬法框架下得到良好的设定。

罗豪才教授认为,软法和硬法都是法律的一种基本表现形式,都具有法律的共性特征,只不过软法是以不同于硬法的方式去体现公共性、规范性、普适性等特征。① 所谓硬法的软化,就是在保持硬法的民主性、强制性、普适性的基础上借鉴软法运作方法的机制理路,通过调整硬法的制定、执行、保障机制,使其能够在对环境风险限度进行设定时整合多元价值、照顾少数利益、实现效率优化。美国社会学法学派代表人物赛尔兹尼克认为,法律有三种类型——压制型法、自治型法以及回应型法。塞尔兹尼克指出,回应型法是在扩大法律相关因素范围的前提下,强调对各种社会矛盾做出及时回应,不仅关注程序正义同时关注实体正义的法律范式。② 从这种意义上来说,硬法的"软化",即通过硬法自身的调整实现其对环境风险问题的回应性,而这一制度进路可以从三个维度上进行展开。

首先,从硬法的制定主体来看,我国现行的立法体制是一种"一元、两级、多层次"的立法体制。我国的立法体制是统一的、一体化的,③ 通过全国人民代表大会和地方各级人大制定法律对环境风险的种类和限度设定方式进行规制。行政法规、部门规章在制定法的宏观规定下对环境风险规制的具体办法进行细化规定。然而,由于法律和行政法规是单一制整体下通过少数服从多数的民主程序进行制定,而现代的环境风险的限度规制具有地域性和偶发性,对于特殊地域、特殊人群和特殊环境下环境风险的规制无法进行全面的回应。在卢曼看来,这种规范上的风险反映了以决定者与决定的被影响者的分裂或对抗为特征的各种决定的风险。通过对我国地方人大立法和地方政府规章制定的情况检视,《立法法》第72条规定,省级人民代表大会及其常务委员会有权制定地方性法规,设区的市级人民代表大会及其常务委员会可以对环境保护等方面的事项制定地方性法规。然而,目前有权制定地方性法规和地方政府规章的地方人大和地方政府的立法数量并不能反映出地方环境治理的特殊性,大多数地区对当地的环境

---

① 罗豪才:《认真对待软法——公域软法的一般理论及其中国实践》,《中国法学》2006年第2期。

② 李晗:《回应社会,法律变革的飞跃:从压制迈向回应》,《政法论坛》2018年第2期。

③ 张文显:《法理学》,法律出版社2007年版,第227页。

风险限度设定仍然在"一刀切"的管理思维下采用上位法的统一式规制模式，而上位法和地方生态环境保护实际的矛盾和冲突由此体现出来。鉴于此，需要通过鼓励并引导地方人民代表大会和地方人民政府根据本地区的生态环境实际情况制定符合当地环境风险限度设定的地方性法规和地方政府规章，需要通过地方性法规和地方政府规章解决各地特殊地区的特殊问题，在不违反上位法的基础上对环境风险的限度规制大胆探索，从而体现硬法制定程序的开放性和回应性。

其次，从硬法的规制手段来看，我国现行的法律法规对于环境风险的规制主要是通过"命令—控制"式的行政管制方式进行管理，针对具有高度环境风险的社会问题，政府往往通过行政处罚、行政强制的方式命令造成环境风险的主体——多数情况下是企业——缴纳罚款或者停止生产。尽管这可以在某种程度上提高行政效率，化解某些环境风险和邻避冲突问题，但是"一刀切"式的行政管制方式并不能有效化解现代的环境风险问题。从社会学的视角来看，惩罚手段适用于不履行义务的行为，但人们履行义务很少是因为害怕惩罚，[1]故而"命令—控制"式的单一行政管制方式能够适用的范围和解决的问题在现代环境风险的背景下十分有限。一方面，行政管制的风险规制手段在关停企业的同时，往往造成巨大的经济损失和社会资源浪费，基于维持社会稳定的考量，在很大程度上有可能牺牲企业的经济利益；另一方面，在现有的行政治理能力和环境科学技术水平下，通过单一的行政管制方式不能保证对环境风险的有效识别，并且行政机关对环境风险的规制在很多情况下并非出于科学结果的考量而是基于社会稳定的目的，基于社会公众的认知偏差（Cognitive Biases）、"框架效应"（Framing Effecting）和"可得性井喷效应"（Availability Cascade）[2]极易使较低的环境风险主观放大化，从而造成行政管制的方向偏差。因此，通过单一的行政管制手段进行环境风险规制具有手段和结果上的局限性。在环境治理体制财产权化的理论范式下，如果将不同的环

---

[1] ［英］安东尼·吉登斯：《资本主义与现代社会理论》，郭忠华、潘华凌译，上海译文出版社2013年版，第115页。

[2] ［美］詹姆斯·萨尔兹曼：《美国环境法》，北京大学出版社2016年版，第21页。"框架效应"是指人们在对一种事物的安全性进行认识时往往会将概率很低的风险主观放大化；"可得性井喷效应"是指如果关于某种风险的故事被反复提及，尤其是被新闻媒体反复报道，就会导致公众对于某些小风险的过分关注。

境治理体制都视为实现某种财产权体制的手段,那么没有任何一种财产权体制可以被证实在所有的情况下,在考虑到政策的各个层面时都优于其他所有的财产权体制。①由此可见,环境风险规制的法律限度设定需要通过多元化的手段进行治理。一方面可以通过科技手段对环境风险的限度进行更加体系化和全面的定量分析,并在转变行政机关进行环境行政决策方式的基础上,引入实质上的专家论证和形式上的听证说理机制,对环境风险的限度问题进行更加科学性的规定。另一方面,可以根据各地的具体情况将市场的规制手段引入环境风险的规制方法考量。我国目前正在推行的排污权交易试点制度将污染者的外部成本内部化,通过总量控制下的排污权交易可以借助市场的手段节约控制各个企业污染物排放的数量,构建我国的排污权交易制度需要加强排污量的初始分配工作,需要构建高效透明的排污权交易市场,需要加强污染物排放量的监测和统计。此外,环境责任保险在进行环境风险的规制时在风险分散与填补,抑或是引导有效风险管理功效的实现上,都具有不可替代的功能。②质言之,通过引入综合式的环境风险规制限度设定方法,可以实现硬法规制手段的"软化",从而节省社会成本,提高规制环境风险限度的效率和质量。

最后,从硬法的规范适用来看,在"国家—控制"法范式的法律观语境下,硬法对环境风险规制限度设定的过程是国家行政机关或司法机关在法律规定的可以自由裁量的范围内对环境风险规制限度的具体问题进行裁量。任何对环境风险限度设定进行裁量的结果都是不同利益博弈的产物,其中隐含着不同地区生态环境风险设定的特殊性和不同利益之间的纠缠。与传统硬法适用的普适性相区别,传统的硬法在对环境风险规制限度进行设定时,对个案中相同的情况都采用同样的处理方法。例如我国地方行政机关在处理大量的邻避冲突时,往往会采用停止生产项目的方式来化解社会性风险。然而同样的处理方式在针对不同的案例时产生的结果往往是不同的,停止生产项目即使可以避免环境风险转变为现实的生态环境破坏——虽然在很多情形下存在着平息社会舆情、化解群体事件的动机——但是"一刀切"式的规范使用方式不可避免地对企业的经济利益造成了损

---

① [美]丹尼尔·H. 科尔:《污染与财产权:环境保护的所有权制度比较研究》,严厚福、王社坤译,北京大学出版社2009年版,第3页。

② 马宁:《环境责任保险与环境风险控制的法律体系建构》,《法学研究》2018年第1期。

害，进而影响社会的整体利益。因此，在严格依照法律对环境风险进行限度设定的同时，行政机关和审判机关要正确运用其自由裁量权，"法律面前人人平等"并不排除个案中处理方式的自由裁量。同时应当注意到，行政裁量是行政权的核心，行政法如果不是控制行政裁量权的法，那它就什么也不是。①在强调通过硬法规制环境风险的同时，要加强对自由裁量权的控制，要通过论证的伦理、法解释学技艺以及公正程序之中的议论活动，特别是理由的详述和公开发表，来限制自由裁量权。②综上所述，实现硬法适用规范的"软化"，需要在行政机关与司法机关行使自由裁量权时加入合理性因素的分析，通过创新规则使用方式，对环境风险的规制限度进行综合性考量，同时加强决策论理的专业化和行政公开制度的建设，控制自由裁量权的行使，从而通过硬法重构环境风险规制法律限度的设定。

二 回应型环境风险规制软法制约的重构

法律的内部制度化运作行为能从制度建构的立法、执法、司法层面规范人的行为与自然的协调一致，以有效规制环境风险。布莱克认为，法律是政府的社会控制，是国家和公民的规范性生活，是一个可以增减的变量。③在这一意义上的法律内部制度化运作实质上是政府将法律制度化并予以实施的过程，政府成为事实上的法律运行主体。因此，环境风险规制亟须不断健全法律规制体系和制度体系，为守法、执法、司法提供有效的操作规范。但需虑及的是，环境风险具有不确定性特征，对于环境风险规制实质上是"决策于未知之中"，显然不可能出台前瞻、全面、综合的法律规范。这就意味着，传统法律通过明确权利及义务的危险应对规范模式无法有效解决环境风险规制的问题。而且，基于传统规范模式的指导理念也会使政府在环境风险规制时"宁可失之谨慎"，保守行事，不利于环境风险的防控。由之，回应型环境风险法律规制不仅需要法律规范的行政管制、经济激励和救济等政府主导的内部性制度运行，更依赖于外部性环境

---

① [美]伯纳德·施瓦茨：《行政法》，徐炳译，群众出版社1986年版，第566页。
② 季卫东：《通往法治的道路》，法律出版社2010年版，第45页。
③ [美]唐纳德·J.布莱克：《法律的运作行为》，唐越、苏力译，中国政法大学出版社2004年版，第2—3页。

风险多元规范体系的动力机制保障和促进,为"不确定性"的制度性和结构性环境风险法律规制寻求规制工具和支撑基础。

(一)协商式环境民主规范体系:反思性法的回应

协商民主是20世纪末西方民主理论的一种新的发展与范式转变,源于人们对"民主的本质是协商而不是投票"观念的认同。[①]罗尔斯认为关于协商民主的观念就是协商自身所包含的观念,它包括三个要素:公共理性观念、规定协商性立法实体设定的架构以及公众所具有的知识与愿望等。哈贝马斯在对后资本主义合法性危机考量基础上的话语民主理论拓展了协商民主理论,它以程序主义的模式将涉及正义的问题通过交往行为与论辩的商谈规则统一为本质意义上的协商话语模式,强调以对话、交流、讨论等实现公众自由、平等地参与。无论是社会转型带来的结构变迁与权利观念的觉醒,还是现代公共生活对公共性的强烈渴望,这些都从自上而下与自下而上两个面向推动了协商民主的复兴。[②]可以说,协商民主是民主发展进程中的一项重要的新型民主制度,能够培养公众反思与批判的能力,促进公共决策的合法性,提高决策的质量与执行力。

之所以将协商民主引入环境民主之中,其主要原因在于我国传统的环境风险规制决策主要是政府主导下的命令管制方式,在很长一段时期内确实推动了我国生态环境保护的实践和可持续发展的实现。但是,一种缺乏民主参与和监督的管制形式很容易在政府的自我局限与经济利益制约之下迷失方向,单一的命令控制方式必定会遇到实施的巨大阻力,在这一情势下环境民主的引入与贯彻至关重要。据调查,中国作为一个发展中国家,其公众个人的环保意愿是明显强于高收入国家和其他中等收入国家之一般水平的,他们愿意为环境保护做出更多的个人牺牲。[③]因此,之于环境风险规制,我们必须建立一个桥梁,一方面促进公众对于其种种消费行为造成的环境后果有更深的体会,提供改变其偏好的可能机会;另一方面提供

---

① [澳]约翰·S.德雷泽克:《协商民主及其超越:自由与批判的视角》,丁开杰译,中央编译出版社2006年版,第1页。

② 秦鹏、杜辉:《环境义务规范论:消费视界中环境公民的义务建构》,重庆大学出版社2013年版,第202页。

③ 洪大用、范叶超:《公众环境风险认知与环保倾向的国际比较及其理论启示》,《社会科学研究》2013年第6期。

针对种种相关知识，审慎地在许多决定中做痛苦的抉择。①其实质就是允许公众以其切身体会和认识参与到环境风险规制之中，而以对话、沟通、交流为特征的协商民主无疑是一种符合生态时代需求的民主形式。协商式环境民主实质上应该是一种特殊的、具有协商性的环境民主参与机制，是公众通过合理与合法的程序，以对话、沟通与协商的形式民主参与相关的环境利益、环境风险规制决策之中，并对这些决策产生相应的影响和监督效应，扼制"宁可失之谨慎"的规制模式。

质言之，协商式环境民主必须处理好两个基本问题：首先，它要为公众提供表达其环境倾向的协商机会。在环境风险规制决策做出之前，政府、企业以及不同地域的不同利益群体之间由于各自所处的位置不同、地域不同，其对生态环境保护的态度大不相同。且不论政府囿于经济发展的生态环境保护战略受限以及企业追逐经济利益最大化的本性，单是不同地域、不同群体的公众之间也会对环境利益有着不同的要求，如果不给他们提供一个表达的协商机会，就无法最大限度地保护其利益，更谈不上给予其利益平等的考量。唯有通过协商式民主方式，通过公开、公正和充分的协商过程，才能使公众的环境利益得以表达，尽管协商的结果不可能尽善尽美，合乎所有人的要求，但至少这一决策的公信力将在这一协商过程中得以确立。其次，协商式环境民主指向的是协商性与公益性的环境决策。从本质上说，环境风险规制所要保护的对象归根结底都指向有益于区域性和群体性甚至是人类整体的环境公益也即我们通常所说的集体福祉。一般性的环境民主往往会给予个体以保护个体环境权益的自由，但其后果往往导向的是公众对个体环境利益的关注而无法有效地兼顾环境公益。协商式环境民主提供了这样一个公众参与的途径，它通过集体性的协商而将集体福祉超越于个体环境利益之上，能够在协商的基础上达成集体一致的公益性环境决策。基于此，环境风险规制需要建立一个合理的、互动性的对话机制，以协商性的环境民主规范体系推进公益性环境风险规制决策的形成。

（二）程序主义运作规范体系：程序理性的确证

法学的程序概念源于西方，是与实体相对应而存在的。程序公正与规范是自由不可或缺的内容，苛严的实体法如果公正地、不偏不倚地适用

---

① 陆俊宏：《永续发展与民主：审议式民主理论初探》，《东吴政治学报》1998年第9期。

是可以忍受的。①在萨默斯看来，任何一种法律制度都必须通过法律程序的具体运作才能得到实施，这些法律程序包括立法程序、适用法律的程序、实施法律救济的程序以及实施一项惩罚措施的程序等。②英国大法官Frankfurter也曾指出"自由的历史，很大程度上就是遵守程序保障机制的历史"③。程序是法律运行的生命，因此法律需要依循一定的次序方式及手续即程序的正当过程来决定和处置利益相关者之间的关系。季卫东教授认为程序的正当过程的最低标准是公众的权利义务将因为决定而受到影响时，在决定之前他必须有行使陈述权和知情权的公正的机会。④即通过程序的公正满足公众最低限度公平的要求。从某种程度上说，程序正义已经成为西方民主法治的一种基本的法律信仰与观念，是现代法治运行必不可缺的因素。市民社会的发展、个人权利的张扬和法律至上的精神信仰，为法律程序的合理设计提供了深厚的物质基础和人文环境。⑤哈贝马斯基于沟通、商谈等自由平等的交往方式，寻求以各种社会子系统的参与民主来解决合法化危机，其关注的核心就在于确定相应的程序机制，使参与公众有自由平等的机会知情、陈述并说明其基本的权利要求，以程序正义保障实体正义。这种应对危机的程序主义范式在风险社会与后现代社会的今天对于环境风险规制中法律的实施同样具有启发意义。

由于环境风险规制具有不确定性与公益属性，而且环境资源的保护往往与经济发展是相悖的，因此推进环境风险规制往往会损害某些群体或个体的利益。更何况，某些地方政府为了政绩的考量，为了地方经济的发展，经常会做出一些扩张环境风险的杂乱渐增性决策。为了使法律的实施与政府的环境风险规制决策更契合环境公益，更符合公众的集体利益，就有必要确定一套合理、合法的正当程序，以程序的公开、透明使公众对这一过程了解、参与和认可，增强法律实施与政府环境风险规制决策的公

---

① Shaughnessy v. United States, 345 US 206（1953）（Jackson J.）.转引自[英]威廉·韦德《行政法》，楚建译，中国大百科全书出版社1997年版，第93页。

② 陈瑞华：《通过法律实现程序正义：萨默斯程序价值理论评析》，《北大法律评论》1998年第1期。

③ [英]彼得·莱兰、戈登·安东尼：《英国行政法教科书》，杨伟东译，北京大学出版社2007年版，第388页。

④ 季卫东：《法治秩序的建构》，中国政法大学出版社1999年版，第24页。

⑤ 孙洪坤：《程序正义的中国语境》，《政法论坛》2006年第5期。

信力。

首先，法律运行的程序公开。程序公开是程序主义运行的基本前提，也是实现环境民主的必要条件。对于关涉环境风险规制的法律规范的执行以及行政行为都应具有透明度，除涉及国家秘密、商业秘密或个人隐私性权利之外，法律的运行程序应该一一呈现于公众面前，置于"阳光"之下。也就是说，做出法律行为的依据，涉及环境风险规制的立法、规定、资料的信息，执法全过程以及行政决策的决议和执行都应该公开，加强立法与执法的透明度，防止权力的滥用。

其次，听证程序的确立。听证是现代程序法的核心制度，也是实现公正的重要保证。听证主要赋予利益相关者以下三项权利：第一，充分的告知；第二，个人有权知悉对他或她不利的证据；第三，向裁判机构陈述案件，提出相关问题，获得正当机会对不利证据提出异议、反驳或相反意见。[1]在环境风险规制过程或者做出环境决策之前，听证制度赋予了环境利益相关者参与听证、质证的权利，在听证过程中可以陈述自己的意见并提出异议，以维护个体的环境利益或者环境公共利益。

最后，环境决策与执法的回避。英国普通法中有一个重要的反偏私原则，即任何人不能做自己案件的法官，旨在保证法院和裁决人员事实上是独立的。[2]这实质上就是我们通说的回避制度。回避指向的是行政机关或人员当其自身与行政决定有直接利害关系时，就应该主动规避和不再参与这些事务。在环境执法过程中，如果任用一名具有利害关系的执法人员参与对污染企业的检查和监督，其结果必然是任由这种污染继续下去，对该地域的公众危害是巨大的。因此，为了维护公众的环境权益和某一地域性的集体环境公益，防止不利和不公正的后果，在环境执法中一定要贯彻回避制度。

（三）舆论话语媒介规范体系：民主监督的健全

法律的运行不仅需要行政部门的执法、公众的民主参与和程序参与，更需要舆论性民主监督的健全。舆论是意见或言论表达，公众舆论反映了

---

[1] [英]彼得·莱兰、戈登·安东尼：《英国行政法教科书》，杨伟东译，北京大学出版社2007年版，第411页。

[2] [英]彼得·莱兰、戈登·安东尼：《英国行政法教科书》，杨伟东译，北京大学出版社2007年版，第433—440页。

社会知觉和集合意识的意见或大家的共同意见。[①]在中国社会变迁的过程中，针对生态危机与风险社会逐渐形成了以政府等决策主体为中心的风险公共话语"中心—边缘"的建构模式：政府及其部门、人大、法院和检察院等决策主体构成风险公共话语建构的中心；政协、事业单位、教育科研机构与行业协会等参政议政、民主监督主体构成风险公共话语建构的内边缘；民间组织、社会团体等社会中介组织及公众则构成风险公共话语建构的外边缘；舆论媒体则成为联结中心、内边缘与外边缘的媒介。[②]过去很长一段时间内，囿于新闻传播的形式和民意表达方式的局限，公众的权益表达机制不畅，政府与公众之间缺乏沟通的公共媒介，公众对政府的舆论性监督无法发挥应有的效果。这也间接助长了一些地方政府的权力膨胀，为了政绩而不顾当地生态环境破坏和资源耗竭的环境风险，过于追求经济增长而无视居民健康和当地的可持续发展。随着网络技术的飞速发展，人们之间的互动性、信息交换和传播愈益频繁，呈现时间上加速、空间上扩展的新特点。数字化媒体的发展使得公共舆论联结风险公共话语建构的主体、内边缘和外边缘的媒介功能越来越重要，并推动着处于边缘的群体开始占据越来越重的话语竞争优势，以民意表达和民主监督开始对中心施加压力和影响。

　　网络表达所及时传播、曝光的信息被边缘群体用于对中心权力施加压力，越来越引起治理者的重视，筑造了一个交流、沟通和监督的平台。所谓"媒体不曝光，工厂照排污；媒体一曝光，五套班子齐开会"的环境风险规制方式虽然有些夸大，但确实是某些地方政府对待环境风险态度的真实写照。近年来，已经有越来越多的环境污染事件是经公共舆论和媒体曝光之后，才逐渐引起社会、政府的重视的。2014年9月《沙漠之殇》披露的腾格里沙漠排污事件、2013年披露的昆明东川"牛奶"河事件、2013年披露的联邦制药内蒙古污染事件以及2010年福建紫金矿业集团污水渗漏事故等，都是在媒体曝光后才公之于世，也是在媒体不断追问和舆论压力之下，才进行追责和问责的。显然，处于风险公共话语中心区域的权力之间存在利益的矛盾和冲突，地方政府与环保部门之间并没建立起良好的

---

① ［美］李普曼：《公众舆论》，阎克文、江红译，上海人民出版社2002年版，第2页。
② 王小钢：《追寻中国环境法律发展之新理论：以反身法、审议民主和风险社会为理论视角》，博士学位论文，吉林大学，2008年。

沟通和协作渠道，因此在处理问题时无法达到步调一致。因此，为了应对环境风险与生态危机，维护公众的环境权益和公共环境利益，一方面要建立政府及部门、地方政府间的良好协调工作机制，解决历史遗留问题；另一方面要继续发挥媒体舆论的媒介联结与民主监督功能，改变环境风险规制不力的现状，促进我国环境保护事业的发展。

第二节 环境风险规制的体系维度建构与限度规范

环境风险规制并不是一个单一性的问题，它涉及风险回应的诸多方面。结合我国生态环境的总体状况、环境风险规制实践以及当前风险规制路径的可能选择，笔者认为，环境风险规制的体系维度构建与限度规范应当从两个领域区分推进：一个是静态的环境风险规制领域，另一个是动态的环境风险规制领域。静态的环境风险规制领域应当涵盖环境风险识别规范维度与环境风险评估规范维度；动态的环境风险规制领域应当涵盖环境风险管控规范维度、环境风险沟通规范维度与环境风险补偿规范维度等。

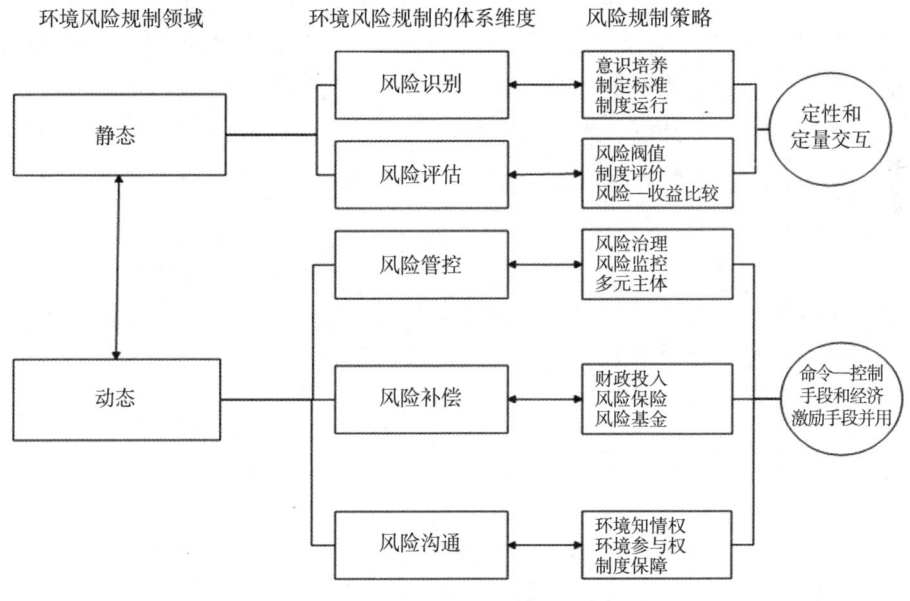

图 5-1 环境风险规制体系维度框架

一 环境风险识别规范维度

环境风险识别在环境风险规制体系之中起着基础性作用,环境风险识别决定了之后规制的对象。如果在源头上出现问题,之后的一切努力都将白费,因此要重视环境风险识别的制度规范。由于环境风险具有科学上的不确定性和多样性,而且缺乏精准数据,所以仅凭人们的个人能力是无法识别环境风险的。一般而言,风险识别需要"运用逻辑的分类方法,来认知所有各种可能的损失风险的类别,同时使用合适认知顺势风险的方法来认知组织于特定时间所可能会遭遇的特定损失风险"[1]。因此,环境风险识别有赖于相关制度和标准的具体制定,以有效的风险识别为环境风险规制构筑坚实的基础。

首先,要注重规制主体环境风险识别的制度意识培养。一方面,制度意识是法律制度制定的基础,没有制度意识,制定者就无法制定法律制度,正如黑格尔所说,"通过法律意识,也正是法律意识,立法者才捕捉到时代精神,并将之反映到法律文件中"[2]。另一方面,制度意识是执行法律制度的思想指引,是促进人们自觉遵守法律制度的心理保证,"只有具备了内在的、自发的法意识,人们才会绝对地、无条件地遵守法律"[3]。因此,要实现风险识别制度的意义,必须加强风险识别意识。巴斯曼认为,如果要做到有效预防风险的发生,就需要政府部门的工作人员实际履行好预防的职责,而风险识别就是其中的一项职责。为了培养政府部门的工作人员环境风险的识别意识,就必须在政府部门内部构建一套实际有效的预防机制,注重早期预警。

其次,环保部门要尽快制定相关的各行业环境风险技术性的评定标准,进而将自身之后的一系列风险管控等纳入风险规制制度体系当中。当其他部门工作人员感知到环境风险需要进行识别时,可以参考环保部门制

---

[1] 郑灿堂:《风险管理理论与实务》,台湾五南图书出版股份有限公司2014年版,第93页。

[2] [俄]拉扎列夫:《法与国家的一般理论》,王志安等译,法律出版社1999年版,第182页。

[3] [日]川岛武宜:《现代化与法》,王志安等译,中国政法大学出版社2004年版,第135页。

定的行业环境风险评估技术指南，根据它的技术性标准进行识别，这些技术性标准为内因性指标与外因性指标：内因性指标主要是生产本身包含的风险、环境保护设施安装情况与生产场地的环境敏感性，外因性指标主要是风险管理与事故管理水平两项，每一项又包含若干具体要素。[1]根据感知的情况与这些技术性要素进行一一对比，最后可以判断出其风险程度到底有多大，从而判断其是"真风险"还是"假风险"。所以，生态环境部门应该尽快制定各行业的环境风险分级方法，从而作为具有统一性、权威性的环境风险识别参照依据。另外，适当情况下，要允许行业协会参加此类分级方法的制定，毕竟实际情况当中可能行业协会有着更多的了解。

再次，要注重行业协会的独特作用。具体而言，政府部门、公众可以协同各行业协会，通过各行业协会对于各行业所有的环境风险案例进行整合分析，整理数据，得出环境风险识别的行业标准；行业协会要联合政府、公众来开发环境风险识别技术的研究；环境行业协会要积极参与到环保部门对于环境风险分级的标准条款的制定当中，至少要对条款的拟定与修正提出行业建议；各行业协会，要经常与政府机关沟通、协商，获取政府特有的环境风险相关信息，并建议政府机关抓紧制定和完善其他风险识别的辅助制度。

最后，要注意风险制度的运行。在识别过程中，会有两个最主要的问题：一个是"真风险"与"假风险"的识别；[2]另一个就是准确识别风险的起因、过程和影响，准确判定各种风险可能爆发的时间和途径。第一个问题笔者已经在前面的论述中做出了回应，此处主要针对第二个问题。首先，为了提升制度运行的效率，政府部门首先要对自然环境风险与人为环境风险进行定性，从而采取相应的措施。对于自然环境风险，政府要联系历史所发生的情况，了解当地曾经发生的自然重大灾害与环境的联系，做出一个合理的判断，基于预防原则提前做出一定的预防措施，减少自然环境风险发生的可能性以及发生时所可能导致的危害。[3]对于人为环境风

---

[1] 马宁：《环境责任保险与环境风险控制的法律体系建构》，《法学研究》2018年第1期。

[2] 真风险即不仅仅在外观上符合风险的特征，实际上也符合人们对其的预期认识；假风险是仅具有外观上风险的特征，但由于其发生概率太低或实质发生后危害后果很小，被归为到假风险当中。

[3] 燕鹏：《试论环境风险的监控与治理》，《科技咨询》2009年第25期。

险，政府部门要根据当地的实际情况，统计重大环境风险发生源，比如：生产有毒有害物质的企业、靠近湖泊河流的污染企业等，并对环境风险来源尽可能地做出一个科学的界定。

二 环境风险评估规范维度

环境风险评估是对可能出现的环境破坏进行分析，这种分析有定性，也有定量。[①]原则上，"宜采用反映各领域代表性、综合性、关联性的定性指标，将部分定性指标转化为定量指标，以全面反映客观事实"[②]。亦即，环境风险评估应以科学原理与科学证据为基础，经由一系列的科学实验数据分析，做出关于确认环境风险发生原因和结果之间因果关系的科学评估决定。环境风险评估是环境风险规制的关键环节，在有限资源下，它对某一环境风险是否应当或者优先纳入行政机关的议程，以及行政机关应当采取何种处置手段或者措施，设定怎样的规制标准，进而做出进一步决策等都具有决定作用。环境风险评估的过程乃是为了回应风险的专业性特征，其不仅牵涉到会发生怎样的后果，也代表着社会和公众将要面对怎样的后果，能够承受这些后果带来的危害。环境风险评估涵盖环境风险分析和环境风险评价，从而制定相应的风险规制办法。

首先，第一阶段是环境风险分析。识别环境风险后，我们需要解决一个难题，即如何确定风险阈值。从理论上来讲，只有当风险达到规定的阈值时，才能通过践行环境风险预防原则采取法定措施。根据我国现有的法律文件，定义环境风险预防原则的概念有很多种，但却无助于确定环境风险阈值。[③]因此，对于风险阈值的确定，我们必须要通过一定的技术手段进行分析，通过多种技术手段根据不同情况确定所识别的环境风险的阈值。环境风险分析主要论证的是：环境风险发生的可能性以及具体危害程度多大时，采取的风险预防措施是正当的。风险（risk）=影响（impact）×可能性（likelihood）。所以，工作人员可以从风险发生的影响和可能性两个方面入手分析环境风险。对于自然环境风险，政府部门

[①] 赵鹏：《知识与合法性：风险社会的行政法治原理》，《行政法学研究》2011年第4期。
[②] 曾维华等：《多尺度突发环境污染事故风险区划》，科学出版社2013年版，第25页。
[③] 王萌、缪若妮、田信桥：《论环境风险预防原则中的风险阈值》，《中国环境管理干部学院学报》2014年第4期。

可以通过技术进行分析，并根据之前的数据做出科学的判断。对于人为环境风险，则必须进行环境影响评价，进行量化分析。除此之外，要明确政府工作人员对于环境风险预防的职责。应当在规定中事先确定风险预防的相关措施，一旦识别到风险的存在，工作人员就必须从现有需要处理的事项当中先确立其优先的预防地位，立即进行分析，从而加快整个环境风险治理制度运行效率。

其次，环境风险分析完成之后，就进入环境风险评价阶段。及时准确地评价环境风险的可能性及其影响，可以从根本上防范环境风险的爆发。"环境政策和法规的制定已经逐渐从基于危害的评价方法转向基于风险的评价方法，风险评价是指对某一过程或情况涉及的潜在危害引起的风险在量或质上进行评价的过程。"[1]也即，其主要是对"是否存在环境风险、环境风险有多大危害等"进行科学判断，是政府部门规制环境风险的基础和依据。环境风险评价最早于20世纪70年代萌芽，目前在我国基本上还仅仅处于初步形成阶段。其主要依据是环境影响评价，然而我国《环境影响评价法》中规定对于环境不利的工程建设行为可以进行程序上的规制，但却无法针对具有科学上不确定性的环境风险。[2]因此，建构一个环境风险评价的平台至关重要。质言之，环境风险评估并不是简单的行政部门论证结果的叠加，而应该是包含不同方面、不同层次的评估活动。

值得注意的是，无论是通过专家咨询还是通过技术评价，环境风险评价都不一定是百分之百正确的，它应当且仅应当成为行政部门决策的基础依据。因此，环境风险评价应当以法律为依据，构建合理的环境风险评价法律程序，从而实现环境风险评价的实质意义。[3]环境风险评价能够完善事故风险评价和健康风险评价的缺陷，全方位地看待问题，更注重环境风险本身以及政策战略风险等，这也应当成为今后环境风险评价发展的一个

---

[1] [英]费尔曼、米德、威廉姆斯：《环境风险评价：方法、经验和信息来源》，寇文、赵文喜译，中国环境科学出版社2012年版，第3页。

[2] 刘中梅、宗艳霞、张馨：《社会转型背景下环境风险的法律机制回应》，《辽东学院学报》2011年第3期。

[3] 王超锋、朱谦：《重大环境决策社会风险评估制度的构建探究》，《河南财经政法大学学报》2016年第2期。

主要方向。①综合的环境风险评价需要一个完善的制度来支持，所以需要构建一个完善的环境风险评价制度体系。第一，通过立法确立环境风险评价的地位，在立法中明确环境风险评价的主体、客体、程序、标准以及其他内容等，做到有法可依。第二，确立综合环境风险评价的评价方法，同时也需要社会公众的共同参与，收集信息，获取专业意见，相互配合，有效监督，共同完成环境影响评价。第三，建构环境风险评价的配套制度体系，完善环境风险决策评价、生态风险评价、跨国环境风险评价等各种评价制度，建构一个科学的、全方面的环境风险评价的框架。

总体来说，环境风险评估是利用科学的手段来计算出风险的危害大小、危害发生的概率以及危害的源头，从而为避免危害的发生或对危害进行风险规制做出科学的判断。但环境风险评估也经常受到质疑，其争议在于风险评估的推论和假设受到评估者本身知识及价值观所影响，环境风险评估结果具有明显的不确定性；同时，环境风险评估中科学是有限度的，如何选择成本—收益分析、成本—收益—分配—预测分析等②评估方法，只能在科学层面上进行价值判断。此外，不同主体参与评估也可能造成不尽相同的结果，如公众和专业研究人员可能会基于不同的知识结构和认知而形成并不一致的结果。因此，应当通过法律规范对环境风险评估程序予以明确，让民意在国家风险决策中显现，并且借由司法权加以监督。无论如何，环境风险评估能够提供决策技术基础记录，提供利益相关者和公众关心的合法信息，为利益相关者提供参与设计和报告决策过程的手段。③因此，在环境问题复杂多变的情况下，通过法律规范环境风险评估的技术手段，以更专业的组织和人员来进行专业化的评估，才能基于我国实践做出更系统科学的环境风险评估结果，以供决策参考，促进环境风险规制的实效性。

---

① 张晓郁、马凤萍、高莹：《我国环境风险评价的现状与趋势》，《黑龙江科技信息》2009年第21期。

② 刘权：《作为规制工具的成本收益分析——以美国的理论与实践为例》，《行政法学研究》2015年第1期。

③ [美]苏特尔：《生态风险评价》，尹大强、林志芬、刘树深等译，高等教育出版社2011年版，第11页。

三 环境风险管控规范维度

环境风险管控是一整套完善的环境风险规制体系，从环境风险的识别、评价，到环境风险的治理、监控都是环境风险管控的一个部分。针对环境风险的管控规范，发达国家的实践运行具有重要的借鉴意义。美国的环境风险管理体系非常完善，它从最开始关注人类健康，逐渐向外延伸。美国的风险管理除法律法规基础较为完善、行政机关设置合理外，还要求特定设施的企业准备和实施风险管理计划（RMP）。另外，其管控体系积极鼓励公众参与到环境风险的管理之中，公众能够基于环境知情权而做好监督工作。日本环境风险管理将环境突发事件与人为环境事件都纳入其中，"在综合防灾管理的基础上建立国家危机管理体系，形成'防灾减灾—危机管理—国家安全保障'三位一体的危机应对系统"[①]。欧盟根据环境风险评估的结果来制定一系列防范的标准，注重工业的污染问题，将风险管理的责任落实到人，将风险进行分级分类处理，从而可以更有层次和针对性地解决问题。

我国现行环境风险管控主要体现在诸多法律法规、政策措施中，但仍有不足。因此，我们需要参考国外先进经验，优化我国环境风险管控体系。总体来说，应以"四维一体"理念为基准，遵循针对性、指导性、前瞻性等基本原则，从三大主体的角度来制定不同的风险管理制度，让三个主体都参与到环境风险管控中。[②]一方面，应当编制相应的规划，利用纲领性文件的指导在全国范围统领环境风险管理；另一方面，要加强建设项目环境风险评价，强化对环境风险监测、预测、处理等具体措施的要求；同时，也要充分发挥公众环境风险管控的监督作用，提高公众环境风险的认识能力和治理能力。我国环境风险管控体系需要经过长期的发展和进化，不断根据我国的现状来进行改革，并经过实践的检验才能真正建立一整套完善科学的环境风险管控体系。笔者认为，我国环境风险管控应当着重于环境风险治理与环境风险监控两个主要的环节。

---

① 姜贵梅等：《国际环境风险管理经验及启示》，《环境保护》2014年第8期。
② 王金南等：《国家环境风险防控与管理体系框架构建》，《中国环境科学》2013年第1期。

第一,环境风险治理的规范设计。我国现行的环境治理模式主要是基于政府为主导、污染控制为主要手段的"单一性"环境治理模式,在中国早期环境治理中起到了极其重要的作用。[①]但随着社会的发展,环境问题日益复杂化,治理主体单一性已经无法回应多元社会形态下的环境风险治理。当出现超出可控范围的环境风险时,就必须采取一定的环境风险治理措施。而采取什么样的治理方法则需要根据现实环境进行综合分析,从而判断采取什么样的治理最为合适。现代国家的"风险治理悖论"[②]告诉我们,进行风险治理时,国家未必靠谱,它不但是风险的治理者,同时也有可能是风险的制造者。风险治理时,国家确实可以为我们提供一定程度的法律保障,但同时"国家依赖"也会给我们带来巨大的风险。因此,这就要求我们转变风险治理理念:从专业性治理模式转变到综合性治理模式;从代理性治理模式转变到自主性治理模式;从集中性治理模式转变到分散性治理模式。[③]而这些治理模式的改变实际上是为了实现风险治理的结构对称、信息对称与行为对称,进而使环境风险规制更有针对性、更加有效,从而实现环境风险分配的公平与正义。

第二,环境风险监控的规范设计。环境风险监控应该贯穿于风险治理的全过程。从目前来看,我国需要健全环境风险监测、预警制度来规制环境风险:一是加强对环境风险源的监测,对监测所得数据进行分析,以分析结果作为预警的基础。由于环境风险的不确定性,监测数据必须全面、具体,监控机构设置的环境风险监测点应该尽可能覆盖更多的地域范围。同时,应对风险监测所得的数据定期分析,从而增强环境风险的识别能力和应对能力。基于环境风险场的形成过程,时间参数、空间参数、风险因子的危害及暴露水平是表征风险场的四个基本要素,诱发机制及次级控制

---

① 张海荣、方印、吴羽纶:《我国环境治理的法律模式选择:硬法和软法优化组合》,《福建行政学院学报》2017年第4期。

② 当利益领域出现"社会失灵",人们求助于国家时,"政府失灵"与"诺斯悖论"出现了,现代国家的存在既成为经济增长的关键,也成为人为经济衰退的根源。在风险领域出现"社会失灵"时,人们求助于现代国家,同样也出现了"政府失灵"与"风险治理悖论",现代国家不仅是风险的消解者,也是风险的制造者。

③ 马光选:《风险治理悖论与风险治理转型——基于风险政治学的考察》,《云南行政学院学报》2015年第2期。

机制是决定这一格局的基础。①对于自然环境风险而言，有关部门主要通过技术手段进行全方位监控，并及时统计数据，做出预防；对于人为环境风险，必须通过检查监督的方式进行实时监控。要通过多种检查手段对政府部门所管辖区内的重大环境风险源进行定期排查，掌握环境风险源的最新动态。在实践操作中，必须做好大气、水体、土壤等不同对象的监测工作，监测区域包括城市、农村和工业园等。二是预警机构要与监控机构协同合作，实现监控工作的一体化。要构建基于经济、科技等多要素，涉及城市、农村等多维度的风险预警标准，根据不同情况及时预警。②监控工作一体化发展首先要求政府部门将环境风险监控措施具体到各个行业当中，并从维护环境利益出发规范市场行为。其次，应重视企业自身建设，促进新能源等绿色产业的发展以及企业自律，同时加大对违反环境法律法规等行为的惩戒力度，促进企业的绿色发展和技术创新，鼓励企业加强环境保护的技术研发。再次，国家应当立法设置专门的环境风险监控机构，制定完善的监控措施，培养专业的技术型人才，从而确保风险监控的自主性，对环境风险进行专项监督。最后，应通过物理、化学、生物等理论作为风险评价的理论依据，构建完整的监控体系，以污染源监测为基础，对收集到的监测数据认真分析，借助高新技术完善环境风险预警系统。

四 环境风险沟通规范维度

风险沟通是环境风险规制的有效工具，"是借助一定传媒手段，在个体、群体、机构间交流和传播与风险有关的各类信息和观点的活动"③。环境风险的不确定性使其完全摆脱了人们的直接感知能力，使得人们无法直接地准确评价环境风险。再加上环境风险信息传递、环境风险规制措施等同样具有不确定性，使得公众产生了危机意识，从被动遵守到积极参与到环境风险规制之中，因此使得行政部门不再处于独断地位。当公众参与到环境风险规制中时，由于在风险认知上仍存在差异，所以达成共识是做

---

① 毕军、杨洁、李其亮：《区域环境风险分析和管理》，中国环境科学出版社2006年版，第105页。

② 廖霞林、李晶：《防范环境风险的法律对策》，《华中农业大学学报》（社会科学版）2012年第6期。

③ 谈珊：《断裂与弥合：环境与健康风险中的环境标准问题研究》，华中科技大学出版社2016年版，第67页。

出合法合理决策的基础条件。目前来看，我国在风险规制当中仍然缺乏有效的风险沟通，导致了诸多环境群体事件的发生，比如，2012年宁波镇海PX事件、2014年广东茂名PX事件等。①在这些事件当中，公众认为自己的权利并没有得到很好的保护，加大了对于环境风险的担忧，因此对于政府部门做出的决策不认同甚至抵触。比如：2013年云南昆明PX事件中，公众就申请公开PX的具体信息，而有关部门只是以"通知"的形式传输信息，并没有尊重公众了解环境风险的权利，导致事态的恶化。而风险沟通有助于社会对于环境风险的认知达成共识，从而使最后的风险决策获得公众的认同。

正是由于国家的风险认知和公众的认知不一样，而国家（立法、行政决策者）基于其自身认知做出所谓的风险决策，可能和人们所期待的有所出入，因此风险沟通显得非常必要。一个规制体制想要良好地运作，其中最重要的一方面就是公众的支持和自信。②风险沟通就是一种公众参与的方式，其沟通的前提是风险评估过程必须透明、风险评估的进程须公开，以使得风险参与者与风险最终决策者彼此之间的沟通对话有一定的基础，如此才显得沟通有一定的价值。③但值得注意的是，风险沟通对于风险决策最终形成的正确性是必然存在界限的，毕竟公众参与并不会直接造成风险的不确定性降低。但环境风险沟通程序能够弥补风险评估的不足，其关键在于国家能够听取公众的不同意见，并对风险决策做出适当的说理与说服，使人们可以理性地接受环境风险决策。因此，环境风险决策是不能完全抛开公众意见的，最终决策的制定必须考量人类的公共安全。要实现环境风险沟通的规范，需要从以下两点予以回应。

第一，保证风险沟通中环境知情权的实现，使环境信息从单向公开到风险沟通。风险所具有的不确定性使得决策者在做出决策时也会处于不确定当中。面对未知的环境风险，行政机关、企业、公众以及其他利益相关

---

① 杨志军、欧阳文忠：《消极改变政策决策：当代中国城市邻避抗争的结果效应分析》，《甘肃行政学院学报》2017年第1期。
② [美]凯斯·R.孙斯坦：《风险与理性》，师帅译，中国政法大学出版社2005年版，第369页。
③ 王超锋、朱谦：《重大环境决策社会风险评估制度的构建探究》，《河南财经政法大学学报》2016年第2期。

者都需要根据一定的信息做出自己的判断。因此，环境风险信息是规制主体做出自己行为的基础。当前，行政机关、企业与公众之间所获取的信息是不对称的。某些情形下，企业并不愿将关涉企业利益的信息传输给行政部门，而在另外的情形下，行政部门也不愿将某些信息传递给公众，各方主体之间的信息处于不对称状态。值得反思的是，公众对行政部门决策的参与和反应取决于公众对环境问题的真实了解程度，也即其所获得的信息的数量和质量。如果公众没有获取到足够的、有效的信息，就不能清楚地了解到自己所需要面对的环境问题，不能清楚自己的角色定位，更不能清楚地明晰自己的诉求和观点。事实上，公众的环境知情权已经得到许多国际法律文件的确认。1992年《里约环境与发展宣言》规定了各国政府应该让公众知悉环境保护的相关信息，并且可以参与到环境问题的具体决策过程中。[①]环境风险信息在具体的决策当中起着重要的作用，是风险利益相关者理性判断的根据，更是主体之间达成共识的基础。在环境风险规制的整个过程中，不仅要让公众知悉环境风险的相关信息，更应使其真正地了解这些信息的实质意义。否则，公众会或因无法真正地了解而忽略环境风险的严重性，或因误解而仍然做出不理性客观的环境风险判断及行为。因此，环境风险决策的做出需要信息之间的沟通，让国家、地区居民以及环境风险管理的伙伴基于共享信息展开对话，对风险管理的应有状态形成意见，这样的相关过程就是风险交流。[②]基于环境知情权的实现，相关主体可以互相交流，提高各方主体之间对环境风险问题的理解以及双方之间的信赖，最终促进环境风险共识的达成。

第二，保证风险沟通中环境参与权的实现。随着环境问题愈演愈烈，公众开始通过民间组织等环境保护团体来表达自己的诉求，开始要求和公共权威之间有更多的对话。公众参与是"公共权力在进行立法、制定公

[①] 1992年《里约环境与发展宣言》原则10规定：环境问题最好是在全体有关市民的参与下，在有关级别上加以处理。在国家一级，每一个人都应能适当地获得公共当局所持有的关于环境的资料，包括关于在其社区内的危险物质及其活动的资料，并应有机会参与各项决策进程。各国应通过广泛提供资料来便利和鼓励公众的认识和参与，应让人人都能有效地使用行政和司法程序，包括补偿和补救程序。

[②] [日]黑川哲志：《环境行政的法律与方法》，肖军译，中国法制出版社2008年版，第80页。

决策、决定公共事务或进行公共治理时，由公共权力机构通过开放的途径从公众和利害相关的个人或组织获取信息，听取意见，并通过反馈互动对公共决策和治理行为产生影响的各种行为"[①]。由于环境风险的不确定性，公众参与凸显的应当是政府机构与公众的互动，只有单方行动的不是公众参与，只有几方主体之间深度的合作互助才是公众参与应有的形态。公众参与的前提是决策者与决策的利益相关者互动交流，进行信息的传递和意见的表达。就风险沟通而言，公众参与是以环境风险为中心的一个持续的交流过程，环境风险决策的正当程序可以保障公众参与的实现。亦即，程序乃是决策的现实流程，其具有法律规范上的意义，应当是制度化的法律程序而非依决策者个人喜好所发动的程序，"不只是个法律程序，还是个正当法律程序"[②]。公众参与涵盖在环境制度的程序设计当中，但就环境风险规制而言，程序是否足够仍存疑虑。如果不能使政府放弃单一的决策角色，那么就永远也无法实现公众的有效参与。环境风险规制在决策时应注重风险沟通，决策者要公开信息，要拥有规制风险的相应专业知识和能力，要维护好作为权威的公信力、保持良好的形象，避免破坏公众的信任。在公众参与的程序设计上，要注重双向交流的过程，强调公众在获取信息后的反馈可以及时地返回政府，从而形成实质的沟通并推进环境风险规制的有序性。

五　环境风险补偿规范维度

环境风险补偿是环境风险规制的重要一环。吕忠梅教授认为生态补偿可以分为广义和狭义两种："生态补偿从狭义的角度理解就是指：对由人类的社会经济活动给生态系统和自然资源造成的破坏及对环境造成的污染的补偿、恢复、综合治理等一系列活动的总称。广义的生态补偿则还应包括对因环境保护丧失发展机会的区域内的居民进行的资金、技术、实物上的补偿、政策上的优惠，以及为增进环境保护意识，提高环境保护水平而进行的科研、教育费用的支出。"[③]笔者认为，环境风险补偿也应该以一

[①] 蔡定剑：《公众参与：风险社会的制度建设》，法律出版社2009年版，第5页。
[②] 叶俊荣：《环境行政的正当法律程序》，三民书局1997年版，第6—7页。
[③] 吕忠梅：《超越与保守——可持续发展视野下的环境法创新》，法律出版社2003年版，第355页。

个相对宽泛的视角来审视。目前，我国处于后工业化时期，市场的力量得到了真正的体现，环境风险补偿应当通过经济机制来进行，并以此缓减政府的财政负担。因此，构建行之有效的环境风险补偿机制是当前我们必须解决的问题。环境风险补偿机制的构建是一项复杂的工程，涉及法律、经济、管理等领域，需要多主体、多方面的支持，各方共同参与。

（一）持续的财政投入机制

环境风险规制是一个涉及公共利益的社会问题，面向环境风险的补偿，政府作为公共机关有义务提供必要的经济支持。首先，政府要对承担环境保险的企业加大补贴的力度，给予经济上的支持与税收的优惠，从而增强保险企业的经济实力，进而扩大其经营范围，使其承担更多的保险事务，从而使更多保险公司积极参与环境风险补偿。其次，政府要充当再保险人的角色。当环境风险切实爆发时，政府应为环境风险补偿机制做担保，当保险无法承担其损失补偿时，政府要承担最后的补偿责任。我们应当鼓励风险补偿的主体与外资保险服务公司进行业务往来与交流学习，借鉴其科学的风险评估、定价系统以及其他先进经验，以促进我国环境风险补偿体系的构建。

（二）建构环境风险保险机制

环境风险保险是环境风险补偿的重要手段，建构环境风险补偿机制可以预防性地保障环境风险受损方的利益，对环境风险所致的实际损害予以保障。环境风险规制应重视国家与市场的协调，由国家对保险公司进行保险支持，为构建环境风险保险机制奠定基础，逐渐构建多层次的环境风险保险机制，建设中央、地方财政支持的保险机制。要尽快推进环境污染责任保险的立法，对环境风险相关的技术标准做出具体规定；同时，明确环境污染责任保险各方主体的权利与义务，明确规定各方主体的具体责任，以构建较为完善的环境风险保险法律体系。

（三）重视环境风险基金的建设

环境风险保险机制是行之有效的风险补偿方式，但仅依靠保险机制无法应对环境风险的复杂性与不确定性。建设环境风险基金可以对环境污染的受害方进行一定的补偿，也能为环境风险保险机制的运行提供保障。当环境风险爆发时，环境保险基金作为一种补充性的经济手段，可以对超出环境污染责任保险额并且无法再承担责任的人给予经济上的帮助，从而维护受损者的经济利益，协调各方之间的冲突。从目前来看，环境风险基金建设需要财政支持以及其他主体的参与，政府应当设置专门的财政款项对其进行支持；社会组织、公众可以通过捐赠的方式进行支持；环境保护税以及对环境风险高的产业所征收的特别税，也可适当投入部分支持环境风险基金的建设；环境风险基金应以市场机制为基础，以法律规范为保障，通过其自身的合理运行推进环境风险规制的有效运转。

第三节 基于环境公益诉讼的环境风险规制司法衡平限定

一个不能忽视的难题是，当代中国环境司法的发展进程中，存在行政权与司法权的矛盾交织，而其显著表现恰是环境公益诉讼的冒进发展。环境风险规制的法律限度考量离不开对行政权与司法权关系协调的考量，需要审视两者之间关系的衡平及基本限度。在国家环境治理的大背景下，如何才能既保障行政权的有序运行与对环境问题的有效回应，又通过环境公益诉讼司法权的扩张和强化增进环境公益保护的监督力度回应行政失灵？这就要求环境公益诉讼的制度运行避免功利主义和政绩观的错误导向，立足于行政权与司法权的协调，促进我国环境法治的健康发展。

一 行政权与司法权衡平基础

基于路径依赖性的传统环境行政管制模式过度依赖政府的主动执法能力，而在生态环境危机愈演愈烈的今天，单纯依靠环境行政机关的命令、控制和监管显然已经无法对所有的违法行为进行及时有效的处置。"行政公共理性的消解和部门经济利益的驱使，传统行政权单一、僵化的运行方式已经愈来愈不适应当代行政的发展。"[①]因此，通过环境公益诉讼的司法权扩张模式来回应这一难题成为更好的选择，以司法的能动性来解决行政不足的难题。问题在于，在司法权扩张过程中，如何判断环境行政能力不足？如何判断满足行政失灵的情形表达？如何判断政府的环境行政行为

---

① 门中敬、余湘青：《行政软权力：行政权重塑的另一个侧面》，《中国行政管理》2009年第2期。

不足以解决当下的环境资源问题？司法权应在何时介入并在何种程度上实现其能动性而不是任性？也即，司法权如何能够不干预行政权？我国目前"行政权与司法权之间的冲突主要依靠权力之间的力量对比以及权力机关的自觉来'相互妥协'处理解决"[①]，但显然这种方式具有随意性和任意性。因此，为了有效衡平两种权力促进环境公益诉讼的良性发展，其根本在于确立行政权与司法权的优先位序和基本定位。

德国学者罗伯特·阿列克西基于权重关系与化约问题，提出了个人权利对公共利益的初显优先理论，出于规范性理由对个人权利与公共利益间关系在内容上的确定性，要求建立有利于个人权利的一般性的初显优先关系。[②]在这里，初显优先性是区别于确定优先性的理性权衡规则，其不仅仅是一种合乎规则的优先性，而是基于比例原则和权衡法则的优先权重与结构。笔者认为，环境公益诉讼视阈下行政权与司法权的关系结构同样亦可借助于有条件优先关系的确立而实现两股力量范式的衡平，行政权初显优先恰是这一逻辑运行的结果。基于这一理论基础，行政权与司法权在适用上是一种实质上的最佳化选择，两种权力"没有本质上的优先性、不存在绝对的优先关系"[③]，根据情形来确定哪一个权力应当优先适应。亦即，首先确立行政权的初显优先性，但当行政权与司法权发生冲突时，它能够受到限制，并且不排除司法权击退行政权的可能。值得反思的是，为何应当确立行政权的初显优先性以及如何确立行政权的初显优先性？显然，其基础在于理清所涉各方的环境利益及其主体定位。法律控制环境利益冲突主要有两个途径："一个是立法控制，通过公平立法建立合理的利益整合制度，分配、保障和协商利益，在宏观上防范利益冲突的发生；另一个是司法控制，通过公正司法，建立合法利益的救济机制，平衡合法利益，在微观上解决具体的利益冲突。"[④]也就是说，一方面有赖于立法赋予环境保护主管部门的行政权实施，另一方面有赖于司法权扩张的环境公益

---

① 彭涛：《司法权与行政权的冲突处理规则》，《法律科学》（西北政法大学学报）2016年第6期。

② ［德］罗伯特·阿列克西：《法理性商谈——法哲学研究》，朱光、雷磊译，中国法制出版社2011年版，第254页。

③ ［德］罗伯特·阿列克西：《法理性商谈——法哲学研究》，朱光、雷磊译，中国法制出版社2011年版，第201—203页。

④ 陆平辉：《利益冲突的法律控制》，《法制与社会发展》2003年第2期。

诉讼来衡平各方环境利益。而在这一过程中，必然会涉及多方主体：政府环境保护主管部门等行政机关、污染企业或单位、法院、检察机关、社会组织、社会公众等。

第一，环境行政机关与污染企业间的环境利益相对性。对于作为公权力代表的政府环境行政机关而言，其保护环境的职责与义务在生态文明体制改革的宏观背景下日益重要。如何以执法机制更好地保护和改善环境、防治环境污染，预防、救济、填补环境公共利益成为其基本行为准则，也是行政权扩张正当性基础上解决环境资源问题的首要选择和路径。对于污染企业或单位而言，其追逐利润的本性将使其罔顾环境负外部性，总会带来污染环境、破坏生态的一系列损害环境公共利益的恶果，作为行政相对人需要行政管理和司法的双重约束。

第二，司法机关的环境利益配置与倾向。对于法院而言，风险社会下大气污染、水污染、土壤污染的日益扩张给国家治理带来了诸多困扰，法院开始秉持职权主义扩张和能动司法的基本立场。一方面对涉及环境私益、环境行政行为的具体问题以司法裁判的方式予以保障；另一方面对损害环境公共利益的行为通过能动的司法裁判予以制裁。当然，法院的能动应当控制在适度的范围内，不能突破既有的法院角色定位以及整个权力配置结构。[①]对于检察机关而言，作为国家利益的代表其理应具有维护环境公共利益的基本职能，在协调法律监督和提起公诉两项权能的基础上，将"环境公益诉讼化归为公诉权能是符合检察权本质属性的体现，而提起环境公益诉讼职能是检察机关公诉权能的主动延伸"[②]。因此，其应当是维护环境公共利益的执法辅助者、司法监督者、支持起诉者，也应是正当的环境公益诉权拥有者。

第三，社会组织与公众的环境利益追逐。对于社会组织而言，其是目前法定的环境公益诉讼适格主体，也是当然的行政执法监督者，"作为政府有限执法资源的补充，追究政府忽略的违法行为的责任"[③]。但在当

[①] 吕忠梅：《环境司法理性不能止于"天价"赔偿：泰州环境公益诉讼案评析》，《中国法学》2016年第3期。

[②] 林恩伟、谢军：《检察机关提起公益诉讼的适格路径》，《知与行》2016年第5期。

[③] [美]詹姆斯·萨尔兹曼、巴顿·汤普森：《美国环境法》，徐卓然、胡慕云译，北京大学出版社2016年版，第73页。

前的行政运行体系下，基于社会组织自身的资金约束、专业能力不足等缺陷，其提起环境公益诉讼的意愿并不充分，这种提起诉讼的可选择性导致了环境公益诉讼案件数量的匮乏，也使得社会组织具备了某种程度上的"权力寻租"空间。对于社会公众而言，作为环境公益受损的实际承受者和受害者，他们是当然的执法监督者和司法监督者，有维护环境公共利益的自觉，但无法提起环境公益诉讼。公众应发挥参与的效能，发现环境污染状况后及时告知环境保护部门、检察机关、社会组织等，同时对各主体行为进行有效监督。

从以上所述可见，环境公益诉讼涉及各方环境利益及其主体的角色配置，行政权与司法权在交错互动中融合衍更。行政决定的做出通常就是一个倾向某些利益而忽略或轻视其他利益的问题，[1]政府环境行政机关的行政权若无公众参与的监督和司法权的约束，则有应对环境问题无力和行政能力不足之虞；法院的司法能动性推进环境公益诉讼有益于环境公共利益的维护但有干预行政权之虞；检察机关理应成为维护环境公共利益的直接代表，在符合法律规定的条件下依法提起环境民事公益诉讼和环境行政公益诉讼，或者以支持起诉的身份参与到环境公益诉讼之中；社会组织是环境公益诉讼适格主体但有不提起公益诉讼或追逐私益之虞；公众有维护环境公益的自觉与积极性，但亦有滥诉破坏司法平衡之虞。质言之，行政权的初显优先即为环境行政机关立足于职责优先进行环境行政行为，若发生环境公益损害：对于可归因行政机关的失职行为可提起环境行政诉讼；对不可归因于其行为的损害可由环境行政机关先行处置，若勤勉执行实现相关诉求则可不必继续环境公益诉讼，但对已经造成的公益损害部分仍通过公益诉讼或生态环境损害赔偿之诉予以追偿；若行政机关未实现勤勉执行没能解决污染环境和破坏生态行为，则可依法继续环境公益诉讼予以解决。亦即，积极、高效的行政执法是保护环境公共利益的主要手段，中立、被动的司法权只是对环境行政执法的重要补充和有效监督，这是司法权在环境治理中的角色定位。[2]法院依法对提起的环境公益诉讼案件进行

---

[1] [美]理查德·B.斯图尔特：《美国行政法的重构》，沈岿译，商务印书馆2011年版，第168—169页。

[2] 王旭光、王展飞：《中国环境公益诉讼的新进展》，《法律适用》（司法案例）2017年第6期。

裁判，对于完全归属于行政权的事项不应管辖，审判过程中基于环境侵害的特殊性可适用职权主义发挥其能动性，但在调查取证、确认环境修复的科学合理性以及督促污染企业技术改造的责任承担方式上应注意与行政权的协调，不可任性超越。

因此，行政权初显优先的核心意旨在于，现行立法赋予行政部门的环境治理能力是否足够衡平环境利益、维护环境公共利益？根据现行法律法规，基于行政权初显优先的行政部门有能力处理停止侵害、排除妨碍、消除危险、恢复原状等污染环境、破坏生态的行为。若仅依赖司法权，则需要经过公益诉讼程序以及执行程序未必比行政处置更有效率，同时在法院执行难的背景下也未必比行政有更强的执行力。当然，行政权初显优先并不意味着绝对排除司法权的适用。囿于行政权自身监管能力不足无法及时迅速处理所有污染环境、破坏生态的行为以及地方保护主义、地方经济至上的发展思维、政企合谋等传统管制困境制约，仍需要环境公益诉讼中司法权的限制和倒逼推动环境保护，通过检察机关、社会组织、公众的监督促进行政权初显优先的适用，实现行政权与司法权的有序协调。

二 行政优先：环境公益诉讼的回应与衡平变革

我国当下环境公益诉讼的发展仍处于摸索阶段，从制度建构尚不成熟，因而不可避免地滋生了包括行政权与司法权无法有效协调等诸多问题。而为了回应判断行政失灵、判断环境行政能力是否不足、判断司法权介入的程度等问题，应当基于环境公益诉讼的现行运行规范，确立行政权与司法权衡平变革的运行规则：确立政府环境治理主导与行政权初显优先位序、明晰行政权初显优先的程序设置、环境公益诉讼适格主体的扩张与限定、环境公益诉讼"可选择性提起"的限制等。

（一）政府环境治理主导与行政权初显优先的位序确立

自环境公益诉讼推行以来，各地陆续涌现了一批典型案例，对我国环境治理进步发挥了非常重要的作用。但值得警醒的是，环境公益诉讼不应是任务式推进和运动式推进，在涉及环境治理的行政权领域应当确立政府环境治理主导地位。而行政权初显优先实际上指向了两个向度：一是对行政权的重视和优先位序的确定；二是对行政权的限制，初显优先并不等同于确定优先。

第一，现代风险社会的公共治理模式下，法律体系的设置基本围绕对行政机关的授权而展开，"尊重行政的首次性判断权的原则是妥当的，应当予以承认和坚持"①。因此，环境公共利益有赖于环境行政机关以既定规则为依据，通过命令控制的管制手段和经济激励的刺激手段相结合，通过公众参与式互动模式实现环境善治。纵观当下我国的环境治理运行实践与法律控制逻辑，在很大程度上仍维系于传统的压制型和管制型法律规范运行模式，并在社会规范发展的过程中向自治型法范式转化，其具体表现为通过大量的环境强制性规范和管制规则实现环境治理。在依法治国与国家治理体系现代化建设的宏观框架下，"行政权需要技术与策略的跟进与更新"②，将"行政模式从规制转变到给付、从消极转变到积极、从管理转变到服务"③，在反思传统技术理性僭越的社会运作方式基础上，以回应型的行政权初显优先运作模式为基础，维护环境公共利益。当然，强调行政权初显优先并不意味着必须消除或者限制司法权的介入，只是在于环境公益诉讼中司法权的扩张并不是常态运行的治理模式和机制，它仅仅是环境治理的一种补充和救济手段，从国家环境治理的宏观架构来看理应以行政权为主导，这一点毋庸置疑。

第二，行政权的初显优先不能与确定优先相混淆，并不排除某些情形下司法权击退行政权的可能。初显优先性的行政权是某些合理的、正当的、合法的、应予优先介入的行政权的集合，可以视为一种前置程序的优先选择项。但是对于"行政权不积极作为可能导致严重生态环境损害后果的、行政权基于现行法规体系无力回应和解决生态环境危机的、诸如损害赔偿等无法通过行政权执行实现的……"等情形出现时，显然司法权的能力就会优于行政权。环境公益诉讼的提起、审理以及执行的全过程，实际上正是司法权对行政不能或者行政无力的回应和补充，是保障行政行为实施、维护环境公共利益的有效手段。基于此，环境公益诉讼的提起不能超越原有行政权的管辖范围，归属于环境行政机关职责和权力范围的事项还是应由行政机关优先处置；对于审理过程中的诸多事项，司法权的扩张应基于审判规则和职权主义的适度适用，不能将基于风险、科技、政治、民主等复杂因素集合的个案判断作为普遍指导，而只能是"对个案的利益协

---

① 杨建顺：《行政规制与权利保障》，中国人民大学出版社2007年版，第677页。
② 刘启川：《行政权的法治模式及其当代图景》，《中国行政管理》2016年第2期。
③ 张弘：《论行政权的谦抑性及行政法的相应对待》，《政法论丛》2017年第3期。

调与妥协"①。因此，从环境治理的排序上还是应当确立行政权的初显优先位序，通过制度创新实现环境治理的长效机制。

（二）行政权初显优先的程序设置与适用

环境公益诉讼中行政权与司法权的冲突实际上表现在环境损害或污染环境、破坏生态的行为是否属于行政机关的专属范围，是否应当由行政机关予以处置或先行处置。美国公民诉讼发展的过程中，围绕原告诉讼资格问题实际上争议最多的亦是关于这二者之间的矛盾。在鲁坚诉美国国家野生动物联盟一案中对诉讼资格门槛的严格解释反映了斯卡利亚大法官的观点：原告不能请求法院责令被告全面整改该项目，这不同于行政部门和国会，那里才是下令整改的地方。②对于此问题，美国设置了起诉前通知程序，即对于环境公益破坏或行政不作为，如果原告有提起公民诉讼的意图，则应该在提起诉讼前向特定对象发出通知，从发出通知之日起的一定期限内是不能起诉的。也就是说，这一程序设置给予了相关主体特别是环境行政机关整改的空间和时间，如果执法者勤勉地执行法律并完成了相应的行政行为——提起诉讼或者处罚，则可以阻却公民诉讼。从这一程序设置可以看出，在美国，公民诉讼是政府行政行为的补充，也是一种后救济方式，在环境治理中行政权当然地优先于司法权。

我国环境民事公益诉讼目前没有设置行政权初显优先程序，仅规定了"人民法院受理环境民事公益诉讼后，应当在十日内告知对被告行为负有环境保护监督管理职责的部门"，所以导致实践运行中，出现了行政权与司法权的冲突与矛盾。而在检察机关提起的环境行政公益诉讼中则规定了诉前程序，即要求检察机关"应当向行政机关提出检察建议，督促其依法履行职责；行政机关应当在收到检察建议书之日起两个月内依法履行职责，并书面回复人民检察院；出现国家利益或者社会公共利益损害继续扩大等紧急情形的，行政机关应当在十五日内书面回复"。因此，与环境行政公益诉讼相应，亦"应明确规定提起环境民事公益诉讼的前置程序，尊

---

① 王明远：《论我国环境公益诉讼的发展方向：基于行政权与司法权关系理论的分析》，《中国法学》2016年第1期。

② [美]理查德·拉撒路斯、奥利弗·哈克：《环境法故事》，曹明德等译，中国人民大学出版社2013年版，第159页。

重环境行政监督管理机关维护环境公共利益的职责"。①笔者认为,为了有效协调与衡平行政权与司法权的关系,我国可以借鉴美国公民诉讼,既要充分发挥公众和社会组织的监督作用,也应设置诉讼前告知程序,通过行政机关的勤勉执行可以在符合条件的情况下阻却环境公益诉讼的发生。环境公益诉讼中行政权初显优先的程序设置框架如图5-2所示。

对于请求赔偿生态环境受到损害至恢复原状期间服务功能损失或赔礼道歉的,因其不属环境行政权的执法范畴,理应由司法直接回应解决;对于请求停止侵害、排除妨碍、消除危险、恢复原状的,应当设置行政权初显优先程序,通知、告知行政机关先行处置,视其是否勤勉执行来确定是否由司法权来解决此类环境问题。如此,就可达至衡平行政权与司法权关系的预期,一方面避免司法权对行政权的干预,另一方面又对后进入司法程序的案件充分发挥司法权的能力,既实现二者的协调也能有效地维护环境公共利益。

三 环境公益诉讼适格主体扩张与限定的衡平

虽然,国家宏观环境治理应当坚持行政权的初显优先位序,但毋庸置疑的是,个案环境公益诉讼的司法权扩张对于环境公共利益的维护、污染企业的威慑、社会总体环境意识的觉醒具有重大的推进意义。因此,当下我们仍应积极推进环境公益诉讼的提起和发展。然而,以现行法律规范为基础的环境公益诉讼适格主体提起的诉讼显然无法达到预期——环境保护公益组织数量和能力不足、检察机关仍以环境行政公益诉讼为主,反而在一定程度上造成了公众对环境公益诉讼的困惑认知。加之,在实践中已然显现的某些社会组织基于私利而与污染企业的不当调解等问题的出现,需要我们反思现行规范的设置是否合理。笔者认为,基于社会现实与运行需求,环境公益诉讼适格主体应当既有限定又有扩张。所谓限定,是对公众作为适格主体的一种约束,倘若允许公众提起环境公益诉讼,一个隐忧是公众对于其发现的生态环境受损事件全部提起诉讼,按照现行立案登记制法院又应予以受理,那么就极有可能导致滥诉和所有环境问题都需通过司法解决的窘境。而这一态势却可能造成司法权对行政权的无限干预,显然是并不合理的。

---

① 罗丽:《我国环境公益诉讼制度的建构问题与解决对策》,《中国法学》2017年第3期。

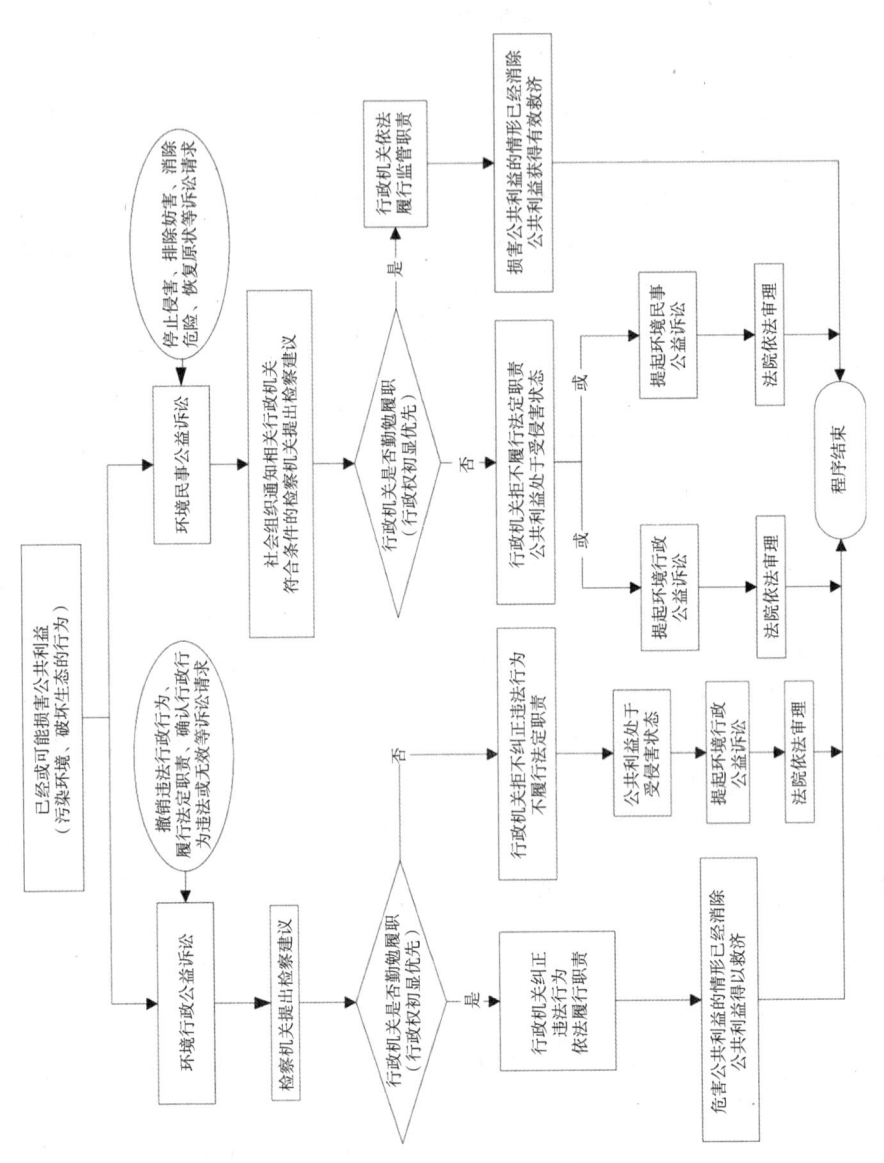

图 5-2 环境公益诉讼中行政权初显优先的程序设置

从另一层面而言，环境公益诉讼运行的数量不足与实践缺陷又要求我们扩张适格主体，既要放开社会组织提起环境行政公益诉讼的资格，又要充分利用检察机关提起环境公益诉讼的适格主体地位，有效发挥司法权的作用。一方面，赋予符合条件的社会组织提起环境民事、行政公益诉讼的资格，应当不断提升社会组织的环境公益诉讼能力。对于社会组织能力的改进，笔者认为可以通过内生性发展和外延性发展两个方面予以强化。所谓内生性发展，就是强化社会组织自身的综合能力，从提起公益诉讼的诉讼能力、专业能力、资金能力、宣传能力以及与政府相关环境行政机关的沟通协调能力等方面都应逐步改善。社会组织的外延性发展，要求社会组织和媒体、权威专业机构以及环保部门建立稳固的联系。现代风险社会的特殊性要求社会组织应当重视媒体宣传以及与专业机构的合作能力，这既有利于帮助它们快速准确地收集证据，也有利于形成维护环境公益的良好氛围，"功利的手段是为了无私的结果"[①]。另一方面，应当逐渐探索和扩张检察机关提起环境公益诉讼的能力。根据《民事诉讼法》（2017）和《行政诉讼法》（2017）的相关规定，检察机关可以依法提起环境民事公益诉讼、环境行政公益诉讼或者支持起诉，检察机关应当积极探索和完善提起诉讼的方式、手段及规则，"消解双重身份的理论难题"[②]，形成一套良好的体系以完备我国当下的环境公益诉讼制度，更好地发挥司法权对环境公益维护的功能。

四 环境民事公益诉讼"可选择性提起"的限制

根据我国现行法律规定，环保社会组织和满足条件的检察机关可以提起环境民事公益诉讼，检察机关可以提起环境行政公益诉讼。而囿于社会组织自身运行的缺陷，我国环境民事公益诉讼的提起实质上具有一定的"可选择性"。也即，社会组织可以根据自身的意愿选择是否对发现的环境公益损害行为提起诉讼，而检察机关在"在没有规定的机关和组织或者规定的机关和组织不提起诉讼的情况下，可以向人民法院提起诉讼"，

---

① ［意］莫诺·卡佩莱蒂：《福利国家与接近正义》，刘俊祥译，法律出版社2006年版，第91页。

② 张栋祥、柳砚涛：《检察机关参与行政公益诉讼的角色定位》，《山东社会科学》2017年第11期。

并非"应当"提起诉讼。这种"可选择性提起"一方面并不利于环境公益的维护,导致环境公益诉讼只能以点呈现而无法形成面的威慑和优势;另一方面,适格主体的特性甚至会形成社会组织"权力寻租"的空间,它们能够以提起环境民事公益诉讼与污染企业甚至环境行政机关、政府进行谈判,成为一种事实上的筹码,显然又形成另一种事实上的破坏公益行为。依据现行法律规定,明显缺乏对环境民事公益诉讼的"可选择性提起"的适度约束,并不利于司法权扩张维护环境公益的制度设置初衷。笔者认为,应当对环境公益诉讼的"可选择性提起"予以限制。一方面,从主体层面建立原告激励制度。从制度层面上激励社会组织作为原告提起环境民事公益诉讼,既应创设诉讼费用的优惠,还应建立赔偿金的归属和对于起诉的团体的资金奖励机制。[①]具体而言,可以基于"正诉激励""滥诉预防"与"行为矫正"确立诉讼费用的"败诉方负担"规则;[②]同时给予社会组织一定的资金奖励,能够有效缓解其提起公益诉讼的资金障碍,也可最大限度地调动其积极性。此外,既应依据现行法律规定赋予检察机关适格主体地位同时又应使其超越支持起诉的地位,监督和督促社会组织积极提起环境民事公益诉讼,从而有效应对环境民事公益诉讼"可选择性提起"的弊端,保障司法权功效的发挥。另一方面,对于环境民事公益诉讼规则和审判制度应当积极进行改进,特别是对于社会组织与污染企业诉前调解、诉讼中调解的适用、证据调取等一系列规则予以创设和确立,约束符合条件的社会组织的行为,才能更好地保障环境民事公益诉讼的良好运转。

第四节 基于协同共治的城乡环境风险规制衡平路径

传统城乡分治二元结构的运行,扭曲了城乡间的环境分配正义,使

---

① 顾培东:《社会冲突与诉讼机制》,四川人民出版社1991年版,第54页。
② 王丽萍:《突破环境公益诉讼启动的瓶颈:适格原告扩张与激励机制构建》,《法学论坛》2017年第3期。

得农村既有经济落后的固有劣势,也有环境污染与问题不断累积的风险,更有乡村振兴视域下经济增长新需求与环境风险继续扩张复杂交织而无法有效应对的窘境。毋庸置疑,乡村振兴战略的提出凸显了国家对农村的关注与重视,既强调经济增长、生活富足,更强调美丽宜居、环境保护和城乡融合,对农村环境风险的治理提出了新的要求。因此,应将乡村振兴战略与农村微观运行有效衔接起来,从传统城乡分治转向协同共治,基于城乡环保公共服务均等化理念与制度实现城乡环境分配正义;建构"三位一体"协同共治体系以衡平"权力—权利"的运行结构,规范管制异化和政企利益合谋;基于"分析—选择"的治理决策形成机制,因地制宜,建构差序治理的制度规范;杜绝"自上而下"的运动式风险治理,转向规范化和制度化治理;改变"成本—收益"的风险收益分析范式,以可行性限度为基础建构动态调整的标准容忍值,待时机成熟选择纯健康限度的风险规制标准;引导农村居民通过行政救济、私力救济、侵权救济、公益救济和社会化救济等维护合法权益,从而倒逼农村环境风险的有效规制。

一 基于协同共治与均等化的农村环境风险规制理念衍更

我国农村环境风险规制亟待回应的关键问题是:风险性环境设施的建设、风险性危险废物的处置以及环境污染的实质性危害等环境风险在城市和农村的分配是否合理?相对弱势的农村区域和农村居民是否承担了更多的环境负担?在配置环境风险和治理回应环境风险时,传统管制政府在城市和农村的环境治理决策以及政策配置上是否合理?其治理回应的决策和配置方案是否对于农村区域造成了实质不正义?笔者认为,基于城乡分治和现有社会发展结构,我们有理由确证农村环境风险的规制困局恰是源自城乡配置的不均衡与不正义,对乡村振兴的实现构成了现实障碍。因此,应以环境正义为基础,寻求建构法律上的协同共治与城乡环保基本公共服务均等化理念,指引农村环境风险规制理念的衍更。协同共治,实际上意指在农村环境风险治理中由原来的单纯依赖政府管理行为向多元治理转型,涵盖了治理的多元主体结构、城乡环境风险规制结构与系统的协同性、农村环境风险规制规则的顶层设计和制定等。在迈向公共治理的面向中从理念上引导政府部门与企业、公众等众多行动主体彼此合作、互相分享公共权力、共同行使管理公共事务的权限,从而有效监督和遏制城乡污染转移等环境风险。同时,应着力改变农村环保基本公共服务水平偏低的现状，从法律体系、制度体系、指标体系等方面建构均等化规则，实现区域均等化和城乡均等化，依序满足农村环境风险规制基本公共服务的层次需求，从而逐渐解决农村区域生活性、农业等环境风险。

二 回应协同共治的农村环境风险多元治理结构规范与形塑

为回应农村环境风险规制中公权力过度扩张的困局，关键就在于衡平"权力—权利"的运行结构，通过协同共治主体结构的引入、参与程序和方式的规范化、沟通与协调的理性互动等规范风险治理的管制异化与利益合谋。质言之，应根植于政治权力与市场力量的相互作用和互动转型，[①]重塑从单中心到多中心的主体以及从失序到适序的规则，[②]建构农村环境风险的"三位一体"协同共治结构体系。首先，以政府元治理为主导实现从管制者向共治者的转型。农村环境风险治理仍依赖自上而下的权力运行和行政命令，但行政决策与职权运行应该以程序理性为基础，遵循法治逻辑和规范路径，将层级性的协商体系实现与农村社会结构相契合，[③]有效管制农业污染、企业排污以及污染转移企业的准入等。其次，企业主体从被动守法向主动践行的转型。乡镇污染企业和新建污染企业等要主动贯彻绿色发展理念，积极采取清洁生产、最佳可得技术、更好的污染处理设施，扩张环境社会责任的承担，以企业的技术援助改变传统"技术官僚的自我正当化及一元化的权力结构"[④]，科学评估风险、认知风险和应对风险。最后，农民和社会自治力量从形式参与向实质参与的转型。农村居民应依托社区和农村自治组织"不受制于权力逻辑，运用合作、协商的方式参与到治理体系之中"[⑤]，乡村精英凭借经济实力、体制性权力以及关系

[①] 张向东：《从依赖到协同：农村政商关系的历史演变》，《中国行政管理》2018年第3期。

[②] 郭武、王晶：《农村环境资源"多中心治理"法治格局初探》，《江苏大学学报》（社会科学版）2018年第3期。

[③] 李祖佩、杜娇：《分配型协商民主："项目进村"中村级民主的实践逻辑及其解释》，《中国行政管理》2018年第3期。

[④] 周桂田：《风险社会典范转移》，台湾远流出版公司2014年版，第109页。

[⑤] 杨宝、王兵：《差序治理：从征地拆迁的实践中透视新型社会管理模式》，《中国行政管理》2013年第6期。

运作等优势影响资源自上而下地分配以及风险的治理。[①]同时，通过环境法制宣传和教育活动，组建农村环境风险防范专门组织，引导农村居民实质性监督企业环境违法行为、农业经营者违规行为以及农民的生活性污染行为。

三 农村环境风险"分析—选择"差序治理规范与完善

乡村振兴为农村发展带来的新契机是新时代下科技、智慧、休闲农业与新农村的相互促进，以政策扶持为基础遵循市场规则的企业发展等。而与之相附随的可能的环境风险将凸显为：企业发展带来的现代工业污染风险、新农业规模发展带来的农业面源污染、休闲旅游农业发展带来的生态破坏与生活性污染增加等。环境风险规制是决策于未知之中的，而且农村环境风险规制仍不得不面对区域范围覆盖面广、分布散乱、特征各异、重视不够等困局。因此，有效的治理规范应该指向两个方面，即"分析—选择"的治理决策形成机制和差序治理的制度规范。

首先，应该基于农村环境风险规制的运行特征认知和分析风险，以此检视可供选择的决策于未知之中的应对策略：避免风险、降低风险、分摊风险甚至是接受风险。亦即，应该界分环境风险的可接受值从而确定容忍度和相应标准，针对农村环境风险规制标准可采取纯健康限度、可行性限度或风险收益限度：风险收益建立在理论假想的基础上，易陷入道德陷阱；纯健康限度过于严苛，不利于乡村振兴的践行；可行性限度应当定义为技术上、成本上和健康上的可行。笔者认为，应该尽快建立农村环境污染排放和环境质量动态调整的可行性标准容忍值，既在规范污染风险准入的基础上振兴乡村，又保证农村环境风险得到有效控制。

其次，基于农村的不同类型和发展需求，建立农村环境风险的差序治理制度规范，"通过差序治理与协同共治、社会自觉与培育主体相结合的方式，规避政府失灵的困境"[②]。对于凋敝的村落和传统的村落，关键问题在于农业面源污染和生活性环境污染风险治理，因此应以协同共治和环

---

① 曹海林、俞辉：《项目进村：乡镇政府选择性供给的后果及其矫正》，《中国行政管理》2018年第3期。

② 张国磊等：《农村环境治理的策略变迁：从政府动员到政社互动》，《农村经济》2017年第8期。

境风险动态标准为基础,通过健全专项资金支持制度、环境基础设施建设制度、面向农村的环境监管监测制度完善予以回应,整治农村人居环境、防治农业面源污染风险,进一步防治此类农村的空心化和萧条衰败;对于现代转型的村落和城市化的村落,在乡村振兴的背景下现代工业企业将得到进一步发展,因此既应严格环境准入和污染排放标准,又应改进治理技术、完善配套基础设施和排污管网建设等,以防止农村环境污染的持续扩张甚至"癌症村"的出现。

最后,农村环境风险规制贵在监管保障和持续执行。当前,农村污水处理、垃圾处置和农村改厕等环保基础设施的建设正持续推进,但这些设施是否一建了之?如何保障设施的有效运转而不致落入面子工程、政绩工程?笔者认为,应该建立基础设施建设的长效机制,杜绝"自上而下"的运动式推动和政企合谋,通过考核机制、信息公开和监督机制的规范保障农村环境风险规制基础设施的持续有效运转。

四 基于救济路径的扩张与完善倒逼农村环境风险规制

近年来媒体不断曝光的工业环境污染事件有很大比例发生在农村地区,既给农村的生态和环境带来了严重的破坏,也使农村居民深受其害。很多"工业污染并非一朝一夕形成,其中有的被当地村民长期举报、反映,有的甚至多次被相关环保部门调查处理,但依然明知故犯、侵害当地农民利益"[1]。值得思考的是,农村居民在环境风险防范中处于总体弱势的地位,如何赋予其权益应对环境风险?笔者认为,我们应直面因环境风险的累积和突发而引致的居民财产受损、健康受害乃至"癌症村"逐渐增多的冰冷数据,积极完善和扩张合理规范、正当有效的救济路径。首先,行政救济城乡一体的执法偏好与衡平。地方政府应改变行政偏好提升农村环保执法能力,及时查处农村环境违法行为;同时,应扩大行政监察、行政复议、行政申诉以及行政诉讼等行政救济路径的适用范围,提高广大农民的行政救济认知度,维护自身合法环境权益。其次,私力救济的有序协调与推进。由于潜在的政企合谋往往导致农村居民无法通过协商实现利益的维护,因此应当适度提高村民的参与度和积极性,以"商谈—建构"范式的公共行政模式为基础通过私力救济的有序协调促进农村环境风险的总

---

[1] 张璁:《论法:切实保障农民环境权益》,《人民日报》2018年4月25日第18版。

体应对。再次，侵权救济的乡村引导。针对累积性或突发性环境风险，创新财产性环境侵权和人身性环境侵权的农村适用，引导农村居民依据《环境保护法》《侵权责任法》等通过环境民事侵权诉讼依法维护自身合法权益。最后，环境公益救济与社会化救济的扩张适用。为改变农村环境公共利益受损的"理性冷漠"和"公地悲剧"，应积极推动社会组织和检察机关提起环境公益诉讼，探索生态环境损害赔偿诉讼制度的农村适用，同时探索社会化救济方式，通过环境责任保险、公共补偿基金等填补农村居民的损失。

第五节 环境风险规制法律限度评价指标体系的建构

对于环境问题的法律应对，在法律实现的过程中可以转化为通过环境风险规制的设计及实施来控制环境风险。环境风险的特殊性使得环境法制的创设与实施充斥着利益冲突与社会抉择。环境风险规制的效能不足是相关主体的利益失衡及立法上的不足等原因导致的，因此应将思路转向环境风险规制限度体系的构建，该体系则主要通过法制结构、限度趋向、限度定位三个环节来实现，最终形成环境风险规制法律限度的评价指标体系。

一 法制结构：环境法制的评估

现代国家无不因法律可凭借国家强制力来调节社会关系和影响人们行为方式而将其作为公共事务的治理工具。在环境风险规制领域，环境风险规制法制结构的宏观结构和微观设计就显得尤为重要。[1]作为环境风险规制法律限度评价基础的环境法制状况，是设定评价指标体系的基础，应当构成指标体系的核心内容。

（一）法律体系的宏观结构

环境保护法律体系的宏观结构评价，是基于对现行环境保护法律体系的协调统一性不足之考量。我国现行环境保护法律体系的构造，按照效

---

[1] 曾睿、徐本鑫：《环境风险交流的法律回应与制度建构》，《江汉学术》2015年第5期。

力层级的划分，依次可以排列为：宪法中关于环境保护的规范；环境保护类法律法规包括综合型环境保护基本法、环境保护单行法、其他法律中关于环境保护的专门规定，以及环境保护行政法规和地方性法规；环境保护标准包括国家标准、地方标准和行业标准，具体又包括环境基础标准、环境质量标准、污染物排放标准和环境方法标准；最后是环境保护的规范性文件和我国缔结或者参加的与环境保护有关的国际条约。强调绿色发展理念的新时代，在中国特色社会主义现行法律体系中，环境立法作为国家立法规制不可缺少的一部分，对促进国家环境管理法制化、保证人民合法环境权益、协调经济社会和环境保护、促进人与自然和谐发展具有重要作用。[①]虽然我国环境保护法律体系已经发展成为一个相对完善的法律部门体系，但是随着社会不断变化发展，法律体系中法律法规与其他规范性法律文件的效力冲突和适用衔接不足，部分法律规范相互割裂、相互冲突的问题逐渐显现出来，整个环境保护法律体系尚未闭合和周延。环境立法价值理念不仅影响环境法基本原则的设定和制度建构，而且决定环保执法、司法、守法的效果。[②]因此如何建立完善的中国环境法律体系架构，是当前急需解决的主要问题。

构建内部协调统一，部门规范之间相互衔接以及逻辑结构严密的环境保护法律体系才能实质发挥环境立法的效用，充分回应社会中已经存在的环境问题和预防潜在的环境风险。毫无疑问，规则制定者应结合体系的内部架构，以绿色发展和科学发展为指导，对现行环境立法进行清理，深刻认识到环境风险评估和预测制度应当纳入新的立法中，完善立法的内容。同时，要及时清除各单行法中相互矛盾的内容，确保整个环保法律体系的内部协调性与统一性。当然，由于政策性需求以及处理特定事故而临时制定的政策性规范具有临时性和非合理程序性的缘由，在特定情形消失时，其寿命也该走向终结。最终基于逻辑基础和正义考量下的法律体系宏观构造，如若加之具体法律条文的可操作性与执行力，那么整个环境保护的静态法治体系结构就可以得到保证。

（二）法律条文的微观设计

上文说到，如若加之具体法律条文的可操作性与执行力，那么整个

---

① 黄锡生、史玉成：《中国环境法律体系的架构与完善》，《当代法学》2014年第1期。
② 李嵩誉：《生态优先理念下的环境法治体系完善》，《中州学刊》2017年第4期。

环境保护的静态法治体系结构就可以得到保证。在法治体系的微观规制层面，自然是离不开对环保法律体系的宏观结构的具体化，填充以具体的法律条文和形成可操作性的法律制度，那么整个环境保护的体系构造就显得充实而完整。从环境保护的出发点来说，环境保护是现代社会对于公民环境权利的重新认识，因此在法律条文的规制层面首先就要明确对公民环境权益的确认。其后，公民环境权益可能遭受的侵害就需要纳入环境风险的重新认识范围，出于先见性和可预测性，环境风险规制就迫切需要在实际损害发生之前得以建立。环境侵权责任的无过错责任原则带有强烈的法律政策导向性。[①]环境风险内容和规制手段体系得以建构的现实基础，还是落脚于对规制资金和规制人员的安排。环境风险规制体系建立以后，对于现实性环境致害结果发生时尚未设置处理程序和救济途径的，环保法律体系宏观构造的作用得以显现出来。不论是作为履行环保职责的环境保护行政主管部门，还是具体遭受了环境污染损害导致了具体致害结果的受害者，他们都可以从宏观结构里找到解决的出路，并且这种出路是明显而不费成本的。这种从宏观建构和微观规制的角度结合产生的法律体系构造，自然为搭建环境风险交流法律机制做足了准备工作，公众对于自己的环境共益权的理解有了新的认识，对于自我权利救济有了制度保障，这种在动态中建立起来的对于政府的信任感，最终在公众与政府之间搭建了一个更为理性的交流平台。

二　限度趋向：进路的本体考察

环境风险规制法律限度的进路考量应当统筹权利义务是否衡平、社会控制是否有效以及是否能够有效回应环境风险等。首先，应当考虑在此种政策工具下环境权利义务是否达到衡平。当前环境立法保护对象多为行政主体的权利，而忽略了为其设定相应的义务以使环境权利义务形成动态平衡的状态，保证社会利益的有序。故环境风险规制的社会实效即是否能够平衡环境权利义务即成为环境风险规制限度的评价标准之一。其次，是否产生了有效的社会控制，即一项环境政策工具是否能够在环境损害突发事件中有效止损，以及实现该环境风险规制的成本与当地财政水平能否达到帕累托最优的状态。最后，对于社会风险的回应程度也是一项环境政策工

[①] 高桂林、陈昊博：《我国环境保护法律体系的经济分析》，《学术论坛》2014年第3期。

具所必备的功能之一。

（一）寻求权利义务衡平

没有无权利的义务，也没有无义务的权利。在不局限于所谓权利义务相对性的角度，权利义务的衡平机制是应对权利和义务动态运行的强弱问题，而不单是在权利保证和义务规范的层面来回应某一部分的权利丧失或者义务违反问题。实践中，任何遭受了环境污染致害的公民个体，多数有维权意识的公民会向行政机关讨要说法，并且极大可能会以权利致害为由向人民法院提起诉讼，这个单体意义上的诉讼当然的义务主体也是单独的致害方，最终的司法裁判结果宣告的是凡是义务的违反必然带来责任的承担，所有公民合理享有环境权益的前提是所有公民履行环保义务，或者至少在个案中没有违反义务。行政机关在履行环境保护的职责过程中，其享有大量的行政许可权和处罚权等监管权限，但是这种法定权限也必须受到法律的约束，环保职权是权也是责，以责任追究促使和监督公务员履行好其职责，这才是使公务员依法行政，实现我国政府公共管理效能、提高政府公共行政效率和政府对社会公众负责的责任心，以及政府对社会公众服务质量的可靠保证。[①]在立法层面为政府构建了法定义务，在司法过程中这种义务当然会被具体化和重新解释，其在行政诉讼中也是对公民权利和政府义务的一种司法衡平道路。

（二）注重社会控制有效性

美国社会学家罗斯首先提出社会控制的概念，他认为社会控制实质上"就是这样一种限制，即它不容许社会自我为了自己的缘故而影响其他个体自我的自由，它不是对旁观者而是对有利害关系的行动者采取措施"[②]。换言之，社会控制就是社会组织利用社会规范对其成员的社会行为实施约束的过程。事实上，基于社会控制能够综合运用法律、宗教、习惯以及媒介等多种规范手段，协调社会运行系统各主体之间的关系，对其中某些主体的不合理、不正当或不合法行为予以矫正、调整、约束与控制，使其在整个社会体系内良性运转与有序协调发展。社会的发展离不开以社会控制为基础所施加的压力和支配力，有效性成为评价规范是否合理、行为是否正当、文明是否有序等社会发展及控制的重要衡量标准。面

---

① 傅铭玺、付明银：《完善公务员责任追究机制》，《行政法学研究》2004年第2期。

② ［美］爱德华·罗斯：《社会控制》，秦志勇等译，华夏出版社1989年版，第51页。

对社会风险中的突发事件以及环境风险事故,社会控制的有效性是评价环境规制的政策工具之合理性依据。毫无疑问,所有的社会风险控制手段都配置了大量的风险处理资金和风险处理人员,从社会经济成本的角度看,突发事件和环境风险的处理成本必须要达到社会风险控制预设的社会目标才是有效的。在地方政府的整个财政体系中社会风险控制成本是一种财政负担,任何风险处理手段都不会直接带来当地经济效益的提高,政府也没有耐心从长远的角度来考量风险控制所带来的社会收益。研究表明,如果国家主导下的法团主义趋向越来越强烈,社会组织的民间性则越来越不明显,政府对这类组织的控制就越显著,同时社会组织在与政府组织的互动中越来越缺乏自主、独立和自治的地位。[①]因此,归根结底就是社会控制的有效性必须及时显现出来,至少所有的突发事故必须得到即刻处理,所有的突发事件经济损失得以止损,才能凸显环境风险规制的实效性,同时这也是政府回应公众的事实前提。

(三)有效回应社会风险

政府对突发事故的处理能够及时制止风险蔓延,在经济损失上得到了缓解。不过随之而来的对社会公众的舆论和权利诉求进行回应是社会控制实效的延续。环境风险规制的信息并不是封闭的,社会公众有权利也有渠道了解环境风险规制的具体情况。依照政府信息公开和规范适用听证程序的要求,社会公众得以获得环境风险规制的具体信息,实质性地参与到环境风险规制的程序中去。基于此,事前的信息公开诉讼案件数量必然下降,而环境损害事故发生后的受害方进行维权诉讼的效果会更好,不仅对于政府和法院来说压力会减少,而且对于当事人来说本身的权利救济途径更加畅通,自己掌握的信息更加全面,这样看来事前的公开相对于事后的解释性回应更为迫切。当前,环境风险的来源日益多样化,环境风险的种类不断增加;社会的快速变迁导致了环境风险诱发因素的大量增加;环境风险意识和环境风险观念不断增强,既推动着环境风险治理的发展,也成为诱发环境风险恐慌的因素;制度风险日益突出,并且成为制约中国环境风险治理的结构性障碍。因此,对于中国的社会风险必须运用创新社会管

[①] 范明林:《非政府组织与政府的互动关系——基于法团主义和市民社会视角的比较个案研究》,《社会学研究》2010年第3期。

理机制的方式才能予以解决。①

三　限度定位：社会效果的综合考量

环境风险规制政策的可接受程度是对其进行考量时所应当考虑的重要价值范畴，一方面是源于对该项政策工具正当性的评价，另一方面公众、社会组织及行政主体对环境风险规制的可接受性也影响着该体系的有效实施。而在该体系中软、硬法的衡平性也是提高环境风险规制的科学性的重要指标之一。在界定软法与硬法关系时，罗豪才教授提出了混合理论，他指出，软法和硬法作为有意识构设的结果会同时出现，或在同一制度中以两种方式实现同一个目标，所以软法不是一种退而求其次的方案或是形成硬法前的中间站，而是一种可取的代替性方案。②软法和硬法结合形成的硬软法混合理论，强调的是二者在实现共同目标中的作用，而不是软法与硬法的简单叠加。软法之所以能够独立于硬法，成为法律的一种基本表现形式，是因为它以不同于硬法的方式体现法律的共性特征，并具有硬法所没有的个性特征；③事实上，硬软法混合理论更趋向于新公共治理模式，在向多中心治理转型的治理变迁中，政府与社会、政府与公众、公权与私权等多元主体共同治理的运行模式也推动着以硬法和软法相结合的治理创新。在环境风险规制限度体系制定过程中，硬法和软法应先立足其各自的规范基础回应环境风险，然后以硬法的软化和回应性软法构建合理的规制体系。我国当下环境公益诉讼的发展仍处于不成熟的阶段，因而行政权与司法权能否有效协调也是衡量环境风险规制政策有效性的标准之一，具体可表现为判断行政失灵、判断环境行政能力是否不足、判断司法权介入的程度等问题。最后，是否建立多途径、多领域、多元化的环境风险规制政策决议机制也可以反映该环境政策工具的准确性。

（一）主体的可接受性

风险规制层面的主体可接受性，更多的是指受规制主体的可接受性程度。单从环境风险规制的角度看，受到规制的大多为企业、社会组织或

---

① 周寅：《管理机制创新：基于社会风险的语义及功能分析》，《求实》2011年第5期。
② 罗豪才、周强：《法治政府建设中的软法治理》，《江海学刊》2016年第6期。
③ 罗豪才、宋功德：《认真对待软法——公域软法的一般理论及其中国实践》，《中国法学》2006年第2期。

者公民个人，虽然性质有所差异，但是受到规制的力度没有太多差别。然而从微观层面审视环境风险规制的范围以及种类等适用条件，社会组织和企业的实际感受是不一样的，社会组织往往觉得受到了强烈且严格的风险规制，然而实际上企业却获得了潜在收益。环境风险规制能够显著提高企业绩效，能够显著降低企业的代理成本，环境规制对企业绩效的影响可以部分通过降低企业代理成本的途径来间接地实现。[①]相反的是，个人在守法状态下很难感受到自己也是风险规制的对象，也没有获得潜在经济收益的直观感受，这种感受上的差异性当然导致了对于规制手段的可接受性差别化。因此，如何在不刺激受规制主体的情感前提下，更系统而客观地建立风险规制系统是首要工作。在这一过程中，行政机关主体获得了更多的行政规制权力，当然也伴随着行政义务的增加，因此在配置风险规制资金、人力以及相应制度的时候，提高行政机关的积极性也是一种现实出路。

（二）硬法与软法衡平性

在环境风险规制限度体系限度内，硬法和软法应互相借鉴对方先进理念，采取软硬兼施的治理方式，既要采纳硬法的权威性也要融合软法的灵活性。寻求硬法与软法的平衡是环境风险规制体系的科学性与实用性的结合，在存在严重的利益冲突和偏好异质性以及潜在风险的情形时，就急切需要有强制效力的硬法引进和进驻，只有这样才能提前预估可能发生的利益冲突和风险，而这也是环境规制硬法的价值所在，使其成为环境风险规制法律体系构造之中心。从立法者的权力角度看，为了回应现实性的需要，软法之治也是一种手段，相对于硬法的超稳定性，软法具有临时性的特点。[②]从理论上来看，软法是法律社会化的一种表现形式，是指国家制定的法逐渐向市民法、社会法倾斜。即使缺乏造法的正当性缘由，其独特的现实灵活性让它成为润滑整个环境风险规制体系的润滑剂，整个体系得以稳定运行需要软法的协调和磨合。

[①] 李树、赵晓乐、娄昌龙：《环境规制与企业绩效——基于代理成本的视角》，《首都经济贸易大学学报》2016年第2期。

[②] 陈小文：《软法之治："报告""决议"与中国特色的治理机制》，《科学·经济·社会》2016年第1期。

（三）环境风险司法的谦抑性

自1989年《环境保护法》颁布运行以来，人民法院在实际适用法律的过程中取得了一系列重大成果，处理了很多环境污染损害案件，审判了许多破坏生态资源的案件，有力维护了我国的生态安全和美好环境。2014年新修订的《环境保护法》被称作历史上最严格的环保法，在环境司法审判制度改革的过程中打响了第一枪，许多地方陆续设置了环境保护审判专门法庭，在更专业化的背景下解决了很多难以审理的疑难案件，总结了很多审判经验，中国环境资源审判工作取得了很大的进展。但是环境风险和环境事故其实也是有区别的，具体到司法实践中更多的是环境事故类案件，人民法院在立案受理的时候在形式审查这一步往往会排除掉没有实际致害结果的案件。因为没有实际致害结果，实际受害人是不确定的，这样一来很少有公民个人以环境风险名义提起诉讼，而更多可能的情况是在环境公益诉讼中环保组织和检察院以环境风险危害不特定人利益为由提起诉讼。我们所常见的环境案件"三审合一"和"二审合一"的审判模式更多的也是事故类环境损害案件所采用的，风险类环境案件在公益诉讼案件中尚无迹可循，其实这也是司法逻辑所在。司法本身就具有谦抑性，环境司法案件更无可厚非，何况环境刑事案件占比很大，法院对于风险类环境案件当然不会过多理会。所以环境风险规制更多的是在事前进行风险预防，预防为主、防治结合、综合治理作为一项原则在中国环境法产生之初就已经确立，对相关环境立法、环境执法、环境司法均有指导作用。预防为主原则应该贯穿于环境法治的整个过程中，对一切与环境有影响的行为进行指引。[①] 做好风险处理预案，落实环境影响评价制度，从保护效果上考虑也是应当将司法程序作为后置程序。

（四）多中心治理协作性

社会是一个由共同进行社会生活的社会主体自然而连成的集合，其基本要件是所有社会主体不自觉地进行社会活动。这表明，我们的社会作为一个协同运行的范畴，任何在运行过程中出现的问题都不是单一主体的行为导致，由此而来的逻辑就是任何需要治理的问题都不是处理好一个社会主体即可以实现。在社会义务理论的框架下，我们每一个社会主体也负有参与到社会协同治理的步骤中去的义务。多中心治理模式是指以提供良

[①] 张梓太、王岚：《论风险社会语境下的环境法预防原则》，《社会科学》2012年第6期。

好的公共服务为目标,借助多个而非单一权力中心和组织体制来治理社会公共事务的模式。①面对现实的复杂情况,我们的环境风险规制也走过了单一治理模式的老路,在这个过程中付出了不小的代价并不断面临着新的治理挑战,我们在行政实践和司法实践过程中尝到了多中心治理模式的甜头。多中心治理理论的形成是社会管理领域内的一次重大突破与进步,当我们把它纳入环境风险规制体系之内,便可以感受到治理成本的减少,企业承担环境治理的社会责任,公众人文素养提高减少了环境治理的社会成本,这些都是多中心治理模式的效果论证。因为社会向前发展,多元社会主体和社会利益对政府的社会管理水平要求越来越高,传统的政府"单中心"管理已经无法满足和回应公众日益增长与多元的需求,社会管理可由利益多元的主体——政府、市场、社会提供,三者权力分散但彼此制衡,地方政府拥有有限理性权力。②最后,应在监督层面构筑完善的多中心监督体系,促使监督制度法制化,将监督制度上升到法律层面,实行环境破坏终身追究制,是保证监督权威和有效的关键。③因此,环境风险规制的法律限度设定理所当然应当考虑作为社会管理模式创新的多中心治理的协作性。

四 指标设定:评价指标体系的建构

根据前述所论,环境风险规制法律限度的评价指标应当与诸多问题密切相关:法制结构是通过宏观结构、微观设计对环境规制法律体系进行评价;限度趋向主要是针对权利义务衡平效果、社会控制有效性、社会风险回应性进行衡量;限度定位是对主体接受性、硬软法衡平性、环境风险司法谦抑性、多中心治理协作性进行检验。质言之,评价环境风险规制这一环境政策工具是否行之有效,评价指标体系的构建需要从现行法制结构、限度趋向、限度定位三个方面进行思考。根据初步的设想,笔者将结合研究数据和基本调研,设置三级评价指标体系:其中一级指标即为法制结构、限度趋向和限度定位;二级指标则需综合考虑宏观结构和微观设计,

---

① 张庆彩、董茜、董军:《从维稳式治理到多中心治理:群体性冲突治理的困境、超越与重构》,《学术界》2017年第7期。
② 王雪梅:《地方政府多中心治理模式探析》,《人民论坛》2011年第5期。
③ 林黎:《我国生态产品供给主体的博弈研究》,《生态经济》2016年第7期。

权利义务衡平、社会控制有效性及社会风险回应性，主体可接受性、硬法与软法衡平性、环境风险司法谦抑性以及多中心治理协作性等；三级指标的设定应当在一级、二级指标的基础上，选取更为细致和微观的支撑数据进行衡量和具体考量，从而形成较为完整的环境风险规制评价指标体系，基于以上考虑，我们选取形成了44项三级指标。综上，笔者认为环境风险规制法律限度评价指标体系的建构应当如表5-1所示。

表 5-1　　　　　　　环境风险规制法治限度评价指标体系

一级指标	二级指标	三级指标	指标释明
A1 法制结构	B1 宏观结构	C1环境风险规制的国际条约数量	我国缔结或者参加的与环境风险规制有关的国际条约
		C2环境风险规制的法律数量	宪法中与环境风险有关的条款；由全国人民代表大会及其常委会制定颁布的法律
		C3环境风险规制的法规数量	国务院制定颁布的行政法规；省、自治区、直辖市的人大及其常委会制定颁布的地方性法规；设区的市的人大及其常委会制定颁布的地方性法规
		C4环境风险规制的规章数量	由国务院所属各部、各委员会制定、发布的规章；由设区的市人民政府制定的规章
		C5环境风险规制的政策数量	国家政权机关、政党组织和其他社会政治集团制定的行动原则、完成任务、工作方式、一般步骤和具体措施
		C6环境风险规制的标准数量	保障人身健康和生命财产安全、生态环境安全以及满足经济社会管理基本需要的技术要求，即强制性标准；满足基础通用、与强制性国家标准配套、对各有关行业起引领作用的技术要求，即推荐性标准
		C7环境风险规制的规范性文件数量	法律范畴以外的其他具有约束力的非立法性文件，指除政府规章外，行政机关及法律、法规授权的具有管理公共事务职能的组织制定并公开发布的在本行政区域具有普遍约束力，在一定时间内相对稳定、能够反复适用的行政措施、决定、命令等行政规范文件
	B2 微观设计	C8对公民环境权益确认条款数量	对公民的环境权益明确的条款
		C9对公民健康权益确认条款数量	对公民健康权益明确的条款

续表

一级指标	二级指标	三级指标	指标释明
A1 法制结构	B2 微观设计	C10环境风险规制措施条款数量	涉及环境风险识别、沟通、管理等具体措施的条款
		C11环境风险规制资金条款数量	涉及环境风险规制资金来源、使用、数量等条款
		C12环境风险规制权利义务配置条款数量	涉及环境风险规制主体权利义务配置的条款
		C13环境风险规制责任分配条款数量	涉及环境风险规制主体责任分配的条款
A2 限度趋向	B3权利义务衡平	C14立法权利义务衡平	平衡立法权利义务是环境风险规制的必要前提。权利和义务的分配要在规则和制度层面进行规范，尤其是公众权利与行政机关的义务，其确立和保障应当上升到立法层面予以解决
		C15执法权利义务衡平	执法主体应具有良好的平衡价值观，树立民本观念，恪守职责，履行义务；公众应意识到自身之责，既要讲权利，又要讲责任，意识到维护整体利益就是更好地保障个人利益
		C16司法权利义务衡平	公民权利得到公正及时司法救济的前提下，防止权利人在行使权利时超出法律允许的范围或正当界限损害他人利益和社会利益
		C17守法权利义务衡平	守法可以分为规制主体守法和被规制主体守法，法律规范上权利义务的内容在守法主体层面的证立，会使得法律的实现更多地通过自律发生，这就要求在守法上权利义务的衡平
	B4社会控制有效性	C18突发事件处理成本与收益之比	突发事件处理成本必须达到社会风险控制预设的社会目标
		C19环境风险规制成本与收益之比	环境风险处理成本必须达到社会风险控制预设的社会目标
		C20突发事件的经济损失与风险规制财政预算之比	突发事件的经济损失要低于风险规制的财政预算
	B5社会风险回应性	C21环境风险信息公开的规定	关于环境风险信息决策的程序性规定，是否具有可操作性
		C22信息公开诉讼案件数目	因违反信息公开规定所导致的诉讼案件数目

续表

一级指标	二级指标	三级指标	指标释明
A2 限度趋向	B5社会风险回应性	C23风险决策的听证适用	是否具有相应的风险决策听证办法以及适用程序
		C24风险决策的听证意见听取和反馈	环境风险的不确定性加大了风险决策的难度与信服力，完善的听证会意见听取和反馈机制可以增强听证会在决策过程中的效力和信服力
		C25政府对突发事故的处理	政府对邻避冲突等环境冲突事件的及时处理
		C26公众对环境风险的行为反应	公众对于环境风险源所作出的行为类型，是否发生了强类型的环境抗争事件
A3 限度定位	B6主体可接受性	C27行政机关的可接受性	行政机关应当接受法律规定的风险规制程序，在环境风险规制的事务中赋予行政机关与义务相匹配的权力设置，要在公众的要求和行政机关的权责之间实现平衡
		C28社会组织的可接受性	社会组织在环境风险规制中的诉求得到了基本满足，通过邀请社会组织积极参与、赋予社会组织监督或参与司法的权能
		C29受规制企业的可接受性	使企业自觉接受规制所需经费用，激励受规制企业自觉接受规制，同时寻求受规制者的内心确信、认同和接受，降低环境风险规制成本
		C30公众的可接受性	以权利保障和环境利益配置为基础，使公众通过协商民主、程序理性参与到规制决策之中，借助信息公开等方式从程序上增强公众对环境风险规制行为的普遍认同
	B7硬法与软法衡平性	C31硬法制定程序的"软化"	引导地方人大和政府根据当地的实际情况制定符合当地情况的地方性法规和规章，解决各地的特殊问题，在不违反上位法的基础上对环境风险规制大胆探索
		C32硬法规制手段的"软化"	通过引入综合式的环境风险规制限度设定方法，对环境风险进行多元化手段治理，从而提高规制环境风险限度的效率和质量
		C33硬法规范适用的"软化"	行政机关与司法机关在行使自由裁量权时加入合理性因素的分析，通过创新规则使用方式，对环境风险的规制限度进行综合性考量，同时加强决策伦理的专业化和行政公开制度的建设，控制自由裁量权的行使
		C34软法治理规则的开放性	软法规则体系上的包容性与软法规则内容上的通约性最大化地在社会成员的分歧中谋求共识，在争议中寻求合作

续表

一级指标	二级指标	三级指标	指标释明
A3 限度定位	B7硬法与软法衡平性	C35软法治理过程的透明性	软法治理过程的透明性可以促进社会信任、唤回公众理性，改善风险治理效果
		C36软法治理程序的协商性	促进不同群体风险交流活动的开展，注重将风险决策建构在协商民主的基础之上，可以促进风险共识的形成
	B8环境风险司法谦抑性	C37环境风险类司法案件数量	环境风险类的司法案件是一类特殊的环境资源司法案件，根据环境风险案件典型样本分析可以进行风险管理的理性考量，案件数量是环境风险司法谦抑性的判断指标之一
		C38环境风险类司法案件涉案金额	根据环境风险类司法案件涉案金额可以对风险管理做出进一步的考量，进而论证相应环境风险中司法谦抑性的逻辑与界限
		C39环境风险类司法案件判决情况	根据环境风险类司法案件判决情况以判断风险社会下现行司法的谦抑性
		C40环境风险类司法案件执行情况	根据环境风险类司法案件已经生效的判决、裁定所确定的内容付诸实现以及执行过程中的变更执行等情况来论证相应的环境风险中司法谦抑性的逻辑与界限
	B9多中心治理协作性	C41政府治理的重要性	政府对公共事务治理的重要程度
		C42社会组织治理的重要性	社会组织对公共事务治理的重要程度
		C43企业治理的重要性	企业对公共事务治理的重要程度
		C44公众治理的重要性	公众对公共事务治理的重要程度

第六章

环境风险规制秩序的法治构造与运行逻辑

现代性环境风险构成了新的社会问题并不断蔓延至国家乃至全球范围，成为政治共同体疲于应对的核心问题。正是基于环境风险时代的社会变动发展，亟须法律的变革并形塑新的秩序规范以回应社会发展的需求。法律秩序需要承受新的负担，寻求新的应急手段，并对自己的基础加以细察。①环境风险规制秩序的构造是风险社会困局下法律因应、解决社会难题及形塑新的秩序价值取向的必然要求。值得反思的是，在秩序构造及转型发展中应该基于何种秩序构造范式来重构环境风险规制秩序？

在既有研究范式中，哈贝马斯认为晚期资本主义式的高速增长带来了诸如生态平衡破坏在内的很多问题。在此基础上，他提出了四种危机倾向，即经济危机、合理性危机、合法化危机和动机危机。②在他看来，合法化危机是指相互矛盾的控制命令是通过行政人员而非市场参与者的目的理性行为而表现出来的，它们表现为不同的矛盾，直接威胁着系统整合，

---

① ［美］诺内特、塞尔兹尼克：《转变中的法律与社会：迈向回应型法》，张志铭译，中国政法大学出版社2002年版，第2页。

② 在哈贝马斯看来，针对不同危机倾向有不同的解释建议。对于经济危机，国家机器不自觉地充当了价值规律的执行机构，国家机器充当了联合起来的垄断资本的计划代理人；对于合理性危机，行政合理性的破坏是由于资本主义不同利益之间的对立以及为了继续生存而产生了与系统异质的结构；对于合法化危机的解释建议包括系统局限性以及行政干预文化传统所带来的意外副作用；对于动机危机来说，涵盖了对于维持生存非常重要的传统遭到腐蚀，普遍主义的价值系统超载（新要求）等。参见［德］尤尔根·哈贝马斯《合法化危机》，刘北成、曹卫东译，上海人民出版社2018年版，第52—57页。

并从而危及社会整合。①而从根本上说,合法性危机与科学技术的意识形态化紧密相连,主要发生在公共领域的结构转型过程,因此他更关注外部对法律的回应。②昂格尔认为,日益卷入公开的重新分配、规定及计划的任务之中的国家,迈向了福利国家,同时国家与社会的逐步近似、公法与私法的逐步混同,使丧失了不同于社会的现实和意识基础的国家成为合作国家;福利国家对后自由主义社会法律秩序的影响在于:首先迅速的扩张使用无固定内容的标准和一般性的条款,其次从形式主义向目的性或政策导向的法律推理的转变,从关注形式公正向关注程序或实质公正转变;合作国家对法律秩序的冲击在于:首先有助于一套打破了传统公法与私法界限的规则之形成,其次影响了国家法律与非国家机构自发形成的规范性秩序之间的区别。③昂格尔建构了将个人自由从法治的没落中抢救出来的螺旋式"习惯法—官僚法—法治—共同体法"发展,共同体法"把每种社会生活形式看作是创造而不是命运的能力可在法律的公共性和实在性解体之后继续存在,并与社会生活中的内在秩序的意义调和在一起"④。伯克利学派的诺内特及塞尔兹尼克将法律现象区分为压制性法、自治性法和回应性法等,⑤回应性法要求法律能够负责任地对社会环境中的各种变化做出积极的回应,它把社会压力理解为认识的来源和自我矫正的机会。⑥换言之,以回应性法为基础的秩序构造模式要求以更具效能的法律机构维持法

---

① [德]尤尔根·哈贝马斯:《合法化危机》,刘北成、曹卫东译,上海人民出版社2018年版,第75页。

② 许丽莎:《论法律现代性危机的解决理论》,《黑龙江省政法管理干部学院学报》2007年第2期。

③ [美]R. M. 昂格尔:《现代社会中的法律》,吴玉章、周汉华译,译林出版社2001年版,第187—196页。

④ [美]R. M. 昂格尔:《现代社会中的法律》,吴玉章、周汉华译,译林出版社2001年版,第230页。

⑤ 该学派研究之目的是改造法制,设定符合社会变革需要的规范性模式,其基本构思是:使实质正义与形式正义统合在一定的制度之内,通过缩减中间环节和扩大参与机会的方式,在维护普遍性规范和公共秩序的同时,按照法的固有逻辑去实现人的可变的价值期望。参见[美]诺内特、塞尔兹尼克《转变中的法律与社会:迈向回应型法》,张志铭译,中国政法大学出版社2002年版,第3页。

⑥ [美]诺内特、塞尔兹尼克:《转变中的法律与社会:迈向回应型法》,张志铭译,中国政法大学出版社2002年版,第87页。

律的权威性和秩序的完整性，在扩大社会整体参与能力的基础上综合统筹和协调相关者利益从而达成新的秩序。

笔者认为，建构在传统法律基础之上的"消极危险应对"模式已经无法回应现代环境风险时代的需求。因此，应当以传统法律范式为基础，以回应性法律范式引导对风险社会的反思，建构新的法律制度范式和法律理论范式，从而重构环境风险规制秩序。环境风险规制秩序应当是建立在回应风险社会需求，融合共同体法、程序主义法、反身性法和回应性法的新范式基础之上的；应当是能够以硬法和软法约束为基础建构"决策于未知之中"的环境风险评估和监管规范的；应当是能够以公众参与和协商式环境民主统合为基础形塑环境风险沟通和程序理性等制度规范的；应当是能够以调整利益相关者利益和公共利益为基础承载风险时代社会、人与自然新秩序构造使命的。因此，环境风险规制秩序应当在双层体系结构之下得以构造和形塑：第一层次要在对个体利益确认、协调的基础上对其行为进行控制，通过利益的法律调整对社会性风险秩序进行构造；第二层次要求个人以集体福祉为出发点超越市场逻辑，确立社会环境利益观，积极承担更多的责任和义务，促进环境风险秩序的构造。[①]质言之，环境风险规制秩序的法治构造过程亦涵盖了其基本运行逻辑，其法治构成应当基于法治立场、法治原则和法治模式等方面统合完成，并在主体结构建构的基础上推进环境风险规制的可接受性、法律限度的合理性及规制的秩序化进程。

第一节 环境风险规制秩序的法治构成

环境风险规制秩序的构成离不开法治的形塑，需要遵循从规则到秩序的建构过程。在哈耶克的规则层级中，正当行为规则才能建构符合公益的秩序。因此，环境风险规制秩序的演化过程应当也是一种双重的结构模式：一是人的行为结构模式，二是社会进化结构模式。[②]亦即，在法律自我调控的基础上，通过回应性法的规范干预引导环境风险规制秩序的法治构造。

[①] 董正爱：《生态秩序法的规范基础与法治构造》，法律出版社2015年版，第157—158页。

[②] 董正爱：《生态秩序法的规范基础与法治构造》，法律出版社2015年版，第161页。

一 环境风险规制秩序的法治立场

如前所述,环境风险规制秩序的建构需要通过硬法与软法约束预设社会结构的关系模式与行为模式,以社会结构化和制度化要素重构人与人、人与自然之间的关系。其核心意旨在于,基于何种法治立场形塑新的关系模式和行为模式?如何才能形成符合风险时代需求的社会结构化和制度化要素?在笔者看来,我们应当建构以利益衡量为基础的环境法治立场,并形成基于"利益—立场—行动"的环境风险规制秩序行为逻辑。

(一)作为立场之基的环境利益的确认与保护

法律是我们用来实现利益诉求的重要工具之一。环境利益是人类社会中众多利益关系的一项重要利益。人们常常运用传统的"利益观"来理解和阐释环境利益这个概念,将环境利益解释为在一定社会关系下人们对环境的需求,环境资源为人类提供了各种环境利益。[1]这是一种更容易理解也更直观的解释方式,但这种认识方式却极易引致对环境利益认知发生偏差或出现摇摆不定的情况。

环境利益不是环境的利益,它不是指环境所享有的权利。如果这样的话,一方面环境的利益只有环境才知道是什么;另一方面当环境利益受损时,只能让环境去维权。显然,这些都是不合理的。同时,环境利益也不应该是由生态污染、环境破坏所造成的人类利益的损失。[2]一旦这样定义环境利益,那么环境就成为人的利益的媒介,那么我们在此基础上所构建的法治体系所维护的就不是环境利益了。环境法保护的环境利益并不是与环境有关联的其他某种利益,而应是以公众环境利益为核心,以人与自然和谐为价值目标的环境利益。[3]此外,环境利益也不同于环境消费利益。环境消费利益是指作为环境消费者的个人或企业从消费环境的过程中所获

---

[1] 袁红辉、吕昭河:《中国环境利益的现状与成因阐释》,《云南民族大学学报》(哲学社会科学版)2014年第5期。

[2] 徐祥民、邓一峰:《环境侵权与环境侵害——兼论环境法的使命》,《法学论坛》2006年第2期。

[3] 巩固:《公众环境利益:环境保护法的核心范畴与完善重点》,2007年全国环境资源法学研讨会论文,兰州,2007年8月,第45—55页。

得的满足。环境利益与环境消费利益是相互关联的,①二者之间具有供给与消费的关系。

因此,环境利益应当是各环境要素按照一定的规律组成的环境系统所客观具有的环境生态功能对人的生态需要的满足,其客体系环境生态功能。②具体而言,环境利益指的是干净的水源,清新的空气,丰富多样的生物资源,是强大健康的生态系统。③我们对于环境利益的关注是从人类开始遭遇负环境利益时逐渐开始的,严重的雾霾、贫乏的生物资源、严重污染的水源,这些负环境利益无时无刻不在影响着人类的正常生活。实现环境利益就要求我们将负环境利益转变为环境利益,将污染的水源变成清洁的水源,改善空气质量,丰富生物多样性,让整个生态系统强大而完整。当环境状况达到人类生产生活所要求的水平时,我们所说的环境利益也就实现了。因此,环境风险规制的秩序建构首先就应当从确认和保护环境利益的立场出发,基于这一立场展开相应的行动,并做出合理、正当、合法化的制度决策,实现环境风险规制目的。

（二）作为立场之基的环境利益的衡平

我国是一个历史悠久的大国,环境问题实际上在历史上并未成为制擎政府治理的一个难题,而仅是在改革开放之后逐渐成为一个凸显亟待解决的问题。近几十年,我国在经济发展上大步前进的背后是环境的日益恶化,许多学者对经济发展与环境恶化之间的关系进行分析后得出的普遍结论是:经济发展是环境恶化的一个基础性的原因,一些学者通过构建模型进行了研究分析,其研究结果已经能够表明经济发展与环境状况恶化之间是存在长期的均衡关系。④可以说,我国目前的经济发展是以环境污染为代价的低水平发展。

在大多数欠发达国家,政府机关依旧将经济发展作为其行为的最高目标,为了经济的增长不惜以环境的严重污染作为代价。政府的这种选择也是无可奈何的,倘若加强对污染的管控,那么必然会增加企业的成本,

---

① 徐祥民、朱雯:《环境利益的本质特征》,《法学论坛》2014年第6期。
② 何佩佩:《论环境法律对环境利益的保障》,《广东社会科学》2017年第5期。
③ 徐祥民、朱雯:《环境利益的本质特征》,《法学论坛》2014年第6期。
④ 李蔚、王丽平、程子峰:《我国社会经济发展与环境状况变化趋势分析研究》,《环境保护》2014年第2期。

这样的话很多投资者会将资金转向成本更低的地方,那么国家的经济将难以得到发展,国民生活水平也就难以获得有效的提升。所以很多政府官员将经济发展作为首要目标,相应的许多环境保护的法律制度也就落不到实处。

然而,在发达国家,政府对环境的保护从立法到各项制度的实施都是相当完善的,目的就是更好地保障环境利益,比如瑞士就采取了严格的环境污染管理和控制,排除潜在的污染源,将污染水平保持在可以接受的范围内。另外,许多发达国家积极发展低碳产业,大力推进教育产业、文化旅游等产业的发展,这些产业拉动经济发展的同时,对环境不会产生负面影响。

我国作为一个发展中国家,与欠发达国家和发达国家的国情有很大差别,我们需要平衡好经济发展与环境保护之间的关系。近年来,国家对环境保护的重视程度越来越高。2013年9月7日,习近平总书记在哈萨克斯坦纳扎尔巴耶夫大学发表演讲时,谈到了关于环境保护的问题,他指出:"我们既要绿水青山,也要金山银山。宁要绿水青山,不要金山银山,而且绿水青山就是金山银山。"这一内容体现了我党和政府对于推进生态文明建设,平衡生态环境保护与经济发展之间关系的决心。[①]而且,随着生态文明建设的逐步推进,我国对环境保护和环境利益的重视程度越来越高,对于环境污染的容忍程度越来越低,这为建构在环境利益衡平基础之上的行动选择提供了更有利于环境保护的契机。环境风险规制秩序的建构需要平衡经济发展与环境保护之间的关系,形成符合环境利益与经济发展相协调的制度设计,推动良好环境立场和行动的发展行进,促进环境风险规制秩序的形塑。

二 环境风险规制秩序的法治原则

可持续发展理念自提出到确立已经有30年的时间,其"既满足当代人需要又不对后代人满足其需求的能力构成威胁"的基本内涵包括了代际公平、代内公平、人与自然的和谐相处等。环境风险规制秩序的建构当然应当契合可持续发展理念,而在基本法治原则上则预设了环境风险预防原则。一方面,环境风险预防原则体现了代内公平,要求环境风险的行为人

---

① 王灿发:《论生态文明建设法律保障体系的构建》,《中国法学》2014年第3期。

预先证明其行为对环境没有影响，否则要承担为预防风险所采取措施而形成的成本，这部分成本不应当由未获得收益的人来承担。另一方面，环境风险预防原则体现了代际公平，避免对后代人的环境利益造成不可挽回的损害，积极采取可行措施维护代际利益的平衡。最后，环境风险预防原则体现了环境利益与经济利益的平衡发展，因为风险预防原则旨在鼓励在制定经济发展规划的同时要注重防范环境风险，从而以较小的代价获得最大的收益。

我国1978年《宪法》确立了环境保护为国家基本职责。1979年《环境保护法（试行）》将保护自然资源，防止污染和其他公害做了全面性的原则上的规定。[①]此后，预防为主就成为环境法的基本原则之一。该原则是我国在20世纪70年代借鉴西方经验教训而采用的，但在实践过程中该原则的适用却存在诸多问题。首先，预防为主原则缺乏了对风险的防范。预防为主原则的主要思想是：在对环境有影响的行为造成环境污染之前就积极采取有效行动避免损害的发生。[②]而环境风险预防原则还包括另一层含义，即通过各种方式分析、预测或评价环境风险，促使经济开发过程避免环境危害及风险的产生。[③]我们已经步入了风险社会，环境风险对我国的影响不容小觑，所以应当对环境风险采取积极的应对措施。其次，目前我国环境保护法中预防为主原则的成效甚微。该原则产生于我国环境法发展初期，对各项制度的建立起到了重要作用，作为环境法的基本原则贯穿于整个环境法的发展过程，也贯穿于整个环境治理全局。但是，在实践中所起到的作用却并不乐观，各种环境污染事件层出不穷。最后，重事后治理轻事前预防。在人类文明的发展过程中，我们走了"先污染、后治理"的老路，实践已经证明这是一条错误的道路，人类也为此付出了极大的代价。在尝到恶果之后，各个国家积极转变，大力加强对环境污染的预防工作，我国亦如是。但是，在实践层面各地仍然存在重发展轻环保，重事后治理轻事前预防的现象，也导致预防为主原则无法落到实处。

因此，在环境风险规制秩序建构过程中，需要确立环境风险预防原则，并力图使该原则充分发挥其功能。第一，确立环境风险预防原则在环

---

① 张梓太、王岚：《风险社会语境下的环境法预防原则》，《社会科学》2012年第6期。
② 陈维春：《国际法上的风险预防原则》，《现代法学》2007年第5期。
③ 吕忠梅：《环境法》，法律出版社1997年版，第61页。

境法中的基本原则地位。《里约宣言》第15项规定给出了环境风险预防原则的定义：为了保护环境，各国应按照本国的能力，广泛适用预防措施，遇有严重或不可逆转损害的威胁时，不得以缺乏科学充分确实证据为理由，延迟采取符合成本收益的措施防止环境恶化。[①]鉴于前述所论及的预防为主原则的适用困境，我们应当区分环境风险预防原则与预防为主原则，实现向环境风险预防原则的转变。第二，拓宽环境风险预防原则的适用范围。"治理风险还是预防风险"这一问题类似于"治理污染还是预防污染"，我们针对"治理污染还是预防污染"这一问题走了"先污染后治理"的错误道路，以至于不得不承受生态环境危机的恶果。进入风险社会后，面对环境风险的不确定性，人们很难把握和认识环境风险。因此，实践运行中环境风险极易被人们所忽视，只有当环境风险变成真正的环境灾害或环境事故之后，才会受到应有的关注。但显然，这一方式不符合风险时代的规制要求，也不利于环境风险、环境污染的防范。质言之，我们应当适度扩展环境风险预防原则的适用范围，环境风险预防原则的贯彻不仅要关注确定性的环境污染风险问题，也应当对具有不确定性的环境风险问题予以及时反应。总体而言，环境风险规制秩序的法治原则应当确立环境风险预防原则的基础指导作用，在从预防为主原则向环境风险预防原则转变的过程中应当注意不能从一个极端跨入另一个极端，不应以不确定性为由拒绝或延迟对环境风险进行规制管控。

三　环境风险规制秩序的构成基础

环境风险具有其特殊性，从概念界定到风险治理、风险规制的诸要素视域可知，环境风险依赖于契合风险社会要求的规制方式，政府环境规制、经济性规制和社会性规制交织运行。但一个不得不回应的问题是，风险具有科学上的不确定性，必然要求政府"决策于未知之中"。然而，对于不确定的、未知的环境问题，政府在采取措施时极易陷入合法性的陷阱。因此，环境风险规制秩序的建构还应考量其构成基础，即环境风险规制的法理基础。笔者认为，可以从以下两方面来探寻其合理性及合法化基础：

第一，环境风险的实质性判断。实际上，环境风险的实质性判断是与

---

① 王曦：《国际环境法》，法律出版社1998年版，第111页。

程序式判断直接相关的。在环境风险的认知、评估和监管过程中，单纯的程序式协商民主是完全不够的，实质性判断依旧是环境风险规制不能回避的核心问题。我们认为，在环境风险的判断过程中，应当既最大限度地保障协商式环境民主，也重视实质性判断的要求，从程序性和实质性两方面综合贯彻环境风险的判断问题。在笔者看来，所谓的实质性判断，其实可以外在表现为社会成员在这一风险问题上所达成的共识：包括以下两个方面：（1）对于有可能造成严重损害或是不可逆转损害的风险，应当及时采取有效的管控手段；（2）所有针对不确定性风险所做出的决策，应该根据最新科学技术以及有关情况的发展变化展开持续性审议，同时根据审议的结果不断进行修改完善。

第二，环境风险决策过程的合理正当。环境风险规制秩序的形塑涵盖了环境风险的决策，而环境风险决策包括是否预防以及如何预防两个问题。（1）赋予正当性是对"是否预防"的回应，同时也为政府的风险规制行为赋予了正当性。在风险社会的语境下，风险规制行为要想获得正当性，可以通过立法部门对行政部门进行概括性授权，并应尊重民主精神，获得公民的共识。[①]对此，从制度设计上来看，综合各个国家的实践经验，目前已经出现了各类协商式环境民主制度，如听证会、公民会议等。当面对科学不确定性之风险时，政府同样应采取协商式环境民主制度来决定是否采取相关措施，所得出的结论当然具有法律效力，倘若政府部门不予采纳，则应当对此提出充分的原因说明。此外，公众或相关团体对于协商式环境民主议程的相关环境问题及相应结论应当保有其相应的主观请求权。（2）合理性补正是对"如何预防"的回应。通过协商式环境民主制度得出的规制决策，只是一个初步的决策，仍需要一些具体的行政措施来落实。通常来讲，协商式环境民主会因为时间、议程和专业知识上的不足，使得其做出的决策本身存在不足之处，政府部门也因此会对公众决策保持怀疑态度。对此，需要引入专家意见对公众决策进行合理性补正以及可行性分析。当然，专家意见仅仅是作为政府决策的参考意见，采纳与否仍应由政府来决定。

从本质上来说，在风险社会中面对科技的高速发展，人们无法完全

---

① 成协中：《风险社会中的决策科学与民主——以重大决策社会稳定风险评估为例的分析》，《法学论坛》2013年第1期。

掌握所有信息并预测决策的后果，所以只能"决策于未知之中"，因此需要从实质性判断和环境风险决策过程寻求合理性及合法化基础。随着社会结构价值多元化的发展，任何单一的价值取向已经无法成为做出特定决策的基础。在这种前提之下，一旦新兴技术得以运用，都将对公共生活产生影响。所以环境风险规制决策的制定和规则制定应当由公共选择做出，并且运用法律制度对此进行保障。所以，环境风险规制秩序的构成实质上亦是法律体系应对风险社会所做出的调整，同样也是构建"风险法治国"的核心。

四 环境风险规制秩序的法治模式

环境风险具有公共性，因此对于具有公共性和公益性的环境风险问题有赖于政府行政的元治理和元规制，并经政府制度运行形成核心法治秩序模式。换言之，我国传统环境风险规制所采取的"命令—控制"管制模式其实更偏向一种政府行政单中心模式，由于企业、公众、社会组织等主体缺位，造成了严重的结构性缺陷，并且进一步导致我国目前的环境法治效率不高，普遍存在着有法律却无秩序的现象。在这种情况下，我们应当将目光转向多中心理论，[1]依多中心理论为基础建构环境风险规制秩序的多中心法治模式，从而克服现有模式的缺陷。

多中心治理理论是以美国印第安纳大学的奥斯特罗姆夫妇为核心的一批研究者所提出的一种关于公共事物治理的新理论，也是一种具有社会创新和实用性的治理理论。该理论基于对公地悲剧、囚徒困境和集体行动的逻辑三个模型进行反思，发现每个问题都指向了搭便车问题：任何时候，一个人只要不被排斥在分享由他人努力所带来的利益之外，就没有动力为共同的利益做贡献，而只会选择做一个搭便车者，如果搭便车的诱惑支配了决策的进程，就会导致集体利益的供给达不到最优水平。[2]基于这一问题的思考，奥斯特罗姆明晰了长期存在的公共池塘资源制度中所阐释的设计原则：清晰界定边界、占用和供应规则与当地条件相一致、集体选择的

---

[1] 李雪梅、王子彦：《环境法治多中心模式及其结构设计》，《环境保护科学》2010年第4期。

[2] ［美］埃莉诺·奥斯特罗姆：《公共事物的治理之道：集体行动机制的演进》，余逊达、陈旭东译，上海译文出版社2012年版，第8页。

安排、监督、分级制裁、冲突解决机制、对组织权的最低限度的认可、嵌套式企业。①以之为基础，奥斯特罗姆阐明了关于流域治理的多中心的公共企业博弈：流域由一组多中心的、目的明确的政府企业进行管理，而私人水公司和民间生产者协会则积极参与了政府企业的治理活动。②由此可见，多中心理论强调公共部门、私人部门、社区组织均可成为公共物品的供给者，其核心内容是自主和组织，其中心问题是一群相互依存的人们通过某种方式把自己组织起来，进行自主治理，通过自主努力克服"搭便车"、机会主义诱惑、回避责任等问题，以取得持久性共同利益的实现。③

多中心治理强调不同主体的参与，且强调的是不同主体的实质性参与和多元治理实践。环境风险具有的不确定性、复杂性等特征，使得环境风险规制秩序的建构应当区别于以往的政府行政模式，在权力向度上应呈现出以客体为中心的一种内外互动的状态。④质言之，环境风险规制秩序的多中心法治建构模式要求规制主体是多元的。我们不能否认政府治理主体在环境风险规制中的核心决策作用，但是仅仅依靠政府环境规制是不够的，应当适时引入受规制主体——企业、利害关系人——社会组织和公众等主体切实地参与到环境风险规制之中，通过程序理性和实体性内容规范发挥多主体互动、共同参与和倒逼决策的方式推动环境风险规制秩序的形塑。亦即，应当发挥政府治理主体的元规制功能和指导引领作用，杜绝和化解基于环境公共性的公地悲剧、囚徒困境和集体行动的逻辑所引致的搭便车效应；引导受规制企业主动地承担环境责任，以环境风险规制提高企业业绩从而形成企业主动守法的长效机制；以社会组织和公众的实质参与倒逼政府决策的合理正当，在环境保护与经济发展的二元悖论中寻求更契合环境风险规制的政策选择。因此，多中心治理的框架模式下，应

---

① ［美］埃莉诺·奥斯特罗姆：《公共事物的治理之道：集体行动机制的演进》，余逊达、陈旭东译，上海译文出版社2012年版，第108页。
② ［美］埃莉诺·奥斯特罗姆：《公共事物的治理之道：集体行动机制的演进》，余逊达、陈旭东译，上海译文出版社2012年版，第160页。
③ 陈艳敏：《多中心治理理论：一种公共事物自主治理的制度理论》，《新疆社科论坛》2007年第3期。
④ 李雪梅、王子彦：《环境法治多中心模式及其结构设计》，《环境保护科学》2010年第4期。

当在政府的主导下使其与市场主体、社会主体之间发生相互促动作用,既保障政府发挥其规制功能,也引导市场主体和社会主体在环境风险规制领域的有序及有效参与和监督,以多中心法治模式促进环境风险规制秩序的建构。

第二节 环境风险规制秩序的主体结构建构与转型运行

环境风险规制秩序的建构首先赖于主体结构的形塑,而规制主体则因其角色、目标不同,导致其行为方式也有所差异。一定程度上,他们的影响对象和影响力也有所不同。企业是纳税主体,地方政府在进行环境决策时需要权衡利弊,实现环境保护与经济发展双赢。同时,公众和环保组织作为社会主体,有责任和权利参与环境决策,并对其进行监督。实际上,环境风险规制需要依赖政府、企业、社会组织、公众等多方利益主体的公私协力,也即构建以政府为主导、企业为主体、社会组织和公众共同参与的环境风险规制秩序主体结构与体系。

一 政府主导:管制者向共治者的转型

法的实施是将纸面的法律转变为实践中的法律,其实质在于"将法律规范中规定的权利和义务关系转化为现实生活中的权利和义务关系,进而把法律规范转化为人们的行为的过程"[①]。换言之,法的实施是贯穿"应然之法"和"实然之法"的必经途径。要推进环境风险规制,就必须建立和完善环境保护法律制度规范的配套机制,明确政府及有关部门职能权限并落实在执法细则中,才能使环境保护有法可依,执法主体明确,法律实施的转换过程具体可循,最终实现环境风险的有效治理。

(一)环境执法担当:规制能力的共治基础

改革开放以来,中国一跃成为全球的第二大经济体,由于产业结构单

[①] 王华兵、陈德敏:《共性与个性:中国资源安全执法的展开》,《重庆社会科学》2006年第9期。

一，粗放型的经济发展对生态环境造成了严重的破坏。为了改变这种发展经济牺牲环境的现状，亟须完善生态文明法制体系，积极推进政府依法行政，落实绿色发展理念，推进生态文明建设。政府部门应当重视环境风险规制，加大环境行政执法力度。根据环境风险的实际样态，特别是环境风险的特殊状况，严格执行环境风险规制的相关法律规范，塑造有责任担当的环境政府。

首先，协调各方环境保护执法主体。党的十九届三中全会审议通过的《深化党和国家机构改革方案》和第十三届全国人民代表大会第一次会议审议批准的国务院机构改革方案均将生态环境和资源保护行政管理工作作为部门调整的重要内容，即组建自然资源部与生态环境部，不再保留国土资源部、环境保护部、国家海洋局和国家测绘地理信息局。此次环保大部制改革不仅是扩大环保部门的职能范围，也将既有的"九龙治水"的环保机构职能进行整合。根据方案规定，新组建的生态环境部整合了多项散落在其他部门的环境保护职责，如国家发改委的应对气候变化和减排，国土资源部的监督防止地下水污染，水利部的编制水功能规划、排污口设施管理、流域水环境保护，国家海洋局的海洋环境保护等。此次改革整合了不同部门之间的相似职能，使环境保护执法主体更为明确，减少了环境执法过程中各部门之间互相推诿和争议的可能性。但生态环境保护领域的机构改革仍处于发展阶段，地方环保部门的改革方案和整合路径并未明确。因此，构建环保行政资源共享平台，有助于整合条块分割的现状，为环境行政执法提供高水平的执法资源。不可否认的是，现行的机构调整和改革已经为环境风险规制提供了良好的基础，整合后的生态环境主管部门将以统筹的职能为基础回应原先环境保护固有问题的矛盾，更好地促进环境风险规制的目标实现。

其次，建立环境行政执法人员素质培训机制。环境执法质量的提升有赖于环境行政执法人员素质水平的提高，其有效路径是，通过规范环境行政执法专业人员的考录与任用程序，源头管控环境行政执法人员的素质水平。具体而言，加强环境行政执法人员资格审核，定期组织环境行政执法人员外出培训；完善环境行政执法人员的编制和工资待遇规范；构建既权威又独立的监督机制，以有效监督环境行政执法；建立环境行政执法数据库；定期评查环境行政处罚决定书案卷；完善环境行政执法责任考核制度，将执法责任考核纳入行政部门目标考核体系。

环境行政执法人员除了掌握环境专业知识以外，对于相关环境法律知识也应定期更新。关于法律知识培训，可以由政府法制部门或环境行政主管机关的法规部门组织专项的环保法律培训，确保环境行政执法人员了解最新的环境保护与资源利用法律法规及执法程序和裁量规范。如此一来，可以确保环境行政执法人员能够准确把握环境行政执法过程中的相关法律规定和责任依据，合理使用行政裁量权，做到执法有理有据。此外，在执法过程中，环境行政执法人员应当力求排除相关干扰，做到秉公执法、文明执法。

（二）程序理性规范：迈向共治的程序基础

环境行政执法程序是保障环境行政执法合法性的重要基石，也是以规范程序为基础保障多元参与和共治的重要基础。首要的一点是，通过完善环境行政执法程序来保障行政相对人的环境知情权与环境参与权。在全面依法治国的大背景下，公开环境行政执法程序、引入公众参与制度，确保行政相对人的意见和诉求得到反映，既是提升政府环境治理能力的重要途径，也是促进政府与公众共同保护生态环境的有效措施。一般而言，环境行政执法程序包括听证制度、申辩质证制度和执法职能分离制度等。听证制度是公众参与环境行政执法的重要途径，可以在行政行为做出以前听取行政相对人的意见，从而确保行政行为的合理性和正当性。同时，在环境行政听证过程中，通过与行政相对人的沟通交流，能够促进行政相对人对环境行政保护工作的理解和支持。申辩质证制度是保障行政行为正确性的基础，能够促使行政机关严格执法，减少和规避行政失误。执法职能分离制度旨在保证环境行政机关在环境纠纷之上，而不是处在环境纠纷之中，使其能够充当仲裁人的角色调解纠纷，化解冲突。唯有构建了上述相关的程序性制度，并通过详细的规范落实到具体法律法规之中，为行政执法人员提供执法依据，才能从根本上以程序引导共治的实现。

（三）环境行政监督：实现共治的保障要素

环境行政监督制度一般可以界分为国家监督和社会监督，即以国家权力机关、行政机关和司法机关等为主的国家监督体系和以社会团体、新闻舆论和公众参与等为主的社会监督体系。[1]应该说，当前我国环境行政

---

[1] 黄锡生、何雪梅：《中国环境资源法律实施的障碍及对策》，《重庆大学学报》（社会科学版）2007年第5期。

监督制度并不完善。自上而下的国家监督常常流于形式，无法发挥作用；自下而上的社会监督还未真正建立起来。由于监督的缺位，原有的政府政绩考核基准均以经济发展为核心，为了发展经济而牺牲环境的事例数不胜数，对环境资源的破坏而造成的环境风险也日益加重。实际上，权力机关可以转变被动监督方式，深入调查环境行政执法情况，积极查处重大环境行政违法案件和环境行政不作为、乱作为的现象。同时，权力机关应当不限于抽象监督，对于具体环境行政重大案件也应进行实际监督。就社会监督而言，公众参与决策在各地环境行政执法过程中受到了不同程度的阻碍，甚至可以说社会监督并未发挥其应有的作用。环境风险规制中，令人担忧的不仅是缺乏环境执法的有序推进，更缺乏环境行政监督的促进，社会监督就更少之甚少了。因此，需要进一步强化社会监督的能力，构建畅通的程序、提高公众环境意识以及培育环保社会组织等都有助于推进社会监督能力的提升。

除了外部的社会监督和国家监督以外，环境行政的内部监督也是确保环境依法行政的重要制度。环境行政的内部监督是一种专门监督方式，有利于环境行政执法责任的落实。地方环境行政主管部门应当严格执行环保监督管理法律制度，监督监察环保执法情况，确保环境行政法律制度的正常运行。环境行政主管部门可以先行试点推行执法责任制，确立环境行政执法裁量标准和执行程序，借助责任书的方式推进各项法律法规的有效贯彻。而在作为行政执法矫正措施的行政复议制度方面，要发挥上级行政机关对下级的执法监督功能，通过完善行政复议的审理方式、档案管理等，深化行政复议对具体行政行为的合法性与合理性审查，以提高行政执法的公信力。同时，可以探索引入行政复议的听证制度，创新行政复议的方式方法，保证行政复议机关依法履职，准确地做出行政复议决定等。

此外，应当充分借助行政监察、环保督察等行政专项监督，对环境行政执法过程中的违纪违法案件进行清查。政府也可以通过新闻媒体等社会主体监督环境行政执法情况，不断提升环境行政执法的公信力，促进环境保护法律法规的有效实施，从而推进环境风险的协同共治。

（四）环保执法评价：反思共治的治理工具

环境执法评价是评价法律实施的效果，分析法律实施过程中出现的问题，并予以改进。从宏观方面来看，环保执法评价标准主要包括四项内容：一是环保法律实施是否符合公共利益；二是执法人员的执法水平和公众守法程度是否提高；三是环境保护法律制度功能和目的能否实现；四是是否有助于生态文明建设。就微观层面而言，环保执法评价的标准主要包括：一是环境行政执法人员对环保法律法规的掌握能否确保严格依法行政；环境行政执法能否做到各司其职；环境行政执法人员是否定期接受培训，不断提升自身专业水平。二是根据司法裁判情况分析环境问题的现状，梳理由环境资源问题引发的民事纠纷案件的立案数、结案数等审理情况。三是社会公众对环保工作的认识程度，社会公众对环保法律的了解程度，社会公众对环保法律的守法情况等。四是基于现有的环保标准构建环保法律实施指标体系，评价环保法律实施的社会功能及其目的。

环境风险规制的执法评价应当综合考虑是否符合正义和公共利益以及环境保护的目的功能是否能够有效发挥等。为改变环境污染转移的环境风险持续发展，杜绝污染物的无序排放和转移，减少环境风险产生的源头，在环境风险规制相关环保法律实施评价体系建设的过程中，应当考虑更多的生态化、绿色化要素。就政府生态环境主管部门的绩效考核而言，应当将环境资源消耗纳入国民经济成本之中，引入绿色GDP评估标准，强化资源的可持续利用和环境的有效保护。一般而言，绿色GDP的评估范畴主要包括：一是对生态环境破坏造成的直接经济损失；二是治理环境污染和修复生态资源所负担的费用；三是资源无序开采所造成的生态破坏；四是环境公害所造成的负外部性成本。此外，环境风险规制的执法评价还应该考核评估环境不均衡的状况是否有所扩大，环境风险治理的投入和执法力度是否得到重视等。这一执法评价体系的引入，将会督促和激励政府生态环境主管部门将可持续发展放在经济社会发展的突出位置，转变以往"高投入—高排放"的粗放型经济增长方式，迈向"高效率—低排放"的集约型经济增长方式；改变环境风险规制失衡境况，衡平区域之间的环境利益，实现环境风险规制的公平正义，促进环境风险得到有序、协同、有效的治理。

二 企业主体：被动守法向主动践行的转型

环境风险规制的难点在于，城市中小企业环境污染的排放及整治、农村既有乡镇企业等生产过程中的污染排放、城市污染企业向农村转移并造成的持续性环境风险等。也就是说，环境风险规制既离不开政府管制能力的提升，也需要政府从管制向共治转型的过程中实现企业主体的自觉守法及公众参与监督对企业的倒逼，从而实现环境风险的共治。因此，环境风险规制需要最大的环境风险源——企业主动地采取措施，主动践行共治的基本理念，实现对环境风险规制的回应。

第一，环境风险规制离不开企业主体的参与，最为重要的参与方式之一便是自觉遵守法律。作为环境风险规制重要主体的企业应当主动和严格地遵守环境保护相关法律法规，涵盖了两层意思：一是污染企业严格遵守法律规范和环境标准，通过实际履行规划、环境影响评价、"三同时"以及环境监测和相关环境治理制度，以守法的方式尽可能减少污染的排放；二是企业从被动转向主动，从企业治理理念上重视环境污染防治工作，主动自觉地遵守环境保护法律法规并在自觉遵循环境标准的基础上贯彻绿色发展理念，积极采取清洁生产方式、最佳可得技术、更好的污染处理设施等以尽可能地减少污染物的排放，从自身要素推动和保障最重要污染源的整体有效治理。一个可行路径是，企业应当积极探索推广绿色会计制度，以促进自身积极地遵守环境保护法律法规。绿色会计制度是根据相关法律法规的规定，以货币为衡量单位，将自然资源使用和环境污染成本纳入企业的效益核算之中。环境行政监管部门应当建立健全绿色会计信息披露制度，规范细化企业绿色会计披露的范围和内容。此项环境信息披露制度一定程度上可以促使企业在生产过程中注重永续发展，合理利用自然资源和减少废弃物或污染物排放。同时，生态环境行政主管部门可以制定相关的扶持政策，奖励和资助实施绿色会计的企业和会计人员，鼓励企业主动践行绿色会计制度，从而推动企业生产和环境污染排放的绿色化。

第二，环境风险规制离不开企业主体环境责任和社会责任的承担。一方面，应当以现行法律法规为基础，要求企业严格遵守法律法规并承担因排放污染物所致符合规定的民事责任、行政责任和刑事责任；另一方面，应当扩张企业承担责任的范围，从法律责任向社会责任转型，企业的环境责任应当不仅仅涵盖其所应当承担的法律责任，还应涉及社会责任的承担。当前，我国仍处在工业化阶段，工业对经济发展的支撑作用，影响着生态文明建设的步伐。毋庸置疑，工业企业在生产过程中自然会消耗大量资源，产生环境污染物质，因此环境保护法律法规的实现，关键在于企业自觉守法以及环境责任的承担。在企业环境社会责任承担的过程中，政府应当引导、鼓励和扶持企业积极开展资源综合利用以减少污染物的排放；在企业发展规划方面，要求企业结合自身实际，将绿色发展理念贯彻到企业发展的过程中，主动承担其环境社会责任；以生产者责任延伸制度为基础，促进企业责任承担贯穿至产品生产的全过程，倒逼企业最大限度地减少资源利用和污染物排放；在资源循环利用方面，要求企业引入绿色生产技术和工艺，从"生产—加工—销售—回收—再加工"等环节实现资源的循环利用。

第三，环境风险规制的认知协调规范离不开企业的技术援助和沟通。我国仍处于工业化发展的阶段，国家经济社会的发展离不开企业生产创造的物质财富，对企业建设项目具有天然的依赖性。因此，环境风险规制应该统筹经济发展和环境保护的关系。我们对于环境风险规制的判断和认知，并不意味着区域为减少污染转移就完全排斥新建项目和企业。但在是否建设企业项目以及是否造成事实上的环境污染转移，是否会对居民造成重大不利影响上需要有宏观和综合的判断。环境风险具有其特殊性，它是一种不确定性，因此企业建设和发展过程中一方面会产生环境污染，另一方面也可能会因其环境污染性、风险性和不确定性而引致周边居民的认知困局和排异心理。目前，根据"不确定性—预期损失"大致划分的污染类、风险聚集类、心理不悦类、污名化类四种形式的污染设施和项目，[1]极易引发居民对环境风险的排异性认知。究其原因，皆因科技与知识系统发展所引致风险的现代性吊诡。环境领域技术成长的知识壁垒与现实中偶发的风险灾难案例相结合，使得居民不断在现实认知与理论体系间摇摆，最终在维护自身生存发展的权利诉求前选择相信环境风险项目会造成重大负面影响，并将这种不安性逐渐转化为环境性事件等。因此，对这一问题的破解除了依赖政府在治理过程中不断提高决策的透明度以程序性、制度性规范协调公众认知外，还需要通过企业的技术援助规范来增进公众的正面认知。首先，应改变传统"技术官僚的自我正当化及一元化的权力结构"[2]，由企业通过规范程序成立专家组，由专家组结合本领域的专业知识在法律规范的范畴内做出科学合理的、符合常识经验的评估和预测结论，专家组理应向公众释明并对其结论负责从而增进公众的认知和信任；其次，企业应以现行法律已确立的环境标准、环境技术导则等法律规范作为依据，科学合理地评估风险并向公众公开和释明；最后，企业应从技术

---

[1] 陶鹏、童星：《邻避型群体性事件及其治理》，《南京社会科学》2010年第8期。
[2] 周桂田：《风险社会典范转移》，台湾远流出版公司2014年版，第109页。

上改进环境风险设施的设计和运作方式，尽可能减少对社区环境和居民生活的影响。①

第四，环境风险规制的认知协调规范离不开企业的协商补偿完成差序治理。由于不得不考虑经济发展和工业企业项目建设的需要，那么增加企业的建设成本会在一定程度上遏制高风险和高污染企业的建设，这种建设成本笔者将其定位为协商补偿成本。新建项目和企业，特别是在城市郊区或农村地区建设的企业或项目，在其可行性研究和建设过程中会形成差序性利益：企业处于中心圈层，因企业建设造成环境污染的影响从核心区域、次影响区域、微弱影响区域或无影响区域依次往外扩散，发生层层推及的联系。基于这一差序结构，企业应当围绕权利、利益和关系进行分区域、分圈层的差序治理。对于在某些欠发达农村区域有带动经济发展之功效的企业建设项目，可由企业视周边居民对经济发展对自身受益补偿的期待诉求程度，以利益相关者共同决策为基础予以确定。具体而言，可以视影响程度对处于不同圈层的公众给予货币补偿、减免税费等差额经济补偿；同时，可以通过为周边居民建设公园、图书馆等公共服务或设施的方式予以补偿，抵消企业污染排放的负外部性。

三　公众与环保组织：形式参与向实质参与的转型

自上而下的"政府主导"型环境行政管制极易导致环境风险规制不力等难题，阻碍生态文明建设和绿色发展的进程，困扰环境风险的治理。生态环境作为人类生产生活的重要载体和外在基础，属于公共利益，由政府统一行使环境行政管理工作。除了政府以外，社会组织和公众也日益成为环境保护和环境风险规制的重要参与者。环境风险规制的主体不仅限于政府、企业，当然还应当包括公众和社会组织等社会力量，进而迈向环境风险公私混合规制的模式与主体结构。质言之，公众作为环境利益的享有者和环境义务的承担者，有责任参与环境公共事务。从一定程度上来说，公众参与环境风险规制不仅可以实现对环境法律法规的纠偏，还可以就违法排污行为予以及时反映和制止。纵观当前中国发展和环境风险规制进程，国家对公众参与高度重视并且出台了相关的规范等，但就参与程度而言我

---

① 娄胜华、姜姗姗：《"邻避运动"在澳门的兴起及其治理》，《中国行政管理》2012年第4期。

国目前公众与社会组织在参与环境风险治理方面基本还处于形式参与阶段。环境风险共治模式的实现，有待于公众与社会组织的参与从形式参与转向实质参与，以多中心治理模式的公众和社会组织主体倒逼政府和企业更加重视生态环境问题的总体回应，有效实现环境风险治理。

  对于公众和环保组织而言，实质参与环境风险规制首先要求其自觉遵守法律法规，建构良好的节约消费等相关环境行为习惯，形塑良好的生活环境和人居环境，通过环境保护与资源节约的法制宣传和教育活动，引导公众的实质参与。具体而言，可以将环境保护法律法规印制成册，通过社区活动等常规方式发放给社会公众，以便让公众知晓环保法律知识、环境保护的权利与义务等。生态环境行政主管部门应当通过绿色企业、绿色学校、绿色社区等各种方式途径开展环境教育活动，普及环境法律知识，以强化公众的环境责任意识，培养公众的环境素养。将环保法制教育内容引入国民教育中，使得学生们认识到环境保护、资源节约、可持续发展的重要性。通过对在校学生进行环境教育，有利于提升公众的环境素养和环境责任。同时，借助新闻媒体、网络媒体等多媒体方式宣传环境法制，以求最大限度地普及环保知识。其次，健全公众实质参与环境风险规制的监督机制。生态环境行政主管部门应当鼓励公众参与环保法律的监督工作，一方面畅通公众参与环境风险规制的基本路径，明确参与的程序规范，将公众参与作为环境风险规制的重要一环；另一方面，对于公众检举、揭发环境违法犯罪或环境行政不作为、乱作为的现象予以奖励。积极引入社会监督，形成公众的实质性参与，不仅能够保证环境行政执法的合理合法，也可以及时纠正环境行政违法行为。最后，发挥社会组织在环境风险规制中的作用：社会组织可以通过各种方式开展环保教育，提升公众的环境素养；社会组织作为一支重要的社会力量，可以对政府的环境治理进行监督和约束；社会组织能够以开展公益活动的方式，促进环保法律的实施；社会组织通过提起环境公益诉讼等，可以在一定程度调和环境利益攸关方的利益冲突，维护整体环境公共利益。可以预见的是，通过规范建构引导社会公众等社会主体自觉主动参与到环境风险规制过程中，有助于实现公众实质参与的规范化，有助于遏制网络媒体和公众"无知"建构风险的"遐想"冲动，克服政府公信力的"塔西佗陷阱"，从而有效推进环保法治建设和改善环境风险规制的成效。

第三节 环境风险规制秩序的结构要素与运行逻辑

环境风险规制秩序的形塑是一个集道德、习俗和习惯、伦理与法律等社会规则于一体的构建过程。但是囿于市场逻辑运行的局限,道德、习俗习惯和伦理等自发规范无法有效回应环境风险,亟须以法律规范形成新的权力运行体系、法治秩序结构、权利义务结构和利益配置结构等,从立法要素、执法要素、司法要素和守法要素推进环境风险规制秩序的建构和有序运行。

一 环境风险规制秩序的立法要素与运行

环境风险规制秩序的建构首先依赖于环境立法的指引,通过立法对环境风险的回应,确保环境风险规制有法可依并在法律规范体系内形塑新的社会运行秩序。

第一,以环境风险预防为基础,从立法上重新配置环境利益。为了应对现阶段我国的环境问题以及一系列潜在的环境风险,环境法作为风险社会下应对环境问题的基础性法律,应将确认环境利益和保护环境利益的利益配置作为立法的首要目标。这既符合生态系统的基本规律,也是遵循环境承载能力、生态系统自我恢复能力和契合我国现阶段国情的体现。如前文所述,现阶段理论中对环境利益的理解倾向于作为人的权益受到损害后的媒介,而非环境利益本身,这种理解本质上是对环境损害的忽视,我们必须改变这种思想上的偏差,在立法中明确环境利益的法律含义,以此为基础进一步回应环境损害及风险问题。环境立法理应围绕确认环境利益和保护环境利益这一中心展开。[①]实质上,环境立法所涉环境利益本身并无失范的问题,环境利益的冲突是既有不同价值选择利益之间的冲突,而环境利益的重新配置实际上是对正当利益的重新选择。因此,"环境法领域内的利益冲突的解决只能用价值"权衡"的方法来解决,是两个正当利益优位性选择的问题,表现形式是基于可行条件和问题的紧迫性的时空

[①] 韩卫平、黄锡生:《论环境的法律内涵为环境利益》,《重庆理工大学学报》(社会科学版)2012年第12期。

优先顺序的安排,并非对抗性的淘汰式选择,应当奉行'统筹''兼顾'和'双赢'的衡平理念"[①]。基于此,我们应当以环境风险预防原则为基础,将环境利益确认为法律保护的利益,并使其成为与经济利益同样甚至更高地位受到法律保护的利益。

第二,通过立法健全环境风险识别制度,为环境风险规制奠定良好基础。立法过程中,应当将环境风险识别制度置于一个宏观框架内进行探讨,充分考量环境风险识别与规制主体知识背景、社会角色、经济地位的错综关系。以之为基础,建构环境风险识别的常规测评制度。任何对象,如果无法依据测量得到明确的结果,就无法从根本上对其进行回应。应当通过制度的构建明确环境风险识别必须以一定的常规测评作为基础,以建构的环境风险预防标准体系和指标评价体系为基础定期展开常规测评制度。值得注意的是,如果环境风险识别常规测评制度不能充分开展,就有可能因工作人员缺少危机感而忽略了潜藏的环境风险;如果环境风险识别常规评测制度开展得过于充分,则又有可能会使其因开展过于频繁而超出环境风险变化的频率,也容易忽略潜在的环境风险。因此,制度的建构既应当重视制度本身的技术构造和规范,同样也应当重视主体的能力建设。一方面,要注重提升部门工作人员整体的识别意识,保障决策者能够对获取的环境信息进行判断、分析与解释,从而以常规测评确定是否应出台相应的解决措施。另一方面,应重视实践经验的沿袭与传承。环境风险虽然是一种可能性和不确定性,但爆发的环境风险的概率、可能性以及触发的条件状况等都有迹可循,通过以往案例的分析、学习、借鉴,有助于使环境风险识别的常规测评更具合理性和正当性基础,对于培养提升主体的环境风险意识和环境风险识别能力都具有重要的作用。

第三,基于环境风险的"区域性",强化地方性法规应对环境风险的能力。根据新《环境保护法》第6条第2款的规定,地方政府应对本行政区域内的环境质量负责,这表明地方政府是履行政府职能的首要主体。同时,根据《突发事件应对法》等法律规定,我国目前实施的环境风险管理体制主要是根据"属地原则"来确定的。[②]因此,地方政府对环境风险的

[①] 李启家:《环境法领域利益冲突的识别与平衡》,《法学评论》2015年第6期。
[②] 陈海嵩:《政府环境法律责任的实证研究——以环境风险防范地方立法评估为例》,《社会科学战线》2016年第4期。

规制既是其应有职责，也有其回应的基础。值得关注的是，2015年《环境保护法》修订实施以来，我国关于环境污染防治的能力有了显著提升，环境执法手段和威慑力也有了大幅上涨，能够以更强的行政能力回应环境污染。但在环境风险规制方面，由于风险预防原则基本上仍处于原则性界定和指导层面，所以在实践部门的实施与回应中仍有匮乏，此时对于地方政府的环境风险规制而言，更好的策略应当是推进地方性法规的建设和规范。由于上位法层面仅为原则性规定，因此地方性法规具有创新规范的空间，能够在不与上位法冲突的前提下创新规制环境风险的职责权限及权利义务体系。

根据《立法法》第72条规定，省、自治区、直辖市的人民代表大会及其常务委员会根据本行政区域的具体情况和实际需要，在不同宪法、法律、行政法规相抵触的前提下，可以制定地方性法规；设区的市的人民代表大会及其常务委员会根据本市的具体情况和实际需要，在不同宪法、法律、行政法规和本省、自治区的地方性法规相抵触的前提下，可以对城乡建设与管理、环境保护、历史文化保护等方面的事项制定地方性法规，法律对设区的市制定地方性法规的事项另有规定的，从其规定。但是，从上述规定也可以看出，其对于地方性法规的立法权限规定仍不够具体、不够详尽，抵消了地方创制立法的部分积极性。从目前情况来看，很多地方性法规已经开始关注环境风险规制并逐渐将其纳入法律文本中，但相关立法和条款数量偏低，并且大多是关于环境风险规制企业的责任，并没有减少传统环保法律"监管者监管之法"的特色。[①]因此，通过地方性法规回应环境风险的"区域性"和环境风险规制的特殊性，就应当以《立法法》规定为基础，抓紧推进契合环境风险规制需求的制度建设，对已有的原则性条款予以细化，强化其可操作性和地方针对性；同时，也应该在法规规范中明晰政府的环境风险管理职责，明晰其权力和责任，从程序上明确规制主体特别是利害关系人的参与方式和突进，从而提高地方性法规应对环境风险的能力。

第四，明确环境风险规制的主体机构和政府职责。环境风险规制不仅仅是生态环境部门的工作，其实质上涉及诸多部门的职责，而我国在实

---

① 陈海嵩、陶晨：《我国风险环境治理中的府际关系：问题及改进》，《南京工业大学学报》（社会科学版）2012年第3期。

践运行中还缺乏一个统一的沟通协调部门，没有形成一个健全的沟通协调机制，环境风险规制体系和机制也远未建立。面对复杂的环境风险规制问题，我们应该设立专门防范部门对环境风险进行规制管理，指导相关部门相互协调开展工作。[①]同时，在环境风险规制立法中明确规定政府的环境风险规制责任，通过法律手段来引导、约束和规范政府的环境风险规制行为。

第五，通过完善立法应对跨区域环境风险问题。环境污染与环境风险问题都有明显的跨区域性，其不仅仅局限于某一个行政区域，更可能因其流动性而引致几个区域间的交叉复合污染风险显现或几个区域的综合原因导致环境风险集中于某一区域爆发。针对环境风险的跨区域性，以往行政管理单纯的"属地原则"会导致治理资源的分散和资源配置的效率低下。因此，在面对跨区域环境风险问题时，我们应该转变属地分治的传统思路，逐渐向区域协同治理的理念上转变。[②]就立法而言，"立法先行，良法是善治的前提"，目前我国《大气污染防治法》第五章规定了重点区域大气污染联合防治的跨区域应对问题，具有针对性和实效性。由之，在立法还需继续积极探索区域协同立法的路径。跨区域环境风险规制应当创立一个区域统一的法制环境，为实施环境风险规制的协同共治创造法律保障。一方面，探索赋予区域立法合法性的可能性，打破中央立法和地方立法的二分格局限制；另一方面，涉及地方保护主义和行政壁垒时，要科学、公平、合理地共同探讨环境风险规制协同立法的主体、权限和效力等问题，确保协调一致。

二　环境风险规制秩序的执法要素与运行

风险时代，核泄漏事件、全球气候变化等问题频频发生，对植物、动物和人类的生命造成了不可逆转的威胁。我国亦正处于这样的环境风险时代，由毒食品网"掷出窗外"制作的中国食品安全问题形势图，公众环境研究中心整理制作的中国水污染地图以及中国空气污染地图形象地展示了

[①] 陈海嵩：《政府环境法律责任的实证研究——以环境风险防范地方立法评估为例》，《社会科学战线》2016年第4期。

[②] 刘紫薇：《环境规制对环境污染的空间溢出效应研究》，《云南民族大学学报》（自然科学版）2018年第5期。

我国当下公众感知到的或者尚未被感知的各种环境风险。环境风险的危害可能性及扩张要求政府积极作为，以环境行政降低环境风险理应成为现代政府的基本职能。环境风险规制的执法要素实质上暗含了政府对环境风险进行干预以及重新配置利益以应对现代性环境风险的基本转变。

（一）环境风险规制执法相关制度的完善

第一，以实践为基础，不断完善环境风险规制制度。对环境风险防控和管理规划组织开展前期工作，应当分析总结国内外经验教训，同时针对我国的环境风险特征和现实需要，进行理论方法的研究和制度管理方面的改进；选择一些重点区域开展试点工作，不断形成适合我国现实的顶层设计，以解决突出的环境风险问题，并且提高政府应对环境风险的能力，通过总结风险管理控制和管理规划的编制与实施的经验教训，为国家层面和其他地区的规划编制及实施提供可参考的借鉴，形成相应的环境风险防控与管理规划，以此来指导全国的环境风险防控工作。[①]

第二，建立健全环境风险应急预案。突发事件的应急预案制度是一个完整的体系，包括预防与应急准备、监测预警、应急处置及救援、事后恢复及重建这四个过程。虽然说我国在《国家突发环境应急预案》中已经规定了应急预案制度应该注意的一些问题，但是在制定过程中，制定主体仍然是有一定的侧重性，大多数情况下行政主体更为关注的是事后处理方面，而经常容易忽视事前预防预警阶段。我们要做的是在应急预案制度的制定过程中将预警制度进一步具体化，预警制度的建立需要社会各界的力量。同时通过结合其他领域对风险的排查等工作，在一定程度上可以检验部门之间是否协同，使得在实施前就能够一定程度上检验其科学程度。增强群众应急能力是一个漫长的过程，需要我们从小做起，从基层做起。在这方面，日本将安全教育纳入基础教育中，从小开始培养公众的安全意识和应急能力，保证其能在面对突发状况时可以做好自我保护工作并积极开展互助互救。另外，对于突发环境事件的应对演练也应该适当进行实际演练而不是仅仅在理论和思想教育层面。企业也应当发挥其应急作用。企业通常以营利为目的，因而在很大程度上为了减少成本，大多会忽视应急预案。虽然部分企业配备了一些应急的设备，但是基本流于形式，没有分

---

① 王勇清：《国家环境风险防控与管理体系框架构建》，《资源节约与环保》2018年第7期。

配人员学习操作方式,在实践中这些设备根本无法发挥其应有的作用。对此,除了需要我们在法律上进行强制性规定之外,还应该由各地政府设立一些奖励制度,来提升企业的积极性。此外,定期检查制度也可以配合消防安全隐患检查一起进行,此举既可对危险进行排查,也可保障对企业的监督落到实处。

第三,建立环境责任保险制度。各地政府可以用政策手段(必要时采用强制政策)来引导企业购买环境责任保险。这样可以使企业通过保险获得资金来进行环保设备的更新和升级。[①]对于中小企业,以及一些急需环保设备并且符合产业发展政策的企业,政府适当给予保险费用补贴,鼓励企业购买保险。

第四,进一步明晰关于政府问责和行政首长负责的规定。毋庸置疑,政府及其有关部门负有环境污染治理和环境风险防范的职责,既有权力的扩张也伴随着责任的扩大。权力与责任是相对应的,倘若缺乏对政府行为的责任追究,就很容易导致政府管制行为的失灵。这一问题其实普遍存在于目前我国环境保护的立法现状以及实践过程中。所以,应当进一步明确政府问责和行政首长负责制度,通过规范明确若出现环境风险规制不力的后果是否应承担责任、如何承担责任、应当承担责任的违法性规定和程序有哪些等,以责任倒逼政府环境风险规制的积极性,以减少政府环境风险规制的失灵。

(二)以环境风险评估为基础推进治理模式的转型

环境风险规制的执法及其运行需要重视环境风险评估,在工程技术开发层面引入风险评价。为了应对风险不确定性的各种面貌,我们需要以确定的风险评估来决定基本规则。[②]风险规制应当尽可能有效地提高在冒险与避险之间最大程度的平衡;以效率为基础,将不利的附加后果最小化、净收益最大化;以成本和收益在受影响者之间的合理分配为基础,同时为受影响者配置实质权利以及程序权利,保障公平的实现。对风险进行评估的整个过程存在许多内在不确定性,其中很多是不可量化的。[③]环境风

---

① 王宁:《论推行企业环境污染责任保险强制模式的必要性》,《辽宁农业职业技术学院学报》2015年第4期。

② 尚建程等:《区域环境风险评估研究综述》,《环境污染与防治》2017年第4期。

③ 唐征等:《区域环境风险评估研究进展》,《环境监测管理与技术》2012年第1期。

评估正是基于这样的基础来对风险做出预判和衡量,对风险的不确定性倾向和可能性给出具有一定科学合理性的预测性判断。环境风险规制应当以环境风险评估为基础"决策于未知之中",尽可能确保规制的成本收益、权利义务等达到衡平,并尽可能减少环境风险的爆发。这就意味着,传统环境治理模式需要在此基础上进行变革,实现环境风险规制的治理转型。

第一,从专业性治理模式转向综合性治理模式。如何化解治理模式的专业性和环境风险的综合性之间的矛盾是风险治理的一个难题。从目前实际情况来看,环境风险的治理需要风险治理模式从专业性治理向综合性治理转化。专业性治理是目前社会运行中治理工作的一部分,具有非常重要的作用。但其具有明显的单一性特征,而以单一性的风险治理模式解决具有综合性特征的环境风险具有明显的不对称性。实际上我们可以看到,我国目前诸如食品安全等很多治理领域仍奉行着专业性治理的模式,但在回应环境污染、生态破坏等现代化环境风险问题时,专业性治理显得有些苍白。因此,应当重视综合性治理模式的应用,通过综合应用多样化的风险治理手段规制环境风险,以专业+综合的全方位治理模式保障环境风险治理能力的提升,以更好地回应环境风险,形成更为积极的环境风险规制效果。

第二,从代理性治理模式转向自主性治理模式。风险发生的突然性和风险治理的滞后性之间具有较大的矛盾。为了化解这个矛盾,就应当弱化国家风险制造的能力以及强化公众的自我保护能力,使环境风险治理模式从代理性治理模式向自主性治理模式转变。迈入现代性风险社会,在环境风险个体化的总体框架下,应该重视每一个人的独立性,每一个个体都应拥有为自己的安全承担责任的能力,而不应使其仅仅依赖专业性机构治理,让其他专业性组织为自己代理治理和回应环境风险。现代国家风险治理往往具有信息不对称等问题,代理型的环境风险治理模式具有其固有劣势,在遏制环境风险转向环境危险乃至环境破坏时,其滞后性尤为明显。环境风险的不确定性以及突发性都需要风险的决策者和承担者能够保持信息对称、行为对称以及结构对称,从而可以在第一时间和第一现场由个人、个体及时主动地对环境风险做出回应,而不再单纯地依赖专业性机构的代理解决,从而做到提前预防、及时处置而将环境风险遏止于发生之前。

第三,从集中性治理模式转向分散性治理模式。为了克服国家治理方式的集中与环境风险散乱之间的冲突，应当将风险治理模式由集中性模式转向分散性模式。由于环境具有公共性，基于市场失灵及其运行，需要公权的适度扩张。国家基于其自身的角色地位，开始重视环境风险防治并将环境风险治理权力集中为政府部门，形成事实上的"命令—控制"管制治理模式，这种治理模式也是典型的集中性治理模式。然而，由于环境风险具有分散性，并且基于其有爆发的偶发性、不确定性和未知性等特征，仅依赖于政府的集中式治理显然无法有效应对环境风险的分散性和突发性，也使得环境风险治理效果无法达到预期。因此，为了解决环境风险的分散性等问题，国家环境治理模式应当适度"放权"——以公众参与为基础实现权力与权利的衡平，从而以分散性环境治理模式回应环境风险，有效实现环境风险规制的目标。

（三）环境风险规制的支撑制度构筑

环境风险规制秩序的执法形塑与运行不仅需要对重点领域的制度予以完善，对执法规范予以回应，还应当构筑更健全完善的契合环境风险特殊性的支撑制度。笔者认为，可以从风险源数据库建立制度、建设项目环境风险评价、环境风险标准化管理、环境风险规制决策的正当化规则和环境风险跨区域规制的运行等方面予以健全完善。

第一，建立风险源数据库，分类分级整理，并且进行追踪调查研究。对于环境风险源进行调查，尤其是对一些特别重大危险的风险源进行调查，是预防环境风险的重要措施。在相关法律中应明确这一政府职责，同时应由专门的机构来负责调查整合。在调查分析的基础上，建立全国性的风险源数据库，这样做有利于加强政府对风险源的掌控，做到提前应对，以防突发事件发生后措手不及。同时，也应当明确的一点是：企业是环境风险隐患调查的主要责任人，理应全面掌握本企业的环境风险源，并且定期进行调查分析，之后将结果报告给政府机构。各地政府的职责是帮助这些企业完成这项任务。调查应分为专项调查、日常调查，同时要坚持对重大环境风险进行跟踪调查。国家层面整合全国各地的风险源数据形成一个动态的风险源数据库，及时更新，最重要的是及时分析其变化情况，提前做出应对方案。

第二，对建设项目进行环境风险评价。环境影响评价是典型的预防性环境规制制度，对于从前端遏制环境污染和环境风险的发生具有至关重要的作用。但在国家环境管理改革推进环境许可一体化管理的进程中，环境影响评价有一定弱化的倾向。值得反思的是，自美国创设环境影响评价制度之后，其在环境风险防范方面确实发挥着重要的作用，我国也不应当偏废，特别是对建设项目仍需切实履行环境影响评价。在这一过程中，我们应当以《环境影响评价法》修改和《建设项目环境保护管理条例》修改为基础，明确在环境风险规制领域适用时的环境影响评价内容、程序，促使企业主动、积极、客观地履行环境影响评价制度，将诸如污染场地等方面都纳入环境风险规制的范畴之中，以环境影响评价促动环境风险评价的发展，从而切实回应环境风险规制的评价需求。

第三，推进企业环境风险标准化管理。环境风险标准化管理的核心要点在于完善重点行业企业环境风险源的调查和风险评估，加快建立重点行业企业环境风险源数据库，并依据企业环境风险水平对企业环境风险进行分类分级管理。①对于分类管理来说，主要是在对近年来的突发环境事件的发生领域所作出的总结和判断基础之上，将管理重点集中在饮用水源、危险废物、重金属、化学品等风险领域，做到科学划分、合理分类管理。而对于分级管理来说，主要是将企业突发环境事件的风险进行分级，以爆发风险可能性为基础对企业进行分级，对不同级别的企业实施差别化管理，"抓大管小"，重点强化对存在重大风险和较大环境风险的企业进行风险管控，这样可以将有限的监管力量放在"刀刃"上，从而有效地遏制重特大突发环境事件的发生，并逐步规范一般风险企业。

（四）环境风险规制决策的正当化规则确立

第一，公众政策制定过程科学化、民主化。环境风险有极大的不确定性，这样的情况在短期内是无法完全消除的，法律的任务是要求保证所做的决策至少是经过充分衡量现有信息而得出的最佳结果。所以，行政机关应当积极证明自己履行了信息的收集和分析义务。许多环境风险会存在一些技术疑难，此时需要借助一些专家的意见，但是专家意见毕竟存在一定的主观性。所以完全听取专家意见并不可取，应当完善民主决策的过程以充分听取公众意见。在这个过程中应当注意以下几点：首先，专家遴选过程务必规范化。一方面，增加政府外专家人数，从而减少政策偏好对专家意见的影响；另一方面，确立利益回避原则，遴选过程中应当排除与决策

---

① 张剑智等：《关于我国环境风险全过程管理的几点思考》，《环境保护》2018年第15期。

结果有利害关系的专家。此外，注意选择不同学术观点或背景的专家参与讨论，从而丰富论证过程的科学性。其次，确保社会共同体充分辩论。面对复杂的技术性风险，在获得专家意见后，应当通过同行的评价和分析建议，确保该决策是建立在充分讨论的基础之上。最后，组织公众积极参与评论。面对环境风险的不确定性，将沟通机制透明化、公开化将会大大加深公众对相关问题的理解。此外，利益相关群体将有机会参与其中，表达自己的意见和看法。

第二，完善决策的论证规则，充分协商讨论。行政机关做出的行政活动是否具有合法性，与其所使用的工具是否合理是息息相关的，这也就表明政府在做出决策时理应解释说明其决策的缘由。不确定性是大量存在于风险社会中的，但是不能以此为由，放任不管。所以，决策论证环节的基本规则是必要的。首先，建立合理怀疑的义务。对环境风险的规制并不需要风险被证实或者量化，但是也绝不允许为了预防风险而进行随意干涉。所以，还应当将一些没有合理依据，纯粹臆测的风险排除在预防措施所涉范围之外，因为若对此采取规制措施，可能会影响到科技的进步和发展。风险预防原则其实是适用于"完全被证实的"与"完全假想的"之间的那部分风险。所以，行政机关必须证明其怀疑是合理的，并且有相关资料予以证明。其次，进行风险权衡的义务。风险预防措施有可能超过一定限度而对个体自由产生不必要的限制。过度干涉从本质上来讲并不能够完全消除风险，因为我们并不知道当一种风险被消减之后是否会出现另外一种替代性的风险，我们的干涉行为也很可能会阻止承担风险后所带来的潜在收益。之所以扩大政府的权限，做出一些风险规制政策，是为了让公众生活得更加安全，更加可控。政府政策在很大程度上会受到公共情绪的影响，而公众情绪有时候较激进、不够理智，仅关注眼前的某种风险，并且极易将其影响扩大化，但是缺少对其他潜在的更大的替代性风险的警惕。所以，政府必须进行风险权衡，对不同的风险进行比较分析，从而论证其所做决策的合理性。最后，解释风险预防措施的义务。政府解释其做出决策的原因，是有效保证其所采取的措施符合正当程序的一个基本要求，政府至少应该解释以下内容：存在需要预防的环境风险所依据的科学原因、该措施的预期目标、采取某种措施的原因、对相关因素进行分析的结果。解释原因可以使利益相关者根据分析后综合自己了解的信息提出意见和建议，从而保证商谈进程的理性，并能够成为判断其措施是否合法的重要依据；另外，解释也能够让公众了解到风险预防的考量标准，从而增加对政策的预期。

第三，决策后跟踪评价，适时调整。影响风险决策最核心的基础是知识，要想解决风险的问题，就要求设计有针对性的机制认知风险、评估风险并回应风险，从而不断缩小风险的不确定性。所以说任何决策做出之后并不意味着任务全部完成了，还需要不断进行跟踪分析。既然政府具有回应环境风险而干预其他主体自由的权力，那么政府也应当承担持续不断分析评价风险决策并确保决策能发挥积极主动功能的责任。所以，政府需要与科研机构、环保组织建立沟通机制，在此基础上跟踪监测环境风险决策的实施效果，并适时做出修正和完善。

（五）环境风险跨区域规制的执法运行

第一，组建一个具有实际约束力的区域协同治理机构。面对跨区域污染治理问题，我们需要建立一个正式的常态化的，而且还具有实际约束力的区域性协同治理机构。这一治理机构组建的重难点在于如何赋予区域性机构权力，让其能够跨越行政区域并超越于地方政府权力。此外，建立正式的机构之后，还需要考虑的一个问题是，要为其确定编制、级别、权力、职能、责任、人员分配等。致力于将该组织工作内容常态化，变成解决区域环境风险规制的实效机构。

第二，建立利益协调机制，平衡各地区在污染治理上的"利益差"。区域污染协同治理还需要解决一个重要问题，就是污染问题的无边界与不同行政区域边界之间的冲突，这就需要协调各个地方之间的利益问题。现阶段，我国很多省市之间经济发展水平、污染状况、环境质量需求、风险控制能力等方面都存在很大差距，这些差距在风险治理过程中表现为"利益差"。要想实现区域环境风险协同机制就需要调和这种"利益差"。具体来讲，首先应该尝试建立环境风险跨区域治理、治理任务流动和区际利益补偿的执法机制。通常来说，环境风险治理是基于行政区域展开的，新的治理模式要求综合考虑不同地区的治理成本，将成本高的地区的环境治理任务适当地向低成本地区转移，从而从宏观治理结构上降低环境治理成本。当然，这种治理任务的转移流动需要建立在跨区域治理和区际利益补偿的基础之上，承受治理任务的区域应当获得适当的利益补偿，从而实现以较低的治理成本换取更好的环境风险规制效果的规制目标。其次，为了推进环境风险跨区域治理，以及防范可能出现的环境风险治理真空区域，应当推动设立跨区域环境风险规制基金。该基金的建设有赖于政府的主导，有赖于各行政区域的政府支持，有赖于企业、社会组织和公众的支持配合，从而形成共同的风险规制基金，由跨区域风险规制领导集体统一对基金进行调配，从而更有效地回应环境风险。

三 环境风险规制秩序的司法要素与运行

（一）完善环境诉讼模式与规则运行

累积性或突发性环境风险通常伴随着环境侵权的发生或环境公共利益的损害，但囿于民众环境意识匮乏、传统厌讼思维的影响以及环境诉讼的独特特征导致民众很少通过侵权救济的方式维护自身合法环境权益。因此，为有效应对环境风险，应当加强环境诉讼的引导，鼓励民众或社会组织依据《环境保护法》《侵权责任法》《民事诉讼法》《行政诉讼法》等，通过环境诉讼依法维护自身合法权益和环境公共利益。环境诉讼包括环境私益诉讼和环境公益诉讼。作为权利救济的最后一道防线，应当继续推进环境司法的发展，发挥环境案件既判力的导向作用，为公众基于环境私益诉讼维护自身合法权益提供保障，为社会组织和检察机关基于环境公益诉讼保障公共利益提供制度支持。我国目前已经明确规定的环境诉讼模式主要包括：对于侵害民众人身或财产权利的，可以由被侵害人依法提起环境侵权诉讼，维护自身合法权利；对于政府及其有关部门在履行职责中不作为或不依法履行职责的，诸如环境行政许可的发放、环境影响评价的审批等存在不合理、不正当情形，应当基于司法审查由利害相关主体提起环境行政诉讼；对于构成违法犯罪情形的，依法由检察机关提起公诉，使其依法承担刑事责任；对于已经损害社会公共利益或者具有损害社会公共利益重大风险的污染环境、破坏生态的行为，法律规定的机关和有关组织可以提起环境民事公益诉讼；对于生态环境和资源保护领域负有监督管理职责的行政机关违法行使职权或者不作为，致使国家利益或者社会公共利益受到侵害的，人民检察院在履行职责中发现后应向行政机关提出检察建议，督促其依法履行职责，行政机关不依法履行职责的，人民检察院可以提起环境行政公益诉讼；对于具有发生较大及以上突发环境事件的，在国家省省级主体功能区规划中划定的重点生态功能区、禁止开发区发生环境污染、生态破坏事件的，发生其他严重影响生态环境后果的等情形之一的，国务院授权省级、市地级政府（包括直辖市所辖的区县级政府）作为本行政区域内生态环境损害赔偿权利人可以提起生态环境损害赔偿诉讼。上述既有的环境诉讼模式能够有效回应环境资源问题，以预防性环境公益诉讼为代表的公益诉讼能够较好地实现环境风险预防的目标，取得了积极的成效。当然，在环境司法专门化的今天，在面临日益复杂环境风险问题的宏观背景下，环境诉讼模式和规则仍有待于进一步完善。

首先，继续推进我国环境司法的发展，尝试推进有关人民政府或其行政主管部门、检察机关、有利益关系的环保群众组织（包括一些非政府组织）都有权提起公益诉讼，有利益关系的公众对违法或不当的行政决定，都有权提起环境行政诉讼。[①]目前，基于法律的规定，可由社会组织或检察机关依法提起环境公益诉讼，但从环境公益诉讼提起的数量以及各地的反应来看，其提起更多考虑案件的社会影响，因之保护力度不够。因此，如何改变环境公共利益受损的"理性冷漠"和"公地悲剧"，推动社会组织和检察机关积极针对环境公益问题提起环境公益诉讼，从而促进环境风险的有效应对，成为值得思考的一大问题。我们应当基于环境公益诉讼的制度设计和扩张，从环境公益诉讼的适格主体、可选择性提起等方面予以创新回应。

其次，在环境诉讼的举证责任上主要由受规制者负主要举证责任。在风险预防原则下，部分环境保护法律将证明责任转移给风险制造者及其支持者，要求其证明其行为是否存在环境风险。美国在法律中规定了环保部门筛选新的化学品时，应该要求生产商对相关物质进行测试，以确定是否对人体健康和环境存在不利影响。而在《联邦杀虫剂、杀菌剂和杀鼠剂法》中则要求生产者来证明其新型杀虫剂不会对环境造成不合理的不利影响。这种变化说明了，美国政府在风险社会下，对环境风险的防范更为严苛，也就是说"除非能证明不应该实施规制，否则就应该实施规制"。需要注意的是，不能一刀切地将证明责任转移给受规制者，而应该对环境风险根据类型和程度进行区分，否则将会导致各种利益的位阶关系变得混乱，最终会引发利益冲突。

（二）健全环境司法与行政的衔接工具

第一，环境司法建议的有序适用。司法建议是法律赋予人民法院的

[①] 任有情：《以环境权证成公民提起环境公益诉讼的正当性》，《中国环境管理干部学院学报》2018年第3期。

重要职责，是充分发挥审判职能作用的重要方式；是人民法院坚持能动司法，依法延伸审判职能的重要途径；是人民法院深入推进三项重点工作，提升司法能力和司法公信力的重要手段。《最高人民法院关于加强司法建议工作的意见》规定，对审判执行工作中发现的下列问题，人民法院可以向相关党政机关、企事业单位、社会团体及其他社会组织提出司法建议：……（4）国家利益、社会公共利益受到损害或者威胁，需要有关单位采取措施的……应当说，环境司法建议属于司法裁判的辅助措施之一，该制度可以有效帮助有关部门发现工作中的漏洞并及时进行弥补，还可以促使环境行政部门及时完善改进各项规章制度，从而有效减少环境违法犯罪和各种纠纷的发生，维护环境公共利益。然而，现实情况却是，环境风险领域司法建议的执行力度及社会效果并不明显，在某种程度上甚至成了一种形式化的规定。因此，为了规范环境司法建议的有序运行，应该注重环境司法与环境行政的有效衔接，提高法院环境司法建议的质量，从提出问题、剖析问题、解决问题等方面做出具体的、有针对性的、可操作性的建议，并综合采取多种措施提高环境司法建议的执行率，充分发挥法院的审判职能作用。

第二，环境保护禁止令的规范适用。环境保护禁止令是一种探索性的环境司法保护措施，是一种具有行为保全和先予执行特性、与环境行政互动和有效衔接的司法措施。它是指法院依申请或者依职权，针对正在发生的、不立即制止将产生不可逆的严重后果，损害社会公共环境利益的违法行为，做出责令立即停止违法行为的司法措施。近年来，各地法院积极探索推动环境保护禁止令制度的发展：2011年昆明市中级人民法院印发了《关于在环境民事公益诉讼中适用环保禁止令的若干意见（试行）》《关于公安机关协助人民法院执行环保禁止令的若干意见（试行）》两个规范性文件；2017年重庆市渝北区发布了《环境保护禁止令实施办法（试行）》；2018年濮阳市中级人民法院发布了《环境保护禁止令实施办法》，重庆市第三中级人民法院也于同年向社会公布了《环境保护禁止令实施办法》。根据重庆三中院的实施办法，具有环境保护管理职责、无行政强制执行权的行政机关，环境保护公益组织及利害关系人面对企业或个人严重危及自然资源或者生态环境安全、污染环境或者破坏生态并难以恢复、可能加重环境污染或者生态破坏程度以及其他严重污染环境或者破坏生态环境行为，可以根据在满足一定条件的情况下，申请环境保护禁止令，请求法院做出禁止令，以快速制止污染行为。环境保护禁止令是以环境司法措施弥补法律规范不足、行政执法不力与不能，旨在及时、快速地制止环境污染行为，对环境行政在诸如责令污染者停止污染行为的强制执行等方面予以补充。因此，应适度推进环境保护禁止令的适用，使禁止令与其他司法手段形成完整的司法体系，从而与环境行政形成良好的互动，反促环境风险规制的有效运行。

（三）生态环境损害赔偿制度的推进

环境诉讼的司法运行模式下，受害者倾向于损害发生后，将损失诉诸司法途径加以解决，而司法解决机制存在其制度上所固有的局限性，往往无法及时弥补生态环境业已遭受的损害。一方面，传统的侵权之诉具有法理上的局限性，侵权法理论认为，民事侵权责任的承担以受害人遭受人身、财产的损害为前提，即"无损害，无责任"原则，然而环境侵权具有潜伏性、长期性的特点，环境侵权行为的损害结果难以通过一般方式进行观察。因此，若等损害结果发生再提起民事侵权之诉则为时已晚，容易造成损害结果的扩大，增加社会的风险。另一方面，诉讼的解决机制具有制度上的局限性。《民事诉讼法》第149条规定："人民法院适用普通程序审理的案件，应当在立案之日起六个月内审结。有特殊情况需要延长的，由本院院长批准，可以延长六个月。"一审程序较长的审限给环境风险治理增加了不确定性，增加了诉讼时间成本。另外，环境污染案件通过司法程序加以解决，为有限的司法资源增加了负担，不利于环境污染案件的妥善解决。由此看来，为突破传统行政管制手段的单一性和司法解决机制的局限性所带来的弊端，探索解决环境风险问题的新路径，化解环境风险就成了新的重要课题。笔者认为，生态环境损害赔偿制度应当是新时代环境风险规制秩序司法形塑和秩序运行的长效治理手段，它能够通过损害赔偿的提起遏制环境风险的扩张，衡平环境风险配置的不正义。

生态环境损害赔偿制度自2015年12月试点，至2017年12月正式印发《生态环境损害赔偿制度改革方案》，历经了两年的时间。从试点到改革方案的正式实施，面临着与环境公益诉讼的衔接互动不足、生态环境损害鉴定评估制度不完善、资金管理及赔偿措施不明确等一系列问题。因此，有必要基于实践，建立程序合法、运行高效的生态环境损害赔偿磋商制度。

首先，推进赔偿磋商制度前置程序的法治化。目前改革方案已经授予全国省级、市地级政府及其指定的部门或机构作为赔偿权利人，开展磋商或提起生态损害赔偿诉讼。笔者认为，为有效协调生态环境损害赔偿磋商和诉讼的关系，应从磋商制度的调查程序、磋商制度的证据收集等方面进一步推进磋商前置程序的法治化。

其次，实现生态环境损害赔偿与环境公益诉讼的有效衔接。协调二者关系的关键在于起诉顺位的设置。根据《最高人民法院关于审理生态环境损害赔偿案件的若干规定》第16条、第17条、第18条的规定：在生态环境损害赔偿诉讼案件审理过程中，同一损害生态环境行为又被提起民事公益诉讼，符合起诉条件的，应当由受理生态环境损害赔偿诉讼案件的人民法院受理并由同一审判组织审理；人民法院受理因同一损害生态环境行为提起的生态环境损害赔偿诉讼案件和民事公益诉讼案件，应先中止民事公益诉讼案件的审理，待生态环境损害赔偿诉讼案件审理完毕后，就民事公益诉讼案件未被涵盖的诉讼请求依法做出裁判；生态环境损害赔偿诉讼案件的裁判生效后，有权提起民事公益诉讼的机关或者社会组织就同一损害生态环境行为有证据证明存在前案审理时未发现的损害，并提起民事公益诉讼的，人民法院应予受理；民事公益诉讼案件的裁判生效后，有权提起生态环境损害赔偿诉讼的主体就同一损害生态环境行为有证据证明存在前案审理时未发现的损害，并提起生态环境损害赔偿诉讼的，人民法院应予受理。因此，目前关于两者之间的适用顺位和关系，在司法实践中已经做了明确规定，应当予以适用。而对于生态环境损害赔偿磋商与环境公益诉讼的关系还有待于进一步厘定，基于磋商前置的基本规定，生态环境损害赔偿磋商应当先于环境民事公益诉讼，磋商失败后再行提起生态环境损害赔偿或者环境民事公益诉讼更为合理。

最后，推进生态环境损害鉴定评估制度的法治化。《生态环境损害赔偿制度改革方案》强调"生态环境损害发生后，赔偿权利人组织开展生态环境损害调查、鉴定评估、修复方案编制等工作，主动与赔偿义务人磋商。"但是，《生态环境损害赔偿制度改革方案》中并未对鉴定的具体程序做明确规定，笔者认为，鉴定评估的意见可以在诉讼中免于质证，以节约诉讼成本，鉴定评估制度构建应当关注四个关键点：一是鉴定主体资质确定；二是鉴定程序的规范；三是鉴定机构告知程序；四是评估鉴定报告在生态损害赔偿诉讼中的证明力。

四 环境风险规制秩序的守法要素与运行

环境风险规制秩序有赖于守法要素的构成与运行，而这一守法主体应当主要包括企业主体、公众主体和作为网络时代发挥重要作用的媒介主体等。因此，这就要求基于上述主体的主动守法回应环境风险规制的需求，从而形塑合理的环境风险规制秩序。

（一）企业主体的主动守法回应环境风险规制

企业环境风险防范的守法运行主要涵盖制度的有序运行，包括环境风险事前评估制度、隐患排查及申报制度、应急预案管理制度、突发事件应急人员培训与物资管理制度、环境风险管理标准化认证制度、企业环境风险信息公开制度等。一方面，要加强风险防范与应急管理。实践过程中，大多数企业注重于经营发展，忽视环境利益，更加忽视对环境风险的预防。企业应明确其对其自身所带来的环境风险负有的责任，并积极制定本企业环境风险防控与应急管理制度，以承担起作为责任主体所应尽的义务。另一方面，应建立企业环境信息公开制度。环境资源是公共资源的一种，虽然说不具有排他性，但是却具有一定的竞争性。企业使用了环境资源必然会对他人利益产生一定影响，所以企业使用环境资源的行为要受到社会各方的监督，尤其是环境问题的直接受害者——社会公众，而监督的基本前提之一就是保障公众对相关企业环境风险的知情权。公众给予企业信任，企业可以开发利用环境资源制造产品来服务公众，但同时要求企业必须树立可持续发展的理念，不能损害当代人和后代人的利益，但由于企业都是理性经纪人，其首要追求目标是经济利益，都想成为"免费乘车者"，这必然会导致"公地悲剧"，因此非常有必要建立一个企业环境信息公开制度，通过法律形式促使企业如实公开环境风险信息，以此督促企业认真履行受托职责。

（二）媒介主体积极宣传、引导和监督回应环境风险规制

吉登斯说风险是"制造出来的不确定性"。媒体在风险扩张及被认知的过程中起到了至关重要的作用。自媒体时代，以微博、微信为代表，很多信息都具有很强的个人色彩并且尚未经过证实，但更容易被相信甚至被转发。此外，有些媒体为了争取"点击率"而故意制造不实的新闻，故意扭曲事实，片面夸大事件的消极影响，从而对公众的风险感知和行为造

成极大的错误引导。环境污染报道主要存在以下问题①：首先，我国环境污染报道不及时。我国媒体普遍存在一个现状就是事件发生之后，造成严重影响才会报道。媒体不仅要关注严重污染事件，也应当对一些存在潜在风险的问题进行报道，从而引起公众和风险制造者的关注，防止风险扩大化。其次，媒体应该在报道环境污染事件的同时发布一些应急预案，这种做法可以使公共在了解环境污染事件的同时学习自我保护和相应的应急手段，将损害降到最小。此外，媒体在环境污染事件发生后不应该煽动公众情绪，而应该在保证客观报道的同时注意安抚受众情绪，做到让公众真正了解事件的真相以及环境污染事件的发展进程。最后，媒体应当明确自身社会责任，并积极承担。环境污染事件的报道一定要实事求是、客观理性，对事件真相进行真实、正确而完整的报道。正反两面都要顾及，不能偏听偏信，要及时发布消息。对社会公众真正需要了解的最新消息，应该做到最充分且翔实的报道，使大众能透过报道对事件真相有一个较为深入的了解。因此，现阶段我们需要加强对媒体的监督，媒体行业也应该提升其社会责任感，为环境风险规制发挥其正面的社会作用，使媒体成为社会风险的发现者、传播者，同样也是公众发表意见的良性互动平台，而不是不实信息的恶意传播者和公众情绪的煽动者。

（三）公众积极参与，促进环境风险规制实现

公众监督属于事后监督，但是能够对行政机关产生一定威慑力，提醒其保持谨慎态度。②在监督过程中，公众得以参与环境风险决策或通过社会组织提起环境公益诉讼，从而维护环境公共利益。但是公众环境风险监督的履行有赖于公民环境权的确立、公众知情权的保障以及公众参与程序的持续完善。

第一，确立公民环境权。环境风险之所以会被我们列入法律领域进行研究讨论，是因为随着环境状况的日益恶化，人们逐渐深刻地认识到如果生态损害发生，不仅仅会导致生态系统本身朝着不利方向发生严重变化，也会使处在这一生态系统中的所有人的生态利益受到侵害，甚至是遭受生态安全的威胁。这种损害也许不仅仅局限于影响特定人的人身、财产、精神权益，它还将会侵害整个人类生存、发展的根本利益——环境利益，所

---

① 雷英：《论当前我国环境新闻报道的问题与对策》，《新闻研究导刊》2016年第24期。
② 赵文霞：《众监督对企业环境规制遵从的影响研究》，《环境经济研究》2017年第4期。

以将会成为人与自然之间和谐关系的重大问题。人类社会的不断前进和发展时刻需要着生态系统的支撑，生态系统虽然不求回报地满足这一需求，但是并不能无限地满足。不论是个体的人，还是集合意义上的人，都需要稳定、健康的生态系统。茂密的森林、清新的空气、干净的水源和物种富集的湿地等生态系统的健康状态是健康的生态系统所应该拥有的，但一直被人类所忽视，只有当环境危机出现时，这些原本被认为"无价"的东西变得"宝贵"起来。这种无法摆脱且破坏力极大的风险促使人们开始进行思考应对生态损害的有效的立法路径。基于这种思考，才能促使生态利益、环境利益上升为环境法的法益，以公权力与公众权利的有序协调建构公民环境权，以有效回应环境风险。

第二，保障公众知情权。政府在积极规制环境风险时，公众对风险的关注度和敏感度也在不断增长。[①]这种意识是通过主张知情权的形式展现出来的，在近几年的社会热点事件中扮演着非常重要的角色。除了危害本身所引发的纠纷之外，许多群体性事件在很大程度上是由于公众的知情权没有得到政府的重视而导致矛盾升级恶化，也反映出了我国目前风险规制过程中存在的一个重大误区，也就是行政主体对于指向风险信息的公众知情权并没有给予应有的重视，更谈不上做出应有的制度上的回应。为了能够有效地保障公众所享有的知情权，我们应该尝试构建一种以知情权作为基础的风险规制机制。在这套机制中，必须明确公众所享有的风险知情权，同时以参与、平衡和监督作为构建该机制的准则，通过风险交流机制实现良性配合，从而达到风险规制的目的。保障公众的风险知情权，建立健全公众自我防范制度，应该将加强公众参与，发挥监督作用，提升紧急情况下的自我救护能力作为主要目标。具体而言，可以考虑建立环境风险决策公众听证制度、环境风险隐患公众举报投诉制度、环境应急公众自我救助制度等。此外，在一些企业聚集地或者居民社区，可以定期对公众进行突发环境事件应急逃生培训、自我救护技能教育以及相关的演练活动，从而有效提升公众应对环境事件的自我保护能力，以减少环境事件对公众身体健康和财产安全所带来的不利影响。涉及环境风险问题相关信息公开的一些制度，可以在一定程度上促使有关政府管理部门和相关企业及时、

---

① 张恩典：《环境风险规制下的工作参与制度研究》，《河南财经政法大学学报》2018年第1期。

准确、主动地公开其掌握的环境风险信息,从而起到保障公众环境风险知情权的作用,并为充分发挥公众对环境风险的自我防范与社会监督作用提供一个有效基础。

第三,基于程序理性,进一步完善公众参与。公众参与,指的是一种公众参与到行政机关制定社会公共政策的过程中或者是参与公共事务管理过程的方式,公众参与到政策制定和事务管理过程中将会大大提升公众与行政机关的沟通了解,公众在深入了解环境风险的情况后,提出有价值的建议,使政府做出的决策建立在民意的基础之上。①首先,应确保参与主体的广泛性。公众的范围包括了自然人、法人以及根据法律被认可的协会和各种组织。主体范围是很广泛的,而根据与环境风险之间的利害关系可以分为:一类是具有直接利害关系,这类公众从事生产经营活动,其行为被行政机关认定为可能会引发环境风险,在这种情况下从事合法生产经营活动的主体将会产生强烈的参与感来保护自己的合法权益,这类公众属于当然主体。另一类虽然没有从事生产经营活动,但是行政机关所做决策可能对其权益存在潜在性的影响,通常以利害关系人的身份参与到公共决策中。其次,应确保参与主体的地位平等。公众参与到公共决策中应该享有不受干预且能够独立发表其意见的权力,并且应当保证其所发表的意见受到公平的对待。在实践当中,由于公众教育水平、参与规模等方面的差距,拥有优势的公众能够通过多种渠道参与到公众决策中,并对决策进程和结果产生重要影响,同时行政机关也倾向于选择支持自己意见的那部分公众,这样不公正的过程会导致实质上的不平等。这种情况在一定程度上也会导致公众参与流于形式,不能起到其应有的作用。行政机关在这个过程中应该保证参与的公众享有同等待遇,同时为一些弱势群体提供所需要的便利条件。最后,应确保参与过程的理性化。②明确公众参与的核心是为了交流意见、表达自己的需求、沟通各方观点。公众参与过程应当尽可能地保障深入交流和讨论,而不是为了形式上的完整,所以在具体程序上应该注意实质效果。

---

① 赵闯、姜昀含:《环境决策中公众参与的有效性及其实现》,《大连理工大学学报》(社会科学版)2018年第1期。

② 徐以祥:《公众参与权利的二元性区分——以环境行政公众参与法律规范为分析对象》,《中南大学学报》(社会科学版)2018年第2期。

结　　语

　　环境风险的公共性、未知性和不确定性特征，决定了规制主体在对其规制过程中总是处于游移不定和模棱两可的决策状态。一方面，对于已经凸显为严重危害的环境灾难和生态破坏，规制主体会通过相关决策予以处置并遏制继发性环境风险的发生。当然，即使是如此显明的环境风险及其危害，环境风险规制决策仍然要受生态弱置行为逻辑的制擎。另一方面，对于潜伏性、隐性的典型环境风险，囿于风险的不确定性和未知性，环境风险应对与规制会因"决策于未知之中"而趋向于谨慎和保守，经济发展与市场逻辑超越环境风险规制的驱动力，使得环境风险规制效能明显不足。质言之，传统以权利和义务为基础的法规体系和管制型规制模式无法对环境风险行为做出预判和规范，导致环境风险规制处于被动和功能不足的窘境。

　　我国当下的生态环境保护之道与环境风险规制模式依然是沿用传统的威权管制型模式和"命令—控制"式运作方式，通过对环境行为的管控和市场机制的调整在常规层面对环境风险问题进行规制，具有事实上的防控功能和效果，也在很长一段时期内对我国生态环境保护起到了积极作用。但风险社会背景下的环境风险越来越具有不可知性和更大危害性，现有的管制型模式过于被动，法律规定更多的是一种消极的危险应对，不能有效地回应增长的环境风险，因此，迫切需要反思性和回应性的环境风险法律规制。

　　理想路径之上的环境风险规制，既不能纵容其过分规制而侵害自由、阻遏技术和经济的发展，甚至侵犯人权；又不能纵容其规制不作为，而让技术和经济一路"高歌猛进"，最终促成风险变为真正不可逆转之巨大危害。[①]环境风险规制应当立足于我国环境风险的总体实践、规范实践与失衡、司法运行与失衡等实际难题，基于权力与权利的衡平、权利与义务的衡平、环境利益的衡平，综合考量安全程度、成本程度、效率程度等权衡要素，区分于传统面向确定性的决策模式和法律规制方式，以其回应性和渐次性更多面向不确定性，回应社会需要确立理性的环境风险法律规制体系，即可接受性的、符合合理性限度的法律规则体系。质言之，环境风险法律规制应当立足于法律规制的权利谱系是否达至"供给与需求"的合理限度，"成本与效益"是否衡平，各方主体的利益是否协调有序以及基于科学规范的风险分析与评估体系有效协调规制不足与规制过度的冲突性，从而确定可接受性的风险法律规制限度。具体而言，应通过"硬法"和"软法"并举、国家强制与社会强制并重的方式，协调环境风险规制过程中不同主体的权利限度问题，基于硬法与软法的综合考量合理设定环境风险规制的法律限度；从静态和动态两个领域建构环境风险规制的体系维度和限度规范；实现环境风险规制的两个衡平，即基于环境公益诉讼的环境司法衡平与基于协同共治的城乡环境风险规制衡平；以法制结构、限度趋向、限度定位为基础，构建环境风险规制法律限度的评价指标体系；最后，基于法治立场、法治原则和法治模式等方面统合环境风险规制秩序的法治构造，并有序推进环境风险规制的可接受性、法律限度的合理性及规制的秩序化进程。

[①] 金自宁：《风险规制与行政法》，法律出版社2012年版，第2页。

参考文献

一 中文参考文献

（一）著作类

［澳］约翰·S.德雷泽克：《协商民主及其超越：自由与批判的视角》，丁开杰译，中央编译出版社2006年版。

［德］奥托·迈耶：《德国行政法》，刘飞译，商务印书馆2013年版。

［德］哈贝马斯：《在事实与规范之间》，童世骏译，生活·读书·新知三联书店2003年版。

［德］罗伯特·阿列克西：《法理性商谈——法哲学研究》，朱光、雷磊译，中国法制出版社2011年版。

［德］诺内特·埃利亚斯：《个体的社会》，翟三江、陆兴华译，译林出版社2003年版。

［德］托马斯·莱赛尔：《法社会学导论》，高旭军等译，上海人民出版社2014年版。

［德］乌尔里希·贝克、［英］安东尼·吉登斯等：《自反性现代化：现代社会秩序中的政治、传统与美学》，赵文书译，商务印书馆2001年版。

［德］乌尔里希·贝克、约翰内斯·威尔姆斯：《自由与资本主义：与著名社会学家乌尔里希·贝克对话》，路国林译，浙江人民出版社2001年版。

［德］乌尔里希·贝克：《风险社会》，何博闻译，译林出版社2008年版。

［德］乌尔里希·贝克：《风险社会政治学》，刘宁宁、沈天霄译，《马克思主义与现实》2005年第3期。

［德］乌尔利希·贝克：《世界风险社会：失语状态下的思考》，张世鹏译，《当代世界与社会主义》2004年第2期。

［德］尤尔根·哈贝马斯：《合法化危机》，刘北成、曹卫东译，上海人民出版社2018年版。

［德］尤尔根·哈贝马斯：《交往行为理论：行为合理性与社会合理化》，曹卫东译，上海人民出版社2018年版。

［法］戴维·卡梅伦：《府间关系的几种结构》，《国外社会科学》2002年第1期。

［法］狄骥：《公法的变迁》，郑戈译，商务印书馆2012年版。

［古希腊］亚里士多德：《政治学》，吴寿彭译，商务印书馆1997年版。

［加］汉尼根：《环境社会学》，洪大用等译，中国人民大学出版社2009年版。

［美］R. M. 昂格尔：《现代社会中的法律》，吴玉章、周汉华译，译林出版社2001年版。

［美］埃莉诺·奥斯特罗姆：《公共事物的治理之道：集体行动机制的演进》，余逊达、陈旭东译，上海译文出版社2012年版。

［美］艾尔伯特·鲍尔格曼：《跨越后现代的分界线》，孟庆时译，商务印书馆2003年版。

［美］爱德华·罗斯：《社会控制》，秦志勇等译，华夏出版社1989年版。

［美］大卫·格里芬：《后现代科学：科学魅力的再现》，马季方译，中央编译出版社1995年版。

［美］弗朗西斯·福山：《大分裂：人类本性与社会秩序的重建》，刘榜离等译，中国社会科学出版社2008年版。

［美］凯斯·R. 孙斯坦：《风险与理性》，师帅译，中国政法大学出版社2005年版。

［美］李普曼：《公众舆论》，阎克文、江红译，上海人民出版社2002年版。

［美］理查德·B. 斯图尔特：《美国行政法的重构》，沈岿译，商

务印书馆2011年版。

［美］理查德·拉撒路斯、奥利弗·哈克：《环境法故事》，曹明德等译，中国人民大学出版社2013年版。

［美］罗斯科·庞德：《法律与道德》，陈林林译，中国政法大学出版社2003年版。

［美］诺内特、塞尔兹尼克：《转变中的法律与社会：迈向回应型法》，张志铭译，中国政法大学出版社2002年版。

［美］史蒂芬·布雷耶：《打破恶性循环：政府如何有效规制风险》，宋华琳译，法律出版社2009年版。

［美］史蒂芬·布雷耶：《规则及其改革》，李红雷、宋华琳、苏苗罕、钟瑞华译，北京大学出版社2008年版。

［美］斯科·庞德：《通过法律的社会控制》，沈宗灵、董世忠译，商务印书馆2008年版。

［美］苏特尔：《生态风险评价》，尹大强、林志芬、刘树深等译，高等教育出版社2011年版。

［美］唐纳德·J. 布莱克：《法律的运作行为》，唐越、苏力译，中国政法大学出版社2004年版。

［美］詹姆斯·萨尔兹曼、巴顿·汤普森：《美国环境法》，徐卓然、胡慕云译，北京大学出版社2016年版。

［日］川岛武宜：《现代化与法》，王志安等译，中国政法大学出版社2004年版。

［日］黑川哲志：《环境行政的法理与办法》，肖军译，中国法制出版社2008年版。

［日］植草益：《微观规制经济学》，朱绍文等译，中国发展出版社1992年版。

［瑞典］Mats Alvesson等：《反身性方法论：质性研究的新视野》，施盈廷、刘忠博、张时健译，台湾韦伯文化国际出版有限公司2011年版。

［苏］阿尔金：《风险及其在社会生活中的作用》，鲁军译，《现代外国哲学社会科学文摘》1986年第10期。

［意］莫诺·卡佩莱蒂：《福利国家与接近正义》，刘俊祥译，法律出版社2006年版。

［英］David Denney：《面对风险社会》，吕奕欣、郑佩岚译，台湾韦伯文化国际出版有限公司2009年版。

［英］安东尼·奥格斯：《规制：法律形式与经济学理论》，骆梅英译，中国人民大学出版社2008年版。

［英］安东尼·吉登斯：《第三条道路：社会民主主义的复兴》，郑戈译，北京大学出版社2000年版。

［英］安东尼·吉登斯：《失控的世界：全球化如何重塑我们的生活》，周红云译，江西人民出版社2000年版。

［英］安东尼·吉登斯：《现代性的后果》，田禾译，译林出版社2000年版。

［英］安东尼·吉登斯：《现代性与自我认同：现代晚期的自我与社会》，赵旭东、方文译，生活·读书·新知三联书店1998年版。

［英］芭芭拉·亚当等：《风险社会及其超越：社会理论的关键议题》，赵延东、马缨等译，北京出版社2005年版。

［英］彼得·莱兰、戈登·安东尼：《英国行政法教科书》，杨伟东译，北京大学出版社2007年版。

［英］费尔曼、米德、威廉姆斯：《环境风险评价：方法、经验和信息来源》，寇文、赵文喜译，中国环境科学出版社2012年版。

［英］简·汉考克：《环境人权：权力、伦理与法律》，李隼译，重庆出版社2007年版。

［英］科林·斯科特：《规制、治理与法律：前沿问题研究》，安永康译，清华大学出版社2018年版。

［英］拉尔夫·达仁道夫：《现代社会冲突：自由政治随感》，林荣远译，中国社会科学出版社2000年版。

［英］马克·韦尔德：《环境损害的民事责任：欧洲和美国法律与政策比较》，张一心、吴婧译，商务印书馆2017年版。

［英］齐格蒙特·鲍曼：《被围困的社会》，郇建立译，江苏人民出版社2005年版。

［英］亚当·斯密：《国民财富的性质和原因的研究》（下卷），郭大力、王亚楠译，商务印书馆2008年版。

［英］伊丽莎白·费雪：《风险规制与行政宪政主义》，沈岿译，法律出版社2012年版。

［英］约翰·梅纳德·凯恩斯：《就业、利息和货币通论》，宋韵声译，华夏出版社2005年版。

毕军、杨洁、李其亮：《区域环境风险分析和管理》，中国环境科学出版社2006年版。

蔡定剑：《公众参与：风险社会的制度建设》，法律出版社2009年版。

程燎原、王人博：《权利及其救济》，山东人民出版社2004年版。

董正爱：《风险与回应：城乡环境风险协同共治法律研究》，中国社会科学出版社2018年版。

董正爱：《生态秩序法的规范基础与法治构造》，法律出版社2015年版。

顾培东：《社会冲突与诉讼机制》，四川人民出版社1991年版。

季卫东：《法治秩序的建构》，中国政法大学出版社1999年版。

季卫东：《通往法治的道路》，法律出版社2010年版。

金自宁：《风险规制与行政法》，法律出版社2012年版。

李伟民：《金融大辞典》，黑龙江人民出版社2002年版。

梁剑琴：《环境正义的法律表达》，科学出版社2011年版。

吕忠梅：《超越与保守——可持续发展视野下的环境法创新》，法律出版社2003年版。

吕忠梅：《环境法》，法律出版社1997年版。

马英娟：《政府监管机构研究》，北京大学出版社2007年版。

戚建刚、易君：《灾害性风险行政法规制的基本原理》，法律出版社2015年版。

秦鹏、杜辉：《环境义务规范论：消费视界中环境公民的义务建构》，重庆大学出版社2013年版。

沈宏亮：《中国社会规制权纵向配置模式研究》，社会科学文献出版社2017年版。

沈岿：《风险规制与行政法新发展》，法律出版社2013年版。

孙光宁：《可接受性：法律方法的一个分析视角》，北京大学出版社2012年版。

孙立平：《失衡：断裂社会的运作逻辑》，社会科学文献出版社2004年版。

谈珊：《断裂与弥合：环境与健康风险中的环境标准问题研究》，华中科技大学出版社2016年版。

王波：《规制法的制度构建与学理分析》，法律出版社2016年版。

王芳：《环境与社会——跨学科视阈下的当代中国环境问题》，华东理工大学出版社2013年版。

王曦：《国际环境法》，法律出版社1998年版。

辛年丰：《环境风险的公私协力：国家任务变迁的观点》，台湾元照出版公司2014年版。

熊秉元：《正义的成分——当法律遇上经济学》，东方出版社2014年版。

徐飞：《政府规制政策演进研究：日本经验与中国借鉴》，中国社会科学出版社2015年版。

杨建顺：《行政规制与权利保障》，中国人民大学出版社2007年版。

杨雪冬等：《风险社会与秩序重建》，社会科学文献出版社2006年版。

叶俊荣：《环境行政的正当法律程序》，三民书局1997年版。

叶俊荣：《环境理性与制度抉择》，台湾翰芦图书出版有限公司2001年版。

叶俊荣：《环境政策与法律》，中国政法大学出版社2003年版。

曾维华等：《多尺度突发环境污染事故风险区划》，科学出版社2013年版。

张宝：《环境规制的法律构造》，北京大学出版社2018年版。

张文显：《法理学》，法律出版社2007年版。

赵永茂：《府际关系》，台湾元照出版公司2001年版。

郑灿堂：《风险管理理论与实务》，台湾五南图书出版股份有限公司2014年版。

周桂田：《风险社会典范转移》，台湾远流出版公司2014年版。

（二）论文类

毕军等：《我国环境风险管理的现状与重点》，《环境保护》2017年第5期。

蔡守秋：《论政府防治环境风险的法律机制》，《公民与法》（法学版）2011年第10期。

曹海林、俞辉：《项目进村：乡镇政府选择性供给的后果及其矫正》，《中国行政管理》2018年第3期。

陈海嵩、陶晨：《我国风险环境治理中的府际关系：问题及改进》，《南京工业大学学报》（社会科学版）2012年第3期。

陈海嵩：《政府环境法律责任的实证研究——以环境风险防范地方立法评估为例》，《社会科学战线》2016年第4期。

陈瑞华：《通过法律实现程序正义：萨默斯程序价值理论评析》，《北大法律评论》1998年第1期。

陈维春：《国际法上的风险预防原则》，《现代法学》2007年第5期。

陈小文：《软法之治："报告""决议"与中国特色的治理机制》，《科学·经济·社会》2016年第1期。

陈艳敏：《多中心治理理论：一种公共事物自主治理的制度理论》，《新疆社科论坛》2007年第3期。

成协中：《风险社会中的决策科学与民主——以重大决策社会稳定风险评估为例的分析》，《法学论坛》2013年第1期。

董波：《亚里士多德与权利概念》，《海南大学学报》（人文社会科学版）2017年第1期。

董正爱、王璐璐：《迈向回应型环境风险法律规制的变革路径——环境治理多元规范体系的法治重构》，《社会科学研究》2015年第4期。

法丽娜：《基于均衡原理探索环境利益可持续发展的立法设计》，《政法论丛》2015年第3期。

范华斌：《环境污染型项目风险认知：一个解释框架——兼谈风险治理中的实质性公众参与》，《云南行政学院学报》2018年第2期。

范明林：《非政府组织与政府的互动关系——基于法团主义和市民社会视角的比较个案研究》，《社会学研究》2010年第3期。

傅铭玺、付明银：《完善公务员责任追究机制》，《行政法学研究》2004年第2期。

高桂林、陈昊博：《我国环境保护法律体系的经济分析》，《学术论坛》2014年第3期。

高卫明、黄东海：《论风险规制的行政法原理及其实现手段》，《南昌大学学报》（人文社会科学版）2013年第3期。

高卫明、黄东海：《论风险规制的行政法原理及其实现手段》，《南昌大学学报》2013年第3期。

郭剑鸣：《风险社会境遇下西方国家的社会性管制与社会管理：政治学意义》，《社会科学战线》2013年第10期。

郭武、王晶：《农村环境资源"多中心治理"法治格局初探》，《江苏大学学报》（社会科学版）2018年第3期。

韩卫平、黄锡生：《论环境的法律内涵为环境利益》，《重庆理工大学学报》（社会科学版）2012年第12期。

韩艺：《地方政府环境决策短视：原因分析、治理困境及路径选择》，《北京社会科学》2014年第5期。

何佩佩：《论环境法律对环境利益的保障》，《广东社会科学》2017年第5期。

洪大用、范叶超：《公众环境风险认知与环保倾向的国际比较及其理论启示》，《社会科学研究》2013年第6期。

洪大用、罗桥：《迈向社会学研究的新领域》，《中国地质大学学报》（社会科学版）2011年第4期。

胡平仁：《法律接受初探》，《行政与法》2001年第2期。

黄锡生、何雪梅：《中国环境资源法律实施的障碍及对策》，《重庆大学学报》（社会科学版）2007年第5期。

黄锡生、史玉成：《中国环境法律体系的架构与完善》，《当代法学》2014年第1期。

黄新华：《风险规制研究：构建社会风险治理的知识体系》，《行政论坛》2016年第2期。

黄宗智：《没有无产化的资本化：中国的农业发展》，《开放时代》2012年第3期。

季卫东：《对谈：现代法治的精神》，《交大法学》2010年第1期。

江必新：《论行政规制基本理论问题》，《法学》2012年第2期。

姜贵梅等：《国际环境风险管理经验及启示》，《环境保护》2014年第8期。

劳东燕：《风险社会与功能主义的刑法立法观》，《法学评论》2017年第6期。

雷英：《论当前我国环境新闻报道的问题与对策》，《新闻研究导刊》2016年第24期。

李伯聪：《风险三议》，《自然辩证法通讯》2000年第5期。

李大治、王二平：《公共政策制定程序对政策可接受性的影响》，《心理学报》2007年第6期。

李晗：《回应社会，法律变革的飞跃：从压制迈向回应》，《政法论坛》2018年第2期。

李启家：《环境法领域利益冲突的识别与平衡》，《法学评论》2015年第6期。

李树、赵晓乐、娄昌龙：《环境规制与企业绩效——基于代理成本的视角》，《首都经济贸易大学学报》2016年第2期。

李嵩誉：《生态优先理念下的环境法治体系完善》，《中州学刊》2017年第4期。

李蔚、王丽平、程子峰：《我国社会经济发展与环境状况变化趋势分析研究》，《环境保护》2014年第2期。

李雪娇、何爱平：《城乡污染转移的利益悖论及对策研究》，《中国人口·资源与环境》2016年第8期。

李雪梅、王子彦：《环境法治多中心模式及其结构设计》，《环境保护科学》2010年第4期。

李巽平：《论环境公共治理的民主协商与沟通功能》，《中国环境管理干部学院学报》2018年第3期。

李祖佩、杜娇：《分配型协商民主："项目进村"中村级民主的实践逻辑及其解释》，《中国行政管理》2018年第3期。

梁昀、薛耀文：《基于利益相关者视角的重大决策社会风险评估研究》，《经济问题》2012年第9期。

廖霞林、李晶：《防范环境风险的法律对策》，《华中农业大学学报》（社会科学版）2012年第6期。

林恩伟、谢军：《检察机关提起公益诉讼的适格路径》，《知与行》2016年第5期。

林黎：《我国生态产品供给主体的博弈研究》，《生态经济》2016年第7期。

林森、乔世明：《环境风险的不确定性及其规制》，《广西社会科学》2015年第5期。

凌斌：《法律救济的规则选择：财产规则、责任规则与卡梅框架的法律经济学重构》，《中国法学》2012年第6期。

凌斌：《规则选择的效率比较：以环保制度为例》，《法学研究》2013年第3期。

凌军辉等：《长江流域抗生素污染调查》，《瞭望》2020年第17期。

刘鹏：《风险社会与行政国家再造：一个行政学的阐释框架》，《学海》2017年第3期。

刘启川：《行政权的法治模式及其当代图景》，《中国行政管理》2016年第2期。

刘权：《作为规制工具的成本收益分析——以美国的理论与实践为例》，《行政法学研究》2015年第1期。

刘森林、尹永江：《我国公众环境意识的代际差异及其影响因素》，《北京工业大学学报》（社会科学版）2018年第3期。

刘铁光：《风险社会中技术规制基础的范式转换》，《现代法学》2011年第4期。

刘中梅、宗艳霞、张馨：《社会转型背景下环境风险的法律机制回应》，《辽东学院学报》2011年第3期。

刘紫薇：《环境规制对环境污染的空间溢出效应研究》，《云南民族大学学报》（自然科学版）2018年第5期。

娄胜华、姜姗姗：《"邻避运动"在澳门的兴起及其治理》，《中国行政管理》2012年第4期。

卢静等：《中国环境风险现状及发展趋势分析》，《环境科学与管理》2012年第1期。

陆俊宏：《永续发展与民主：审议式民主理论初探》，《东吴政治学报》1998年第9期。

陆平辉：《利益冲突的法律控制》，《法制与社会发展》2003年第2期。

罗豪才、宋功德：《认真对待软法——公域软法的一般理论及其中国实践》，《中国法学》2006年第2期。

罗豪才、周强：《法治政府建设中的软法治理》，《江海学刊》2016年第6期。

罗丽：《我国环境公益诉讼制度的建构问题与解决对策》，《中国法学》2017年第3期。

吕忠梅：《环境公益诉讼辨析》，《法商研究》2008年第6期。

吕忠梅：《环境司法理性不能止于"天价"赔偿：泰州环境公益诉讼案评析》，《中国法学》2016年第3期。

吕忠梅：《物权立法的"绿色"理性选择》，《法学》2004年第12期。

马光选、项继权：《政治学视野中的风险研究传统及新范式探索》，《云南财经大学学报》（社会科学版）2012年第4期。

马光选：《风险治理悖论与风险治理转型——基于风险政治学的考察》，《云南行政学院学报》2015年第2期。

马宁：《环境责任保险与环境风险控制的法律体系建构》，《法学研究》2018年第1期。

门中敬、余湘青：《行政软权力：行政权重塑的另一个侧面》，《中国行政管理》2009年第2期。

潘斌：《风险的政治化与政治的风险化：对风险政治学的批判性尝试》，《山东社会科学》2014年第3期。

彭涛：《司法权与行政权的冲突处理规则》，《法律科学》（西北政法大学学报）2016年第6期。

戚攻：《论"回应"范式》，《社会科学研究》2006年第4期。

戚建刚：《风险规制过程合法性之证成——以公众和专家的风险知识运用为视角》，《法商研究》2009年第5期。

郄建荣：《农村污染占全国"半壁江山"仅8%建制村获治理》，《统计与管理》2014年第10期。

秦川申：《对政府规制风险的思考——评〈打破恶性循环〉》，《公共管理评论》2016年第2期。

秦鹏、黄学彬：《消费者主权质疑：一种环境伦理下的人文思考》，《社会科学研究》2006年第1期。

任有情：《以环境权证成公民提起环境公益诉讼的正当性》，《中国环境管理干部学院学报》2018年第3期。

尚会鹏：《日本社会的"个人化"：心理文化视角的考察》，《日本学刊》2010年第2期。

尚建程等：《区域环境风险评估研究综述》，《环境污染与防治》2017年第4期。

沈德咏、曹士兵、施新州：《国家治理视野下的中国司法权构建》，《中国社会科学》2015年第3期。

沈华：《环境风险规制政策选择及其对我国的启示》，《生态经济》2013年第6期。

沈岿：《"为了权利与权力的平衡"及超越——评罗豪才教授的法律思想》，《行政法学研究》2018年第4期。

宋华琳：《论政府规制与侵权法的交错——以药品规制为例证》，《比较法研究》2008年第2期。

宋华琳：《制度能力与司法节制——论对技术标准的司法审查》，《当代法学》2008年第1期。

孙洪坤：《程序正义的中国语境》，《政法论坛》2006年第5期。

孙文中：《环境风险认知冲突与环境群体性事件——以闽西中节能事件为例》，《集美大学学报》（哲学社会科学版）2018年第2期。

孙笑侠：《司法权的本质是判断权：司法权与行政权的十大区别》，《法学》1998年第8期。

唐征等：《区域环境风险评估研究进展》，《环境监测管理与技术》2012年第1期。

陶鹏、童星：《邻避型群体性事件及其治理》，《南京社会科学》2010年第8期。

汪伟全：《论府际管理：兴起及其内容》，《南京社会科学》2005年第9期。

王灿发、程多威：《新〈环境保护法〉下环境公益诉讼面临的困境和破解》，《法律适用》2014年第8期。

王灿发：《论生态文明建设法律保障体系的构建》，《中国法学》2014年第3期。

王灿发：《中国环境公益诉讼的主体及其争议》，《国家检察官学院学报》2010年第3期。

王超锋、朱谦：《重大环境决策社会风险评估制度的构建探究》，《河南财经政法大学学报》2016年第2期。

王华兵、陈德敏：《共性与个性：中国资源安全执法的展开》，《重庆社会科学》2006年第9期。

王金南：《国家环境风险防控与管理体系框架构建》，《中国环境科学》2013年第1期。

王丽萍：《突破环境公益诉讼启动的瓶颈：适格原告扩张与激励机制构建》，《法学论坛》2017年第3期。

王萌、缪若妮、田信桥：《论环境风险预防原则中的风险阈值》，《中国环境管理干部学院学报》2014年第4期。

王明远、金峰：《科学不确定性背景下的环境正义》，《中国社会科学》2017年第1期。

王明远：《论我国环境公益诉讼的发展方向：基于行政权与司法权关系理论的分析》，《中国法学》2016年第1期。

王宁：《论推行企业环境污染责任保险强制模式的必要性》，《辽宁农业职业技术学院学报》2015年第4期。

王曦：《论环境公益诉讼制度的立法顺序》，《清华法学》2016年第6期。

王旭光、王展飞：《中国环境公益诉讼的新进展》，《法律适用》（司法案例）2017年第6期。

王学辉、张治宇：《迈向可接受性的中国行政法》，《国家检察官学院学报》2014年第3期。

王雪梅：《地方政府多中心治理模式探析》，《人民论坛》2011年第5期。

吴玄娜：《程序公正与权威信任：公共政策可接受性机制》，《心理科学进展》2016年第8期。

徐祥民、邓一峰：《环境侵权与环境侵害——兼论环境法的使命》，《法学论坛》2006年第2期。

徐祥民、朱雯：《环境利益的本质特征》，《法学论坛》2014年第6期。

徐以祥：《公众参与权利的二元性区分——以环境行政公众参与法律规范为分析对象》，《中南大学学报》（社会科学版）2018年第2期。

许丽莎：《论法律现代性危机的解决理论》，《黑龙江省政法管理干部学院学报》2007年第2期。

薛澜：《危机管理：转型期中国面临的挑战》，《中国软科学》

2003年第4期。

燕鹏：《试论环境风险的监控与治理》，《科技咨询》2009年第25期。

杨宝、王兵：《差序治理：从征地拆迁的实践中透视新型社会管理模式》，《中国行政管理》2013年第6期。

杨登峰：《从合理原则走向统一的比例原则》，《中国法学》2016年第3期。

杨雪：《浅谈环境空气质量标准新旧标准的差异》，《科技信息》2013年第15期。

杨雪冬：《全球化、风险社会与复合治理》，《马克思主义与现实》2004年第4期。

杨志军、欧阳文忠：《消极改变政策决策：当代中国城市邻避抗争的结果效应分析》，《甘肃行政学院学报》2017年第1期。

应飞虎、涂永前：《环境规制中的信息工具》，《中国社会科学》2010年第4期。

余光辉、陶建军等：《环境群体性事件的解决对策》，《环境保护》2010年第7期。

余立深、周丽：《论行政法的可接受性原则》，《法制与社会发展》1999年第2期。

袁红辉、吕昭河：《中国环境利益的现状与成因阐释》，《云南民族大学学报》（哲学社会科学版）2014年第5期。

曾睿、徐本鑫：《环境风险交流的法律回应与制度建构》，《江汉学术》2015年第5期。

张宝、潘鸣航：《环境公益诉讼中"公益"的识别与认定》，《中南大学学报》（社会科学版）2018年第2期。

张栋祥、柳砚涛：《检察机关参与行政公益诉讼的角色定位》，《山东社会科学》2017年第11期。

张恩典：《环境风险规制下的工作参与制度研究》，《河南财经政法大学学报》2018年第1期。

张国磊等：《农村环境治理的策略变迁：从政府动员到政社互动》，《农村经济》2017年第8期。

张海荣、方印、吴羽纶：《我国环境治理的法律模式选择：硬法和软法优化组合》,《福建行政学院学报》2017年第4期。

张弘:《论行政权的谦抑性及行政法的相应对待》,《政法论丛》2017年第3期。

张剑智等:《关于我国环境风险全过程管理的几点思考》,《环境保护》2018年第15期。

张明楷:《污染环境罪的争议问题》,《法学评论》2018年第2期。

张向东:《从依赖到协同:农村政商关系的历史演变》,《中国行政管理》2018年第3期。

张晓郁、马凤萍、高莹:《我国环境风险评价的现状与趋势》,《黑龙江科技信息》2009年第21期。

张梓太、王岚:《风险社会语境下的环境法预防原则》,《社会科学》2012年第6期。

赵秉志、詹奇玮:《当代中国环境犯罪立法调控问题研究》,《中国地质大学学报》(社会科学版)2018年第4期。

赵闯、姜昀含:《环境决策中公众参与的有效性及其实现》,《大连理工大学学报》(社会科学版)2018年第1期。

赵敏:《环境规制的经济学原理》,《经济问题探索》2013年第4期。

赵鹏:《风险社会的自由与安全——风险规制的兴起及其对传统行政法原理的挑战》,《交大法学》2011年第1期。

赵鹏:《知识与合法性:风险社会的行政法治原理》,《行政法学研究》2011年第4期。

赵文霞:《众监督对企业环境规制遵从的影响研究》,《环境经济研究》2017年第4期。

赵延东、肖为群:《风险的多学科研究视角》,《中国科技论坛》2010年第6期。

赵玉民等:《环境规制的界定、分类与演进研究》,《中国人口·资源与环境》2009年第6期。

郑艺群:《后现代公共行政下的环境多元治理模式——以复杂性理论为视角》,《海南大学学报》(人文社会科学版)2015年第2期。

周桂田:《新兴风险治理典范之刍议》,《政治与社会哲学评论》2007年第22期。

周寅:《管理机制创新:基于社会风险的语义及功能分析》,《求实》2011年第5期。

二 外文参考文献

Barbara Adam, Ulrich Beck and Joost Van Loon, *The Risk Society and Beyond: Critical Issue for Social Theory*, London: Sage Publication, 2000.

Robert Baldwin, *Law and Uncertainty: Risks and Legal Process*, Baden-Baden: Kluwer Law international, 1997.

后　　记

　　呈现在诸位面前的这本著作，是我承担的国家社会科学基金项目的最终成果。2014年，我有幸获得国家社会科学基金的资助，进行"环境风险规制的法律限度与秩序重构"的项目研究。于我而言，这一选题是将之前关于生态秩序规范研究与环境风险规制相统筹的进一步拓展，也因之是一个并不完全熟悉的研究领域。几经反思、更迭、重构，历时五年，承评审专家的鼓励与认可，该项目才得以"良好"结项。如今，经过重新审读与校订，新书终于出版，感慨、喜悦、惶恐诸种情绪纷至沓来，在以学术为业的砥砺前行中，希冀学界前辈、同仁能继续给予支持、批评与指正。

　　环境风险的不确定性和危害性两大特征，决定了政府在规制过程中总是处于游移不定和模棱两可的决策状态。而传统以权利和义务为基础的法规体系和管制型规制模式无法对环境风险行为做出预判和规范，导致环境风险规制处于被动和功能不足的窘境。正是基于对这一问题的审视，使我产生了重视和反思环境风险规制的可接受性和法律限度研究的思考。其意旨在于确立可接受性的、符合合理性限度的环境风险规制法律限度体系，重构环境风险规制秩序，减少政府行政规制及社会性规制中的危险，以更好地解决日渐复杂的环境风险。

　　本书的主体结构和内容也寄望能对该问题作出一定的回应，其主要研究思路和创设在于，立足于法律规制的权利谱系是否达致"供给与需求"的合理限度，"成本与效益"是否衡平，各方主体的利益是否协调有序以及基于科学规范的风险分析与评估体系有效协调规制不足与规制过度的冲突性，从而确定可接受性的环境风险法律规制限度。一是回应环境风险规制的法律限度选择，以公共治理话语体系检视规制体系的局限性，基于硬法与软法进行综合考量，为不确定的制度性和结构性环境风险法律规制寻求规制工具和支撑基础。二是以法制结构、限度趋向、限度定位为基础，构建环境风险规制法律限度的评价指标体系。三是以双层体系结构为基础，回应风险社会的新范式，基于法治立场、法治原则和法治模式等方面统合环境风险规制秩序的法治构造，有序推进环境风险规制的可接受性、法律限度的合理性及规制的秩序化进程。

应该说，本书的研究内容离不开对国家政策法律实施及治理实践的梳理，也离不开对学界前辈同仁既有相关研究的借鉴整合，同时还依赖于大量的实地调查与分析，这是一项繁杂的工作。感谢徐信贵、王璐璐、孟甜等课题组成员对本项目的支持，感谢袁明、谢忠洲不辞辛苦协助完成了全书的统稿工作；在长达五年的研究进程中，我的硕士研究生惠剑岭、钱晓丽、王也浩、董晴晴、谢忠洲、段亚帆、任刚、王涵彬、袁明、胡泽弘、向乐、易锰等先后协助进行了部分实地调查、资料收集以及书稿的校订工作。在成果出版之际，对各位的无私帮助和辛勤付出，一并表示真挚谢意。

感谢中国社会科学出版社和本书的责任编辑梁剑琴博士，本书的出版得到了梁剑琴博士的鼎力帮助！正是她的独到建议、耐心鼓励和辛苦编辑才使得本书得以顺利出版。

亦将本书献给我的恩师陈德敏先生及师母、师长秦鹏教授以及诸位师友！献给我的父亲和母亲！献给我的爱人与宝贝女儿！是你们照亮了我前行的道路，给予我宽松的成长环境，给我构筑了无后顾之忧的港湾，铭感于心，谨以此书献给你们。

当然，囿于自身学术水平和实践认知的局限，我深知自己才疏学浅，书中所作的探索尝试、观点陋见以及浅拙笔墨仍存在诸多不足，难免挂一漏万，有待于以后继续拓展和深化。真诚地期盼学界同仁与读者给予批评指正，万分感激！

董正爱

2021年5月于重庆